Laurent Brillant
566·3165

À papa,
d'Élisabeth
Juillet 1983 -

Le Prince de l'Église

Couverture
- Maquette:
  GAÉTAN FORCILLO

Maquette intérieure
- Conception:
  JEAN-GUY FOURNIER
- Révision:
  MARIE-CHRISTIANE CHARBONNEAU

La photo de la page arrière de la couverture
est une peinture de Jean-Paul Lemieux
appartenant à madame Gabrielle Léger.

DISTRIBUTEURS EXCLUSIFS:

- Pour le Canada:
  AGENCE DE DISTRIBUTION POPULAIRE INC.*
  955, rue Amherst, Montréal H2L 3K4 (tél.: 514-523-1182)
  *Filiale de Sogides Ltée

- Pour la France et l'Afrique:
  INTER-FORUM
  13, rue de la Glacière, 75013 Paris (tél.: 570-1180)

- Pour la Belgique, la Suisse, le Portugal, les pays de l'Est:
  S.A. VANDER
  Avenue des Volontaires 321, 1150 Bruxelles (tél.: 02-762-0662)

Micheline Lachance

Le Prince de l'Église

le cardinal Léger

Les Éditions de l'Homme*

CANADA: 955, rue Amherst, Montréal H2L 3K4

*Division de Sogides Ltée

Bibliothèque nationale du Québec
Dépôt légal — 4e trimestre 1982

ISBN 2-7619-0100-2

Note de l'auteur

C'était en avril, à l'archevêché de Montréal, la veille de son anniversaire de naissance. Le cardinal Léger m'attendait. J'allais lui proposer d'écrire l'histoire de sa vie. Il a tout de suite acquiescé.

Deux ans se sont écoulés. Deux années au cours desquelles le cardinal s'est plié de bonnes grâces au jeu de mes questions. Il a accepté de fouiller dans sa mémoire et de relire ses carnets personnels faisant revivre pour moi, et maintenant pour le lecteur, ses années passées à Saint-Anicet, Valleyfield, Paris, Fukuoka, Rome, Montréal, Yaounde... Sa collaboration chaude et sympathique m'a été précieuse et je ne puis que lui redire toute ma gratitude pour la patience et la simplicité qu'il a manifestées au cours de nos nombreuses rencontres.

Si le cardinal a consenti à me livrer ses confidences, il était néanmoins convenu entre nous qu'il n'aurait aucune part de responsabilité dans la manière dont j'utiliserais ou interpréterais ses propos.

Cette biographie repose, en outre, sur une recherche documentaire et sur les témoignages d'une cinquantaine de personnes qui ont connu le cardinal ou qui ont vécu les événements qui ont marqué son époque. Je les remercie d'avoir accepté de partager leurs souvenirs.

Ce premier tome débute à l'orée du XXe siècle, sur les rives paisibles et isolées du lac Saint-François, et s'achève à Rome lorsque meurt le pape Pie XII que le cardinal considère comme son père spirituel. Cette perte douloureuse marque une brisure dans sa vie. C'est la fin d'une saison. Le deuxième tome tracera le portrait du nouvel homme, celui qui vient au monde avec la révolution tranquille, dans le sillage du concile Vatican II. L'on verra alors l'archevêque de Montréal troquer ses vêtements cardinalices contre la simple tunique de missionnaire.

Le 29 janvier 1953, par un froid sibérien, près de cent mille Montréalais se sont déplacés pour venir accueillir le cardinal Léger, premier prince de l'Église de Montréal.

« Montréal, ô ma ville... »

La salle des pas perdus de la gare Windsor est grouillante de monde. L'horloge indique 20h 30. Le train spécial du Canadien Pacifique a plus d'une heure de retard et certains badauds commencent à s'impatienter.

Au dehors, par un froid sibérien, près de cent mille Montréalais font le pied de grue square Dominion. En ce 29 janvier 1953, le vent bourru qui descend du mont Royal tourbillonne dans le quartier des affaires de la métropole, converti depuis 18h en lieu de pèlerinage.

« Il arrive ! il arrive ! » crient des voix, tandis que la locomotive freine dans un grincement d'acier.

L'impatience fait place à l'excitation. Les uns trépignent, les autres jouent du coude pour s'approcher le plus possible du premier prince de l'Église de toute l'histoire de Montréal.

« Vive le cardinal ! » s'exclament quelques-uns. « Vive le pape ! » scandent les autres.

D'abord sporadique, le murmure devient une clameur qui envahit la salle quand le cardinal Léger apparaît à la portière. Il s'arrête, esquisse un large sourire et lève les bras vers le ciel. Mitraillé par les flashes des photographes, il descend les marches du train et s'avance lentement sur le long tapis rouge jusqu'à la tribune d'honneur érigée au centre de la gare. L'ovation frôle le délire. On dirait que le plafond va s'écrouler. Des milliers d'yeux suivent chaque pas, chaque mouvement de l'archevêque de Montréal, tout de rouge vêtu. D'une main gantée, il tient son chapeau symbolique et, de l'autre, il salue la foule venue l'accueillir. À son doigt brille l'anneau d'or et de saphir que le Saint-Père y a glissé, à peine quelques jours plus tôt.

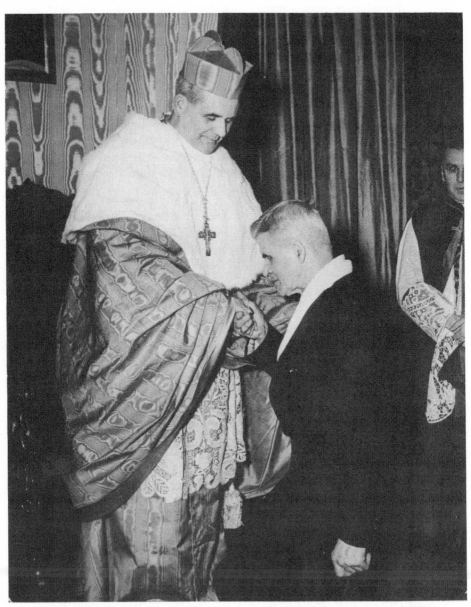

Ernest Léger, le père du cardinal, s'agenouille devant son fils pour baiser l'anneau que Pie XII a glissé à son doigt.

Enveloppé dans son manteau de soie moirée écarlate, il s'approche de l'estrade où une douzaine de dignitaires civils et ecclésiastiques l'attendent. L'un d'eux s'écarte pour laisser passer Ernest Léger. Le vieil homme de soixante-seize ans s'agenouille devant son fils et baise l'anneau cardinalice en pleurant. Le cardinal l'aide à se relever et l'embrasse affectueusement. Se souvenant qu'enfant Paul-Émile rêvait de devenir mécanicien de locomotive, son père lui glisse alors à l'oreille : « Tu l'as enfin, ton train[1]. »

Aux premières mesures de l'*Ô Canada*, la foule chante d'une seule voix et avec une ardeur particulière. Par contre, les cris enterrent les accords du *God Save the Queen* dont on ne discerne que les dernières notes. Le cardinal se tient droit, debout au centre de la tribune. Ses traits semblent impassibles. Pourtant, les yeux humides, les lèvres serrées et la respiration courte de cet homme de quarante-huit ans, exténué par le voyage, trahissent l'émotion qui l'étreint. Pour peu, il fondrait en larmes.

Le voici maintenant qui écoute l'adresse touchante du truculent maire de Montréal, Camillien Houde.

« La métropole du Canada est aujourd'hui dans l'allégresse, commence le robuste magistrat, puisqu'elle a l'insigne privilège et le très grand honneur d'accueillir dans ses murs un prince de l'Église, l'archevêque du plus grand diocèse du Canada. »

Des vivats et des applaudissements ponctuent toutes les phrases du maire. Il enchaîne :

« Si l'on a écrit de vous, Éminence, que vous êtes « intransigeant quant aux principes », on a ajouté de suite que vous êtes « compréhensif et enclin à la mansuétude quant aux errements de la nature humaine, que vous êtes homme d'Église avant tout et que vous tenez la charité pour le pivot de la religion[2] ».

L'enthousiasme atteint son paroxysme lorsque le cardinal se lève pour répondre. Emporté par l'euphorie générale, il exhale sa joie dans un élan inspiré de Saint-Exupéry :

« Montréal, ô ma ville, tu as voulu te faire belle pour recevoir ton Prince ! »

Sa voix est claire et haute.

« Tu as gardé de tes origines le sens de la grandeur et de la chevalerie qui se traduit aux grandes heures de gloire de ton histoire par une attitude de fierté qui fait de toi l'un des points du monde où il fait bon habiter... »

Puis, le ton change. Il devient plus intime, plus affectueux. On jurerait qu'il s'adresse à chacun en particulier :

« Mais, Montréal, c'est vous, chers petits, vous qui m'attendez dans le froid, vous qui m'attendez depuis deux mois, vous qui m'aimez et que j'aime. Nous n'osions pas toujours nous le dire, mais depuis que le Saint-Père a fait de moi votre cardinal, vous ne savez pas comment m'exprimer tout ce que vous ressentez. Oh ! comme je vous comprends, car moi aussi je voudrais vous dire toute mon affection et je n'arrive pas à le faire d'une façon satisfaisante[3]. »

La cérémonie est finie. Le cardinal marche entre deux rangées de policiers jusqu'à la limousine au toit transparent utilisée deux ans plus tôt par la princesse Élisabeth.

Dehors, les carillons des deux cents églises du diocèse sonnent en choeur. Transies de froid, les milliers de personnes qui s'agglutinent dans le square et devant la cathédrale Saint-Jacques ont pu suivre la cérémonie grâce aux haut-parleurs installés à leur intention. Montréal a son air de fête. Le spectacle est étrange et somptueux. Les drapeaux du Vatican, du Québec et du Canada flottent sur les édifices publics et les maisons. Trente et un policiers à cheval précèdent la voiture officielle ornée de fanions aux couleurs papales et munie de deux minuscules réflecteurs qui éclairent l'intérieur. Pas moins de cinq cent cinquante agents, placés sous les ordres du chef de police Albert Langlois, forment un long cordon jusqu'à la cathédrale. C'est la première fois de toute l'histoire du Québec qu'on voit autant de policiers assignés à une même tâche ! Pourtant, la foule qui veut voir de plus près son pasteur réussit à rompre le cordon policier et, bientôt, la rue n'est plus qu'un sentier qui force la limousine à avancer pas à pas. L'archevêque de Montréal regarde au loin le dôme illuminé de sa cathédrale qui se découpe dans le ciel. Sous les faisceaux lumineux de dix puissants projecteurs prêtés par l'armée, la croix surmontant le dôme trace de longs rubans de lumière qui se perdent dans la nuit.

Quelques instants plus tard, au milieu du sanctuaire, le cardinal Léger exulte de nouveau :

« Ô mon Église, mon Épouse, tu as revêtu ta robe de fiancée pour recevoir ton Pasteur et ton Père[4] ! »

* * * * * * *

Malgré l'heure tardive, la porte de la chambre 1105, au pavillon Le Royer de l'Hôtel-Dieu, reste entrebâillée. Assise sur son lit, la tête soutenue par ses oreillers, une vieille dame de soixante-douze ans refuse obstinément d'éteindre sa lampe de chevet. C'est Alda Léger, la mère du cardinal.

« Voyons, madame Léger, Son Éminence a peut-être été empêchée de venir. Allons, il faut dormir, répète avec insistance l'infirmière, garde Aubin.

— Il viendra, répond-elle, je sais qu'il viendra[5]. »

Alda Léger connaît son fils mieux que quiconque. Elle imagine ce qu'il a dû ressentir lorsqu'il a appris durant la traversée de l'Atlantique qu'elle venait d'être hospitalisée. À l'arrivée du train, il l'a fait prévenir qu'il passerait l'embrasser après le salut du saint sacrement. Elle veut attendre.

Soudain, un bruit de pas se fait entendre dans le corridor. Madame Léger ne tient plus en place. Elle sait qu'il est là, tout près. Le temps lui paraît une éternité tandis que son fils, toujours escorté par les policiers, s'arrête pour bénir les malades qui sortent de leurs chambres, en jaquette, les yeux bouffis de sommeil, réclamant la permission de baiser son anneau. Il entre enfin dans la chambre et étreint sa vieille mère. Il lui rappelle ses dernières paroles, avant son départ pour Rome :

« Tu te souviens, tu m'as dit : « Ton chapeau est tout bosselé. Tu aurais pu t'en acheter un neuf ! » Eh bien ! maman, ne t'inquiète plus. Maintenant, le pape m'a donné un beau chapeau rouge ! »

La visite est néanmoins courte, car le nouveau cardinal paraît à bout de force et elle-même est brisée par l'émotion.

« Repose-toi maintenant, maman ; je reviendrai demain », promet-il en partant.

Avant de s'endormir, Alda Léger se remémore les paroles d'accueil de l'administrateur du diocèse, monseigneur Conrad Chaumont, qu'elle a entendues ce soir à la télévision :

En ce temps-là, il y a près d'une quarantaine d'années, au séminaire de Sainte-Thérèse, je recevais avec le plus d'affabilité possible un enfant, les délices de ses parents, un étudiant, l'espoir de ses premiers maîtres, un jeune homme que Dieu conduisait par la main et en qui l'Esprit saint se complaisait : Paul-Émile Léger[6].

Quarante ans déjà ! Alda Léger revoit son fils aîné, sa petite valise sous le bras, quitter la maison paternelle de Saint-Anicet. Il quittait sa petite enfance...et la quittait.

Comme il y a loin entre le petit garçon de Saint-Anicet, ce minuscule village québécois qui longe la frontière américaine, et le cardinal aux cheveux poivre et sel qui entre triomphalement dans sa ville, en ce mois de janvier 1953 !

Références

1. Black, Conrad, *Duplessis, le pouvoir,* les Éditions de l'Homme, Montréal, 1977, p. 384.
2. *La Presse*, 30 janvier 1953.
3. *Ibid.*
4. *Ibid.*
5. Yvette Aubin.
6. *La Presse*, 30 janvier 1953.

Chapitre I
Du patriote au parrain

Ironie du sort, l'imposante maison de briques rouges où a grandi le cardinal Léger, un homme qui avoue n'avoir jamais voté aux élections, a été construite par un patriote de 1837, Luc-Hyacinthe Masson, et a vu naître le futur gouverneur général du Canada, Jules Léger[1].

Le cardinal n'a pas connu son ancêtre Masson qui, du reste, n'est relié à sa famille que par alliance. Mais il faut remonter à la Rébellion et aux « exploits » de Luc-Hyacinthe pour expliquer la présence de la famille Léger à Saint-Anicet, village isolé situé en bordure de l'État de New York, et dont les plus proches voisins sont les habitants de la réserve indienne de Saint-Régis.

Né à Saint-Benoît, dans le comté de Deux-Montagnes, Luc-Hyacinthe Masson fait ses études de médecine en compagnie du célèbre docteur Robert Nelson avec qui il se lie d'amitié. Son père, Louis Masson, cabaretier et capitaine de milice, est démis de ses fonctions pour activité patriotique[2].

Luc-Hyacinthe se joint aux « patriotes du nord », les Chénier, Nelson, Dumouchel et Girouard. En 1837, il participe au soulèvement de Saint-Eustache, aux côtés du curé Étienne Chartier. Après la déroute des siens, il prend la fuite. Mais à Coteau-du-Lac, le percepteur des douanes lui met la main au collet. Il connaît alors les cachots de la prison de Montréal, sans pour autant en perdre le sens de l'humour : « Notre-Seigneur est bien mort entre deux voleurs », dit-il pour taquiner les deux prêtres qui partagent sa geôle[3].

Le nouveau gouverneur, Lord Durham, offre bientôt l'amnistie contre un aveu à huit patriotes. « Nous nous sommes déclarés prêts à plaider culpabilité », signe Luc-Hyacinthe Masson, tout comme Wolfred Nelson, Bonaventure Viger et les autres, avant de s'embarquer sur le *Vestale*, qui les conduira aux Bermudes. Après quatre mois d'exil, les huit signataires obtiennent la permission de quitter les îles Britanniques, mais non celle de rentrer au pays. Luc-Hyacinthe s'installe alors à Fort Covington, dernier village américain avant la frontière, à quelques kilomètres de Saint-Anicet. Il y ouvre son premier magasin général.

En 1842, il regagne enfin le Canada, en compagnie de sa cousine germaine devenue sa femme et de leur fils, Louis-Napoléon, âgé de quinze jours. (La légende raconte que l'enfant a été ainsi nommé en souvenir d'une promesse faite à un parent de l'empereur Bonaparte avec qui Luc-Hyacinthe partagea les affres de l'exil.) Comme s'il se méfiait du pardon que lui accordait le gouverneur, le patriote de 1837 juge toutefois plus sage d'installer sa famille près de la frontière, à Saint-Anicet, premier hameau du côté canadien.

Lorsque Luc-Hyacinthe Masson y ouvre un magasin général, le village est complètement isolé du monde. Il le sera encore cinquante ans plus tard quand Paul-Émile Léger y grandira. Borné au nord par le lac Saint-François, qui se déverse dans le Saint-Laurent, Saint-Anicet est coincé entre la réserve des Iroquois à l'ouest et les terres noires de Sainte-Barbe à l'est. Il fait partie du comté d'Huntingdon, enserré entre la seigneurie de Châteauguay et celle de Beauharnois.

Les descendants des loyalistes qui ont fui la Nouvelle-Angleterre aux lendemains de la guerre d'Indépendance peuplent la région. Ils sont bientôt rejoints par un groupe d'immigrants écossais et par plusieurs familles canadiennes-françaises forcées d'abandonner les terres riches mais surpeuplées de la vallée du Richelieu.

« Masson et cie » a pignon sur la rue principale, à l'endroit même où, raconte-t-on dans le patelin, Champlain alluma son feu de camp. (Pris par la noirceur alors qu'il naviguait sur le lac Saint-François, en route vers l'ouest, le fondateur de Québec fit tirer ses canots et passa la nuit sur cette mince pointe de terre qui s'avance dans l'eau.)

Doué pour les affaires, le docteur Masson, devenu marchand général, établit son magasin à deux pas du quai public. Dès la construction du barrage de Valleyfield, en 1849, il profite de l'activité trépidante de la voie navigable.

Pendant que son fils Louis-Napoléon s'initie au commerce familial, Luc-Hyacinthe Masson se mêle de politique, cumulant les fonctions de percepteur des douanes, de juge des petites causes, de commissaire d'école et de marguillier[4]. Le 31 juillet 1854, l'ancien patriote est élu député du comté de Soulanges à la Chambre d'assemblée de la province du Bas-Canada. En 1867, à la naissance de la Confédération, il siège dans l'équipe des conservateurs dont le chef est Georges-Étienne Cartier.

* * * * * * *

Lorsque Louis-Napoléon prend la direction de Masson et cie, le magasin général devient le carrefour du village. Commerçant dans l'âme, le fils de Luc-Hyacinthe n'a pas l'intention de voir péricliter l'entreprise familiale. À peine son père a-t-il le dos tourné, le jeune ambitieux exerce déjà une emprise quasi tyrannique sur la population. Pendant près de cinquante ans, il régnera en maître sur une population de pauvres gens plus habitués à la soumission passive qu'à la révolte.

La vie n'a jamais été facile pour les paysans de la région. Les premiers colons ont trimé dur sur les terres argileuses, difficiles à défricher. Bon nombre d'entre eux ont opté pour la coupe du bois. La vallée regorgeait de pins blancs. Ces géants fort recherchés servaient à la fabrication de mâts de bateau. Sitôt le sol gelé, les bûcherons attelaient en tandems une vingtaine de chevaux qui tiraient à la file indienne ces énormes troncs jusqu'à la rive. Durant l'hiver, les colons fabriquaient des rames avec les frênes blancs.

Hélas! dès 1835 les réserves forestières commencèrent à s'épuiser. Petit à petit, les paysans troquèrent la hache contre la pioche. Ils bêchèrent cette terre capricieuse et essouchèrent les clos où les vaches pacageaient. Il fallut beaucoup d'efforts avant d'obtenir de bien maigres résultats.

Louis-Napoléon assène alors le coup de grâce aux plus démunis. Ayant appris les rudiments du droit chez un avocat montréalais, il a tôt fait de mettre au point un procédé qui lui permet de s'approprier la moitié des terres de Saint-Anicet. Les cultivateurs s'approvisionnent naturellement chez Masson et cie qui vend aussi bien les pelles et les harnais que l'huile de castor, la coutellerie, les chapelets et les corsets. Son magasin devient l'entonnoir de la région. Habitués au troc, certains villageois qui manquent d'argent liquide laissent grossir leurs comptes au magasin. Le « père Masson » note soigneusement dans son grand cahier noir les achats des uns et des autres, additionnant au bas de la page les dettes, sans jamais réclamer son dû.

Il attend son heure. Puis, un jour comme les autres, quand l'un de ses débiteurs se présente au comptoir du magasin pour y effectuer ses achats habituels, Louis-Napoléon exige que son client hypothèque sa terre,

« pour la sécurité du paiement ». Dès lors, le malheureux est pris dans un engrenage sans fin. Comme le père Masson réclame huit pour cent d'intérêt, la dette augmente régulièrement jusqu'au jour où le pauvre cultivateur perd sa terre sans toujours comprendre ce qui lui est arrivé.

Peu à peu, le père Masson amasse la plus grande fortune des environs. Son commerce fleurit et ses goussets se gonflent. Lorsqu'il est question de construire un chemin de fer, le maître des lieux s'y oppose farouchement, de peur de voir les affaires emprunter les rails plutôt que la voie navigable.

À Saint-Anicet, les habitants n'aiment pas le père Masson. Ils le craignent et l'envient aussi de pouvoir envoyer ses fils étudier dans les grandes universités européennes. Tout le monde ignore alors que, pendant ce temps, il paie la pension de ses filles au couvent d'Hochelaga, à Montréal, avec du beurre valant vingt cents la livre. Quand son fils Hector meurt de tuberculose à Paris où il achève ses études de médecine, tout le village se rend au quai de Saint-Anicet pour voir accoster l'imposant bateau de plaisance de la famille Masson qui s'avance lentement sur le lac Saint-François avec à son bord le corps du défunt.

Devenu maire, le commerçant ne dédaigne pas voir les villageois lui payer respect en soulevant leur chapeau. Quant à son épouse, Mélitime, elle suscite l'ironie en faisant atteler les chevaux pour se rendre à la messe du dimanche. Sans regarder personne, madame la mairesse sort de la maison dans ses plus beaux atours et monte dans la voiture pour franchir les quelque soixante mètres qui séparent son élégante demeure de briques rouges de l'église paroissiale. L'homme qui déposséda les pauvres pendant près d'un demi-siècle est le seul à l'église à occuper un banc dont l'agenouilloir soit rembourré. En 1890, quand l'évêque de Montréal, monseigneur

L'église de Saint-Anicet. Enfant, Paul-Émile aimait se blottir contre les cloches et y graver son nom dans le métal.

Édouard-Charles Fabre, vient visiter la paroisse, Louis-Napoléon Masson lui offre généreusement le tableau représentant saint Anicet qui orne le retable du sanctuaire.

Or, cet homme, qui soutirait aux braves gens leurs modestes biens, était le parrain de Paul-Émile Léger. L'enfant n'a pas vraiment connu ces despots qui, avec l'âge, s'était adouci. À la fin de sa vie, il n'impressionnait plus que par sa corpulence.

Loin de ses enfants qui cherchaient aux quatre coins du monde un bonheur trop souvent absent du foyer familial, le vieil homme se sentait seul aux côtés de son épouse que les multiples grossesses avaient affaiblie et peut-être aussi aigrie. « Pépère » Masson s'attacha alors à son arrière-petit-neveu, ce petit Paul-Émile de trois ans, qui égayait sa triste fin de vie. À la tombée du jour, il donnait deux gros sous noirs au bambin qui dénouait les cordons de ses bottines. Puis, avec un rire homérique, il expédiait le petit dans les airs d'un coup de pied généreux[5].

Paul-Émile n'a pas encore huit ans quand « Pépère » Masson meurt, abandonné de tous, à l'hospice de Valleyfield. Le jour de ses funérailles, le 19 mars 1914, la tempête de la Saint-Joseph s'abat sur la région. Le père de Paul-Émile, Ernest Léger, est le seul membre de la famille présent à l'inhumation[6].

Il ne pouvait faire défaut à l'homme qui lui avait donné sa chance dans la vie. Tout le village avait beau lui jeter l'anathème, et Dieu sait si le père Masson savait comment s'aliéner les sympathies, Ernest n'oublia jamais que, vingt-trois ans plus tôt, il n'avait pas frappé en vain à la porte de Masson et cie.

* * * * * * *

Ernest Léger venait de fêter ses quatorze ans quand il quitta la maison familiale.

C'était en 1891. Un bon matin, son père, Étienne Léger, un original comme on en rencontre peu, forgeron de métier, s'adressa à son fils d'homme à homme : « Écoute, Ernest, tu vas aller travailler en dehors. Je n'ai pas les moyens de te faire vivre plus longtemps. Je te prête deux piastres. Tu me les rendras aussitôt que tu pourras[7]. »

Personne ne discutait les décisions d'Étienne Léger, homme sévère et déterminé qui n'avait retenu de ses ancêtres, les coureurs des bois, que leur sens aigu de la liberté, ce qui lui faisait parfois oublier ses obligations paternelles. Il aurait certainement aimé vivre comme son ancêtre, Pierre, dit le Parisien. Les recherches généalogiques découvrent la trace de celui-ci et de ses fils à Michillimakinac, dans le Témiscamingue, au Grand Portage et même dans la vallée des Puants, dans le Wisconsin[8].

Étienne, le grand-père de Paul-Émile, est né le 12 juin 1844 à Saint-Timothée. Il est d'abord cultivateur (il a alors pour voisin un dénommé Montpetit dont le petit-fils s'appellera Édouard et sera plus tard secrétaire général de l'Université de Montréal). Mais sa terre n'est pas généreuse. Il la quitte pour tenter sa chance à Valleyfield où il ouvre une boutique de forgeron rue Ellice, au coin de la fabrique. Un bien curieux forgeron, cet Étienne, plus enclin à brasser des affaires politiques qu'à rougir le fer. Ses « principes » lui vaudront une foule d'embêtements. Plus souvent qu'autrement, les clients se frappaient le nez sur la porte verrouillée de la forge. Aussitôt qu'Étienne avait gagné dix piastres, il fermait boutique. « Faut pas tenter la Providence », répétait-il à sa femme, Alice Laberge, qui essayait d'élever ses onze enfants avec les maigres gains de son époux.

En réalité, Étienne ne cherchait nullement à se sanctifier dans la pauvreté. Il utilisait sans remords son temps libre pour vaquer aux affaires publiques. Il fut l'un des fondateurs de la première mutuelle d'assurance, l'Union Saint-Joseph du Canada, et intercéda auprès du jeune ministre Mackenzie King, dauphin de Sir Wilfrid

Laurier, au nom des ouvriers exploités de la Montreal Cottons de Valleyfield.

Dans sa propre paroisse, il entreprit une grande croisade contre le curé Pelletier, qui caressait le rêve de construire une cathédrale à Valleyfield. Étienne Léger s'opposait farouchement à ce rêve de grandeur. Élu marguillier, il mena une dure lutte au projet et à ses partisans. Le curé en développa une rancune implacable à l'égard de son paroissien. Le dimanche, à la quête, il passait le plateau sans s'arrêter devant lui. À l'époque, l'insulte était de taille. Mais Étienne avait des principes. Même si l'injure était publique, il ne se reconnut jamais le droit de poursuivre en justice l'homme de Dieu[9].

*   *   *   *   *   *   *

Forcé de partir, le jeune Ernest embrasse sa mère, ramasse son baluchon et quitte donc la maison paternelle. Il a eu vent qu'un commerçant de Saint-Anicet, Louis-Napoléon Masson, cherchait un commis travailleur. Comme il a fait son cours commercial chez les frères de Sainte-Croix et qu'il peut sans effort additionner de tête quatre colonnes de chiffres en même temps, il décide de tenter sa chance. Le jeune inspire tout de suite confiance au père Masson. Il lui trouve l'air étonnamment fort pour ses quatorze ans et lui offre cinq dollars par mois. « Si tu fais l'affaire, lui dit-il, et si tu travailles pour moi pendant cinq ans, je te trouverai une place à Montréal. »

L'un et l'autre tinrent leur engagement.

Monsieur Masson installa son jeune commis dans le grenier du magasin. Le soir, sous les combles, Ernest lisait et relisait les vers de François Coppée jusqu'à les connaître par coeur. Il eut certainement aimé faire ses « humanités », mais son père avait des idées très particulières sur les études : le cours classique pour l'aîné de ses fils, le séminaire pour le second et le cours commercial pour le troisième. Son tour venu, Ernest fut naturellement orienté vers les chiffres, lui que les lettres passionnaient.

Le commerce du père Masson était des plus prospères. Certains matins, c'était même la foire aux abords du magasin général. Quand le bateau qui faisait la navette entre Cornwall et Montréal mouillait dans le petit port, les activités battaient leur plein. Les cultivateurs des environs déchargeaient leur foin sur la place. (Destiné aux chevaux des policiers, le fourrage était très en demande à New York.) Puis ils faisaient un saut au magasin général où ils échangeaient leurs produits, céréales, légumes et animaux de boucherie contre des denrées alimentaires et des vêtements nouvellement arrivés. Le jeune Ernest Léger ne chômait donc pas. Mais, tandis qu'il transportait les produits d'épicerie stockés dans la cave et les alignait sur les tablettes, Ernest Léger regardait avec admiration une grande jeune fille brune au profil grec qui venait faire ses courses au magasin. « Bonjour, mon oncle ! » lançait-elle en ouvrant la porte.

Tous les yeux se tournaient alors vers la jolie Alda au sourire communicatif. Le timide Ernest ne ratait jamais l'occasion d'aller lui-même chercher les oeufs bien frais qu'elle désirait. Après son départ, le jeune commis l'observait à la dérobée par la fenêtre du magasin. Élégante et fière, Alda marchait dans la rue principale et s'arrêtait un instant à la fromagerie Rabault avant d'aller chercher son pain chaud chez le boulanger, le père Teste. Ernest ne la quittait pas des yeux. Elle passait devant l'église et entrait dans la maison blanche au coin de la rue de la Fabrique sans jamais se retourner.

Alda était la fille de Césarine Prieur, soeur de Mélitime Masson, devenue depuis quelque temps madame la mairesse. Césarine avait épousé Gédéon Beauvais qui, comme tant d'autres Canadiens français, avait voulu tenter sa chance aux États-Unis. L'avenir est à l'Ouest répétaient alors les jeunes gens de condition modeste qui rêvaient de rouler sur l'or.

Pauvre Césarine ! Elle eut à peine le temps de mettre au monde ses cinq enfants à Crookston dans le Minnesota. En 1886, Gédéon mourut de typhoïde sans laisser un sou. Alda avait sept ans. La jeune veuve ne voulut jamais parler de ces jours tristes.

Louis-Napoléon Masson avait l'esprit de famille. En apprenant le malheur de sa belle-soeur, il prit le premier train en partance pour le Minnesota. Il avait décidé de ramener la veuve et les orphelins à Saint-Anicet et de les installer dans la petite maison blanche à pignon qu'il possédait juste en face de l'église.

Césarine n'avait pas un sou. Louis-Napoléon logea et nourrit la petite famille pendant une vingtaine d'années, sans jamais donner d'argent liquide à la mère. Pour les petites dépenses des siens, Césarine lavait le linge de sacristie de monsieur le curé Auclair. Pour le reste, elle s'en remettait au bon Dieu...et à son beau-frère[10].

Lorsque Ernest Léger se décida à faire la grande demande, la nouvelle se répandit comme une traînée de poudre dans le village. Tout le monde s'y attendait, car le jeune commis courtisait Alda depuis plusieurs années. En 1896, quand il alla prendre un peu d'expérience des affaires à Montréal, comme expéditeur chez Chaput et fils, tout le village se demanda si l'amour résisterait à la séparation. Pendant cinq ans, il fut quasiment impossible de savoir où en étaient les amoureux. Aussi discrets que rusés, pour échapper aux bavardages et tromper les curieux, ils s'écrivaient des lettres d'amour en sténo !

À son retour dans la région, Ernest demanda la main d'Alda à son oncle Louis-Napoléon. Ils s'épousèrent à Saint-Anicet, le 6 novembre 1901.

Qui prend mari prend pays. Alda quitta son village d'adoption pour suivre Ernest qui voulait s'installer en banlieue de Valleyfield. Fort de ses dix années d'expérience dans les affaires, il s'associa à son frère Arthur pour ouvrir une quincaillerie à Belle-Rive. Ce nouveau quartier de Valleyfield se développait rapidement à cause de l'implantation de la Montreal Cottons, une usine de textiles où l'on embauchait des ouvriers venant des quatre coins du Québec.

Mais les deux partenaires n'entrevoyaient pas l'avenir de la même façon. Arthur rêvait de brasser de grosses affaires à Montréal. Ernest songea un instant à faire cavalier seul. Mais il n'avait

Paul-Émile Léger, à six mois. Sa première année se passe à Bellerive, en banlieue de Valleyfield, dans le logis qu'occupent ses parents, au-dessus de leur quincaillerie.

pas les reins assez solides pour affronter, sans son associé, la concurrence qui commençait à se manifester dans la région.

Encore une fois, Louis-Napoléon Masson devint la bonne étoile d'Ernest Léger. Pendant que ce dernier essayait désespérément de s'en sortir à Belle-Rive, le corpulent maire de Saint-Anicet regrettait son vaillant commis. Aucun de ses propres fils ne semblait s'intéresser sérieusement au commerce familial. Joseph pratiquait la médecine à Los Angeles, Médéric venait d'ouvrir un cabinet de dentiste à Montréal, Alfred préférait tenir magasin à Valleyfield et Damien se taillait une place respectable dans le monde médical de la métropole.

Louis-Napoléon hésita avant de faire connaître ses intentions à son neveu par alliance. Sa nièce Alda aimait sa nouvelle vie en banlieue de Valleyfield. Peut-être ne verrait-elle pas d'un bon oeil un retour à Saint-Anicet. C'était mal connaître la jeune femme, qui avait justement hérité des Masson un sens aigu des affaires. Elle avait vite compris l'impasse dans laquelle son mari se trouvait.

La précarité de leur situation l'inquiétait d'autant plus qu'elle attendait un enfant. Alda était musicienne. Le dimanche, à la grand-messe, elle touchait l'orgue. C'est elle que le curé Maxime Pilon avait choisie pour accompagner les moniales clarisses qui chantaient en choeur. Pénétrée par le chant des religieuses, la future mère offrit à Dieu l'enfant qu'elle allait bientôt mettre au monde. Paul-Émile naquit le 25 avril 1904, dans le logement de ses parents, au-dessus de la quincaillerie.

Peu après, Louis-Napoléon fit savoir à Ernest qu'il serait bien content de le reprendre à son service. L'offre tomba pile. Alda et Ernest reprirent la route de Saint-Anicet avec leur bébé de quelques mois.

Louis-Napoléon gagnait au change. Déjà vieux, il savait encore tirer ses marrons du feu : en rappelant Ernest auprès de lui, il faisait d'une pierre deux coups. Car son neveu par alliance était maintenant épaulé par sa jeune épouse, une femme d'affaires hors pair. Le vieux loup s'assurait donc les services de deux commis pour le prix d'un !

Paul-Émile Léger, à un an, dans les bras de sa mère.

La petite famille s'installa d'abord chez des amis de longue date, les Hosie, qui voulurent bien leur louer une chambre. Cette solution n'était pas du goût de grand-mère Césarine, qui mûrissait un projet, seule dans la maison du coin. Ses deux dernières filles venaient de quitter le foyer. Séphora était entrée au noviciat des soeurs Grises et Graziella avait pris mari. La maison devenait grande, et la vieille dame trouvait le temps long tandis que son seul petit-fils, Paul-Émile, faisait la navette entre sa chambre exiguë et le magasin général. « Ce n'est pas une vie pour un enfant », disait-elle souvent aux jeunes parents en leur proposant de s'installer sous son toit.

C'est ainsi qu'Alda réintégra la maison de son enfance en compagnie de sa petite famille. Ils y habiteront jusqu'en 1910, date à laquelle son oncle, Louis-Napoléon Masson, prend sa retraite à Valleyfield. Les Léger s'installent alors dans l'imposante maison de briques rouges construite par Luc-Hyacinthe, l'illustre patriote de 1837. Grand-mère Césarine suit.

Trois ans plus tard, la famille s'agrandit. Jules, le second fils de la famille, voit le jour le 4 avril 1913, dans une petite chambre du premier étage. Son frère Paul-Émile a neuf ans. Pendant ce temps, Ernest Léger effectuait la plus grande transaction financière de sa vie : il achetait le magasin général et les autres propriétés du village de Louis-Napoléon pour la somme de 4 800 dollars. Le contrat de vente fut signé le 24 juin 1913, jour de la Saint-Jean.

Louis-Napoléon ne reçut jamais la totalité du montant puisqu'il mourut peu après, le 16 mars 1914.

Références — Chapitre I

1. Le cardinal Léger, voyage à Saint-Anicet, le 29 juillet 1981.
2. Bouchard, André, « Saint-Anicet et les Masson ou Du patriote au parrain : 1. Luc-Hyacinthe Masson ». Tiré du *Journal annuel de la Société historique de la Vallée de la Châteauguay*, 1979, vol. 12, p. 43-46.
3. Le cardinal Léger in *Le matin de la fête*, émission radiophonique diffusée à Radio-Canada le 11 octobre 1981.
4. Bouchard, André, « Saint-Anicet et les Masson : Louis-Napoléon Masson », tiré des *Mémoires de la Société généalogique canadienne-française,* 1979, vol. 30, n° 4, p. 263-271.
   Monsieur Bouchard m'a remis ses notes chronologiques pour l'étude *Saint-Anicet et les Masson, 1842-1914*. Il a également fait des recherches sur le peuplement de Saint-Anicet et la vie du village à la fin du siècle dernier. Notre entretien a eu lieu le 7 avril 1981.
5. Le cardinal Léger, papiers personnels.
6. Bouchard, André, *Saint-Anicet et les Masson,* notes rédigées après une rencontre avec le cardinal Paul-Émile Léger, le 22 mars 1976.
7. Le cardinal Léger.
8. *Mémoires de la Société généalogique canadienne-française,* vol. 5, n° 3, janvier 1953.
9. Le cardinal Léger, papiers personnels.
10. *Ibid.*

Chapitre II
Le petit villageois de Saint-Anicet

Chaque année, c'est le même rituel. Les hommes les plus forts et les plus braves de Saint-Anicet se rassemblent à la mi-décembre. Ils portent sur l'épaule des haches, des pics à glace et un bon câble.

Ernest Léger mène l'expédition. Le câble solidement noué autour de la taille, il s'avance à tâtons sur la couche de glace dont il ignore l'épaisseur. Derrière lui, les hommes retiennent le câble pour prévenir les accidents. Attachés les uns aux autres, ils le suivent sur la surface gelée du lac. Tous les quatre mètres, Ernest creuse un trou pour mesurer l'épaisseur de la glace. Quand il devient évident que l'hiver a pris le dessus sur l'automne, il plante un sapin dans chacun des trous percés. Dès lors, les voyageurs peuvent emprunter la voie ainsi balisée pour atteindre la rive nord du lac et monter à bord du « Mocassin », le train qui fait la navette entre Lancaster et Montréal.

Mais, parmi les habitants de Saint-Anicet, peu s'y aventurent, sauf en cas de nécessité. Isolés par les glaces de novembre à avril, ils ont l'habitude de la solitude. Ils se replient naturellement sur eux-mêmes jusqu'à la crue des eaux.

« Pourvu que l'hiver ne s'étire pas plus que de coutume », soupirent-ils de temps à autre.

Les routes qui sillonnent les rangs ne sont guère plus praticables. Il faut pourtant entretenir le chemin de planches qui traverse les terres noires de Sainte-Barbe. L'été, le sol brûle et l'hiver, il ne gèle pas. Alors, on recouvre la route de larges et épaisses planches, et le traîneau réussit à passer. Ou alors, on se

Paul-Émile Léger, à trois ans.

passe des services du médecin qui habite cinq ou six kilomètres plus loin, à Saint-Stanislas-de-Kostka. Celui de Saint-Anicet, on n'en parle pas. Et on ne le consulte surtout pas. Le bruit court qu'il est narcomane...

Plus souvent qu'autrement, on soigne les malades à l'indigène, et ce fut le cas pour Paul-Émile. Dès l'âge de six ans, l'enfant multiplie les crises d'asthme aiguës. On arrive à les contrôler en appliquant des mouches de moutarde sur sa poitrine et en l'obligeant à avaler une bonne grosse cuillerée d'huile de ricin. Il en sort rôti et vidé !

Pendant la dure saison, les gens du village ne sortent que pour aller au magasin général et à l'église. Et encore, ils se font tirer l'oreille certains dimanches matins de mauvais temps. « Ça paraît que vous êtes les voisins des sauvages », maugrée le curé Nepveu quand ses ouailles ont du mal à suivre sa prédication.

Et quelle prédication ! Son austère sermon se divise en deux parties. Une année, l'exposé sur le dogme est présenté en français et la morale, en anglais. L'année suivante c'est le contraire. Monsieur le curé n'a pas le choix : il a hérité de l'une des seules paroisses bilingues du Québec de 1900. Le village compte en effet une cinquantaine de familles anglophones composées de protestants, de loyalistes, mais aussi d'Irlandais catholiques.

Partisan de la bonne entente, le curé Delphis Nepveu prêche la tolérance. Mais il parle « en termes », comme disent ses paroissiens. Lorsqu'il se lance dans une envolée oratoire particulièrement hermétique sur les mystères du credo, il perd définitivement son monde. Il n'a rien du curé de campagne. C'est un docte théologien qui a obtenu ses diplômes dans les universités romaines. Il a enseigné la philosophie au séminaire de Valleyfield avant d'être expédié « en pénitence » dans la paroisse perdue de Saint-Anicet. Son évêque, monseigneur Emard, lui a imposé cette disgrâce à la suite de leurs fréquents désaccords et aussi pour mettre de l'ordre dans les affaires de la fabrique qui risquait la faillite, après le passage du curé Toupin. Humoriste à ses heures, le curé Nepveu répétera pendant les dix-neuf années qu'il passera à Saint-Anicet : « J'ai été envoyé en villégiature sur les rives magnifiques du lac

Saint-François ! » Le reste du temps, il prend son mal en patience, se réfugie dans la lecture et s'assure que ses paroissiens remplissent au moins leurs devoirs de chrétiens. Ils doivent se confesser et communier une fois l'an, généralement durant le temps du Carême. Chaque semaine, le curé prévient ses ouailles que leur tour est venu : « Dimanche prochain, tout le rang de New-foundland doit venir communier », annonce en chaire l'imposant curé, de sa voix de stentor.

Les paroissiens savent lui rendre la monnaie de sa pièce. Ils se présentent à jeun à la sainte table, comme le prescrivent les commandements. Mais à part la confession une fois l'an, c'est tout ce que le curé peut attendre d'eux. Une fois leur devoir d'état accompli, ils ont bonne conscience : « J'ai fait mes Pâques et mes neuf premiers vendredis du mois, je suis en règle[1]. »

Les fidèles de Saint-Anicet en ont vu d'autres. Le prédécesseur du curé Nepveu, le bon curé Toupin, cognait des clous durant la messe. Il passait ses nuits à pêcher l'anguille à la lanterne, dans les mystérieux courants que formaient les rubans de mannes sur l'eau. Au petit matin, il distribuait la communion sans même s'être lavé les mains, ce qui scandalisait ses paroissiens. Il étouffait peut-être ses bâillements en célébrant le saint sacrifice, mais au moins, il ne regardait pas de haut cette paroisse de l'arrière-pays[2].

Heureusement, pour dérider l'assistance après le sermon du curé Nepveu, il y a Nina Tanguay. Nina, l'organiste, bûche sur son clavier plus qu'elle ne joue de l'orgue. Chaque fois qu'elle écorche une note, elle enrage. Elle crache alors sa mâchée de gomme d'épinette dans les tuyaux de l'orgue en lâchant un juron de son cru. Cette vulgarité irrite tellement le curé qu'il s'est senti obligé d'interdire l'accès du jubé aux femmes et aux enfants. C'est au bossu, « Pingue », que revient la tâche de pomper le soufflet de l'orgue pendant les cérémonies. Au moins une fois l'an, il est obligé de nettoyer l'instrument. Pingue mesure à peine un mètre cinquante et s'attire les sarcasmes d'un géant de près de deux mètres, une autre figure pittoresque du village, surnommé « l'Étoile du Nord ». Le bossu compense sa petite taille par des ruses. Quand le géant se promène, tête au vent, par les jours de grands froids, sa ceinture fléchée nouée à la taille, Pingue l'accoste en lui demandant d'un air narquois : « Hé ! l'Étoile du Nord, as-tu mal à la gorge ?[3] »

* * * * * * *

La vie du village couve sous la neige jusqu'aux premiers jours du printemps. En avril, les habitants sortent de leur torpeur hivernale. Arrive le joli mois de mai et l'on voit aussitôt reprendre le cabotage et aussi les activités religieuses. Deux par deux, les enfants de l'école du rang s'avancent en silence vers le presbytère où les attend le curé pour le catéchisme. Les leçons se poursuivent tout au long du mois de Marie et permettent au curé Nepveu de trouver parmi les petits garçons ceux qui deviendront ses enfants de choeur : « Paul-Émile Léger et François Teste, vous passerez me voir après le catéchisme », dit-il un jour.

Le curé ne s'est trompé qu'à moitié dans son choix. Paul-Émile devient vite son servant de messe attitré. Il sera fidèle au poste pendant une dizaine d'années, la semaine comme le dimanche. Son petit camarade, surnommé François aux grandes oreilles, se débrouille moins bien. Un jour, alors qu'il se prépare à assister le curé pour une grande cérémonie, à la suite d'un faux mouvement la flamme de son chandelier se communique à son surplis et se propage rapidement. Le curé se lève d'un bond, enlève sa chape et déshabille l'enfant de choeur en un mouvement : « Petit imbécile, lance-t-il d'une voix emportée. Va-t'en chez vous[4] ! »

Pour sa part, Paul-Émile est en service commandé en tout temps. Il n'hésite pas à délaisser ses jeux lorsqu'il entend les cloches de l'église aux formes romanes carillonner et lorsqu'il voit le curé passer en voiture. « Monsieur le curé s'en va porter le bon Dieu à un mourant », murmurent les paroissiens impressionnés[5].

Le sacristain grimpe sur son escabeau pour suspendre les bandes d'étoffes noires qui ornent les murs du sanctuaire, et Paul-Émile enfile son surplis dans la sacristie derrière l'autel.

« *Re - qui - em - ae - ter - nam - do - na - e - is* », chante le curé.

37

Toute l'église baigne dans la noirceur. Derrière le curé, l'enfant de chœur prend son rôle au sérieux. Le prêtre le constate particulièrement lors des jours sombres où sévit la grippe espagnole. Seul son servant de messe ose pénétrer dans l'enceinte de l'église pendant les obsèques des personnes mortes de ce terrible fléau. La peur de la contagion qui règne alors dépasse tout. La famille dépose précipitamment le corps du défunt dans l'allée centrale et disparaît aussitôt. Même Nina Tanguay refuse de monter au jubé. Paul-Émile doit donc chanter le service funèbre avec le curé.

Le dimanche matin après la grand-messe, Paul-Émile frappe à la porte du presbytère où le curé lui donne deux gros sous pour chaque messe servie. Quand vient le temps d'entreprendre son cours classique au séminaire de Sainte-Thérèse, l'enfant a réussi à économiser cent vingt dollars qu'il remet fièrement à son père pour payer sa pension au collège.

*   *   *   *   *   *   *

« That priest is a devil[6] ! »

L'Irlandais en a le souffle coupé. Le curé Nepveu vient de le sortir du presbytère d'un coup de pied au derrière.

« Moi, un marguillier, répète-t-il, ahuri. *Just because I was inquiring about the parish's 10 000 dollar debt.* »

Il raconte l'incident aux « veilleux », réunis autour de la fournaise, au milieu du magasin général. Les saintes colères du curé Nepveu font souvent les frais de la conversation de la demi-douzaine de vieux garçons endurcis qui fument et chiquent autour du feu. À l'avant du magasin, Ernest Léger, le maître des lieux, tout en faisant ses comptes de la journée, ne perd pas un mot du récit.

Il est intraitable, le père Léger. Il ne tolère ni un juron ni un manquement à la charité. Encore moins la présence d'un homme qui a pris un « p'tit verre » de trop. Les habitués se souviennent encore du fameux soir où Ernest, excédé par l'impertinence d'un gai luron titubant qui jurait comme un charretier, enfouit le gringalet dans un énorme sac de jute et alla le déposer sur le perron de son père.

C'est monsieur Teste, le père de François, qui apporte les nouvelles fraîches aux veilleux. Depuis la parution du *Devoir*, il n'en a pas manqué un seul numéro[7].

« Et pis, y é-tu arrivé de quoi de neuf ? lui demande un des vieux garçons.

— Toujours la même affaire, rétorque monsieur Teste. Ça parle rien que de la marine canadienne ou bedon de la réciprocité. »

Le bill que vient de présenter Sir Wilfrid Laurier, premier ministre du Canada, pour créer une marine canadienne fait couler beaucoup d'encre en cette année 1910. Selon le projet, la flotte, contrôlée par le gouvernement canadien, devra être prête à venir en aide à l'Angleterre en cas de besoin ! « Lorsque l'Angleterre est en guerre, a déclaré Sir Wilfrid Laurier, le Canada l'est également. »

Cette déclaration fait le tour du Québec et suscite des réactions aussi vives dans les pages du *Devoir* que chez les veilleux de Saint-Anicet.

« J'peux pas croire, dit le père Teste, un nationaliste convaincu.

— *Laurier is right. So right,* répète l'Irlandais Edward Hosie que le ton de la conversation irrite.

— M'a dire comme Henri Bourassa, soupire le père Teste, c'est la pire reculade depuis cinquante ans. »

Ernest se redresse sur sa chaise et carre les épaules. La pointe de son crayon, qui sautait d'une somme d'argent à l'autre, reste en l'air. Son regard ne trompe pas. Si le ton monte, il va mettre le holà. Les Irlandais et les Écossais sont chez eux à Saint-Anicet. Et ce n'est pas dans son magasin qu'on se permettra de les insulter !

Assis comme un grand, avec les veilleux, Paul-Émile attend la suite des événements. Quand son père prend son air grave, mieux vaut se tenir tranquille. Les vieux garçons devraient le savoir et parler d'autre chose. Ça fait une semaine qu'ils se montent la tête avec la fameuse déclaration de Laurier, comme on tourne le fer dans la plaie.

« Écoutez ben ce que Sir Wilfrid a dit en chambre, poursuit monsieur Teste en reprenant son journal : « Quelques-uns ont arraché leurs cheveux et déchiré leurs vêtements comme si j'avais blasphémé. »

Monsieur Teste relève la tête et scrute les réactions de ses compères. Personne ne commente.

« C'est là que Bourassa en a sorti une bonne, reprend-il en riant. J'vais vous lire ce qu'il a écrit dans le journal : « Personne n'accusera le premier ministre de s'arracher les cheveux et de déchirer ses vêtements. Au contraire, tout le monde commence à trouver qu'il a une collection extraordinairement variée de perruques, de costumes et de dominos[8]. »

L'éclat de rire est général. Les vieux garçons se tapent les cuisses. Les deux sacristains, Jos Malette et Stan Bouchard, que le curé destitue régulièrement pour excès de boisson, rient à gorge déployée. Dans l'escalier, Paul-Émile surveille du coin de l'oeil le visage de son père. La tête penchée sur son livre de comptes, il sourit, lui aussi.

La politique cède alors le pas aux blagues. Inévitablement, la conversation débouche sur les éternelles histoires à dormir debout. Toutes les légendes de la chasse-galerie y passent. Pour Paul-Émile, c'est de loin la partie la plus excitante de la soirée.

« Lorsque la planche à repasser tombe derrière la porte, ça porte malchance, affirme monsieur Malette le plus sérieusement du monde.

— Tu nous contes des peurs, ricane son voisin, en tirant son jus de chique sur le poêle fumant. Les prémonitions, faut s'en méfier.

— Ris pas, gronde le sacristain, c'est arrivé chez nous, et pis, mon cousin des États est mort dret le lendemain.

La petite famille Léger, devant le magasin général, à Saint-Anicet.

— J'en connais une ben pire que ça, lance le chasseur de sorcières du groupe. Même que si j'vous la raconte, ça pourrait en embarrasser quelques-uns ici présents.

— Comment ça ? »

Paul-Émile est sur les charbons ardents. Le récit s'annonce palpitant. D'une minute à l'autre, l'horloge va sonner huit heures.

L'enfant, que les histoires fascinent, écoute la suite en guettant le signe fatidique de son père qui l'obligera à grimper au lit juste au moment où le suspense sera à son plus fort[9].

* * * * * * *

Heureusement, les veilleux seront au rendez-vous le lendemain et les soirs suivants. Et Paul-Émile finira bien par connaître la fin de l'histoire. Car les veilleux se répètent. D'ailleurs, il faut bien l'avouer, le récit s'embellit chaque fois qu'il est raconté.

Le magasin général, c'est le carrefour du village. Et l'enfant né au-dessus d'une quincaillerie passera le plus clair de son enfance au milieu des barils d'huile et de mélasse qui jonchent le plancher, des poches de blé, de sucre et de farine soigneusement alignées le long du mur, juste en dessous des tablettes sur lesquelles sont rangés les produits d'épicerie.

À toute heure du jour, on trouve Paul-Émile assis par terre dans le *back-store* occupé à construire des villes entières avec des jouets de fortune. Il trace les rues avec les clous tordus que son père place dans un énorme baril et qu'il redresse à l'aide de son marteau.

Mais Ernest Léger n'a guère le temps de s'amuser. En plus de desservir au magasin quelque trois cents familles, il cumule les fonctions de maître de poste et de gérant de la banque d'Hochelaga. Ses responsabilités s'alourdissent encore quand il est nommé secrétaire de la municipalité.

Toutes ces tâches ne l'ont jamais empêché de remplir son rôle de maître chantre de la paroisse pendant des années, ce qui n'était pas une sinécure à l'époque où Nina Tanguay faisait la pluie et le beau temps dans le jubé.

« Paul, va faire le tour du village avec ta petite voiture, suggère Ernest Léger. Ça fait des heures que tu restes enfermé entre quatre murs.

— Ti-Paul, attends une minute », dit Alda.

La mère de Paul-Émile s'occupe de la mercerie, située à gauche en entrant dans le magasin. Elle choisit un coupon de soie ou de coton sur la tablette et place l'étoffe bien à plat sur sa table. Ensuite, elle détaille du regard sa cliente pour en deviner les lignes. Et d'un coup de ciseaux de sa main gauche, elle taille la robe sans même prendre les mesures avec son galon.

Alda Léger affiche une assurance de bon aloi en couture comme en affaires. Mais lorsqu'il s'agit des siens, elle devient singulièrement craintive. Un rien l'inquiète. Son « Ti-Paul », comme elle l'appelle affectueusement, ne franchira jamais le seuil de la porte sans être inondé de recommandations.

« Surtout, ne t'approche pas du bord de l'eau. »

L'interdiction est formelle depuis le jour où Paul-Émile a fait un plongeon dans l'eau en jouant au bout du quai avec la flotte de petits bateaux de fer-blanc qu'il fabriquait avec les plaques de métal des réclames publicitaires ! L'eau exerce une grande fascination sur lui ; il passe des heures le nez collé à la fenêtre, à regarder tomber la pluie sur la surface lisse du lac. Les orages l'envoûtent. Au plus fort de la tempête, quand ses parents inquiets allument les cierges bénits, l'enfant n'éprouve pas la moindre frayeur.

Il devra néanmoins attendre la naissance de Jules, en 1913, pour obtenir la permission de se promener en chaloupe. Il ira alors à la pêche à l'esturgeon avec son ami Bill Hosie, qui est un peu plus âgé que lui. Après l'excursion, les deux petits camarades se divisent les prises et mangent le caviar.

Paul-Émile trompe parfois la vigilance de ses parents. Il longe la rue jusqu'à l'église et emprunte l'escalier abrupt qui mène en haut de la vieille tour jusqu'au clocher. Là, blotti contre les cloches, il écoute vibrer l'airain. Avec son crayon, il grave son nom dans le métal.

Il faut parfois des heures avant de retrouver le jeune fugueur solitaire. Inquiète de nature, sa mère le croit perdu à tout jamais. Mais dans ces moments-là, son père garde son moral. Ernest, c'est l'éternel optimiste. S'il lui arrive de s'inquiéter, il cache ses émotions pour mieux encourager sa femme. En revanche, dans

Le jeune Paul-Émile serre la main de son ami De Borgia Cadieux, en compagnie de sa mère Alda, de sa grand-mère Césarine et de la cousine de son père, Clarinthe Plante.

l'épreuve, le courage d'Alda étonne, voire stimule, tandis que son mari rentre en lui-même, tel un moine dans le monde.

Paul-Émile a hérité de sa mère cette personnalité où s'entrecroisent un désir de vivre à toute épreuve et une prédisposition à la mélancolie. Comme son père, il recherchera à ses heures la solitude.

Enfant, Paul-Émile a peu d'amis. Ceux qu'il fréquente sont plus âgés que lui. Au fur et à mesure qu'il grandit, ses goûts l'amènent à délaisser le jeu pour le travail dans le magasin. Il compte les oeufs qui arrivent enveloppés dans l'avoine dans des seaux et met de côté les oeufs cassés qui ne peuvent être expédiés et qui, invariablement, se retrouveront en omelette dans son assiette. Son père le charge aussi d'aligner les peaux de veau et de mesurer les huiles, la mélasse, le sirop et le vinaigre. Ensemble, ils transportent du quai au magasin les sacs de sel et de farine qui arrivent par bateau, et les font descendre dans la cave à l'aide de tonneaux.

Ses crises d'asthme, plus aiguës d'année en année, l'obligent à garder le lit au moins deux mois entre novembre et avril. Il passe alors son temps à lire *Jeunesse illustrée* et *Les Belles Images.* Dès que le beau temps revient, il retrouve ses forces et sa bicyclette. En compagnie de son ami Billy, il pédale le long du sentier qui traverse les collines et pénètre dans les sapinières où les deux lurons s'acharnent à extraire l'huile de cèdre. Naïf, il croit alors que ce produit sert à polir les meubles! Il apprendra plus tard que, sans le savoir, il contribuait à la contrebande de l'alcool, à la belle époque de la prohibition.

Ce sont aussi les sombres années de la conscription. Durant la guerre de 1914-1918, les jeunes gens de la région reçoivent l'avis de convocation sous les drapeaux. Plutôt que d'obéir, ils préfèrent s'enfuir au fond des forêts tandis que leurs convocations attendent dans les casiers de la poste locale. Le maître de poste, Ernest Léger, n'a pas le mandat de livrer son courrier de main à main. Aussi laisse-t-il ces lettres s'empoussiérer dans son bureau. Qui le lui reprocherait? Après tout, la gendarmerie elle-même ne s'aventure pas dans l'arrière-pays...

À l'heure des repas, Paul-Émile garde seul le magasin. Il en profite pour donner libre cours à sa passion naissante pour l'art oratoire et improvise des discours, comme celui qu'il compose sur la réciprocité et qui ressemble étrangement aux discussions des veilleux. Debout, bien droit devant le miroir, il s'adresse à un auditoire imaginaire en y mettant les intonations et les gestes. Arrivée à l'improviste, sa mère l'observe un instant, étonnée de lui découvrir ces talents inconnus. Puis, elle se retire sur la pointe des pieds[10].

Références — Chapitre II

1. Dans ses notes personnelles, le cardinal Léger écrit : « La plupart des fidèles s'approchaient des sacrements une fois l'an. La vie quotidienne, chez un grand nombre, était loin d'être un témoignage de foi. » Mais quelle paroisse peut se prévaloir du privilège d'arborer à la galerie de son jubé les armoiries de trois évêques : monseigneur Anicet Latulippe, monseigneur Percival Caza et le cardinal Léger ?
2. Le cardinal Léger, voyage à Saint-Anicet, le 29 juillet 1981.
3. Le cardinal Léger, papiers personnels.
4. Le cardinal Léger, voyage à Saint-Anicet, le 29 juillet 1981.
5. Le cardinal Léger in *Le matin de la fête*, émission radiophonique diffusée à Radio-Canada le 18 octobre 1981.
6. *Ibid.*
7. Le cardinal Léger.
8. Rumilly, Robert, *Henri Bourassa*, Montréal, les Éditions de l'Homme, 1969.
9. Dans ses notes personnelles, le cardinal Léger écrit : « ... Après soixante ans, ce goût est plus qu'un souvenir. Il est accroché au fond de mon gosier et les parfums de Paris et de Rome ne l'ont pas édulcoré. Je me suis souvent demandé si ces séances du magasin n'avaient pas développé en moi la faculté d'imagination qui devait tant m'aider plus tard à exercer le don d'improvisation. »
10. L'incident a été raconté au cardinal par sa mère longtemps après.

Chapitre III
« Tu seras prêtre »

Le *Cheffy* accoste à 7 heures pile le quai de Saint-Anicet. Le caboteur, qui fait la navette entre Lancaster et Valleyfield, s'arrête ainsi deux fois par jour.

Mais en ce matin de septembre 1916, Paul-Émile monte à bord. Vêtu de son costume du dimanche, des chaussures neuves aux pieds, il marche droit, tête haute. Son chagrin se devine à peine. À douze ans, il quitte le foyer pour la première fois et prend place sur le petit vapeur qui l'a si souvent fait courir jusqu'au rivage.

À l'heure de la séparation, son père, Ernest Léger, demeure stoïque. Convaincu que l'instruction ouvre toutes les portes, il a inscrit son fils au séminaire de Sainte-Thérèse, situé au nord de Montréal. Les mains jointes, grand-mère Beauvais a le cœur gros. Elle ne bordera plus son petit-fils tous les soirs dans son lit, en lui parlant du bon Dieu et des mystères de la foi.

« Si cela le conduisait au sacerdoce », soupire la vieille dame qui trouve dans cet espoir la force de supporter le départ de Paul-Émile.

Alda, sa mère, sourit tendrement. Ce jour-là, elle surmonte un chagrin qui éclatera sans réserve deux mois plus tard quand, dans le parloir du petit séminaire, elle retrouvera son Ti-Paul en livrée de séminariste, jaquette et ceinture violette. Elle fondra alors en larmes :

« Pauvre enfant, je t'ai perdu pour toujours ![1] »

*   *   *   *   *   *   *

Ironie du sort, cette maison de briques rouges, construite par un patriote de 1837, Luc-Hyacinthe Masson, a vu naître un gouverneur général du Canada, Jules Léger. Le futur cardinal y passa ses années d'enfance.

La sirène déchire l'air encore chaud en cette fin de septembre. Le vapeur s'éloigne. Accoudé au bastingage, Paul-Émile regarde Saint-Anicet, son univers, s'amenuiser avant de n'être plus qu'un point de l'horizon. L'enfant serre les dents. Il veut se montrer fort.

Son camarade de voyage l'observe. Percival Caza, qui entreprend sa première année de philosophie, est chargé d'accompagner le jeune latiniste au séminaire. Tout l'été, il lui a enseigné les rudiments du latin. Du lundi au vendredi, Paul-Émile prenait la route qui longeait le fleuve et marchait un mille et demi pour se rendre à la ferme des Caza.

« *Rosa, rosa, rosam...* »

Il travaillait des heures durant pour ne revenir chez lui qu'à la brunante. Toujours à pied, Paul-Émile se hâtait car il avait peur du crissement de ses pas ; n'aurait-on pas dit que quelqu'un le suivait[2] ?

Il n'a pas l'air plus brave, le jeune garçon aux cheveux en brosse qui arrive maintenant à Valleyfield. Le train est déjà en gare. Le New York Central file à vive allure jusqu'à Montréal et entre dans la gare Viger, dans le bas de la ville.

« Attends-moi ici, ordonne Percival à son cadet. Surtout, ne bouge pas jusqu'à mon retour. »

Assis sur le bout d'une banquette, dans la vieille gare, Paul-Émile attend bien sagement pendant que son compagnon fait ses courses dans la métropole. Le premier train de Mont-Laurier, qui s'arrête à Sainte-Thérèse, part sans lui. Le temps passe et toujours pas de nouvelles de Percival. Un second train quitte le quai. Convaincu que le jeune philosophe l'a oublié, Paul-Émile monte finalement à bord du troisième train[3]. Il descend seul à la petite gare de Sainte-Thérèse où sa valise le rejoindra douze jours plus tard.

Il entre comme un grand dans l'imposant séminaire bordé d'arbres centenaires. Tout se passe alors très vite. Le supérieur, monsieur J. Conrad Chaumont[4], reste en retrait tandis que le directeur, Hormidas Desjardins, surnommé « Quasi » par les étudiants à cause de ses affirmations bourrées « d'à peu près », accueille les nouveaux. La grosse cloche qui découpe la journée en tranches donne le signal qu'il est temps de se rendre à la récréation, au réfectoire, au dortoir où tombe enfin le silence. Sur son lit de fer étroit, le nouveau pensionnaire mesure le dépaysement. Il pleure toutes les larmes de son corps.

Pourquoi l'avoir expédié au bout du monde quand le séminaire de Valleyfield, situé à quinze kilomètres de Saint-

La petite école de Saint-Anicet où s'entassaient une quarantaine d'enfants de tout âge, de la première à la septième année.

Anicet, a aussi bonne réputation? Ernest Léger a ses raisons: monsieur le curé Nepveu, le seul homme de la paroisse qui a réussi sa vie, a fait ses études à Sainte-Thérèse.

Les premiers mois de vie collégiale comptent parmi les plus pénibles de sa vie. Comme tous les nouveaux, Paul-Émile est la cible des anciens qui rivalisent de mesquinerie et de cruauté. Leur pire ruse: administrer sournoisement des coups de genoux ou «bines» sur les cuisses de leur victime. Et v'lan! Le malheureux grimace, couvert d'ecchymoses.

Quel changement tout de même ! Dans l'esprit de Paul-Émile, la petite école délabrée de Saint-Anicet où il a passé les sept années de son cours primaire a maintenant quelque chose d'irréel : une quarantaine d'enfants de tout âge, entassés dans une seule pièce et placés par ordre de grandeur. Chaque groupe d'âge recevait une heure d'enseignement par jour. Les élèves les plus éveillés suivaient les leçons des classes les plus avancées. À la fin de sa cinquième année, Paul-Émile aurait pu subir avec succès les examens de la septième année.

La première maîtresse d'école de Paul-Émile perdait patience plus souvent qu'à son tour. Elle avait la mauvaise habitude de faire entrer les chiffres dans la mémoire des écoliers à coup de baguette sur les fesses. Heureusement, en 1911, arriva madame Montpetit qui transforma le cauchemar des enfants en plaisir.

Jamais Paul-Émile Léger ne se classa deuxième. Certes, il était doué, mais en plus, il se montrait travailleur et attentif. L'institutrice plaçait toujours à ses côtés, sur le banc de bois aux pattes de fer ciselé, un élève turbulent qui n'avait d'autre choix que de se tenir bien sage. Déjà, sur les bancs de l'école paroissiale, sa mémoire prodigieuse se remarquait. Ses ambitions aussi, d'ailleurs : il n'aurait pas supporté être devancé par Edna qui, bonne deuxième, le suivit à la trace tout au long du cours primaire[5].

Au séminaire, c'est différent. Paul-Émile multiplie les efforts pour s'intégrer à la vie collégiale, mais il n'a plus l'entrain d'autrefois. Il ne remporterait plus comme jadis au primaire le prix de la bonne humeur, ce jeune étudiant taciturne qui pleure son lac en lisant et relisant les vers de Lamartine.

> Qu'il soit dans ton repos, qu'il soit dans tes orages,
> Beau lac, et dans l'aspect de tes riants coteaux...[6]

C'est en rêvant aux grandes vacances que Paul-Émile passe à travers les trois premières années de son cours classique. En éléments latins, syntaxe et méthode, il rafle les premières places. Au séminaire, collège fondé par monsieur le curé Ducharme de Sainte-Thérèse, l'enseignement est assuré par des prêtres. C'est d'ailleurs le préfet des études qui mène les concours oraux sur les déclinaisons latines où s'affrontent les étudiants. Paul-Émile est chef d'équipe. Il aide les siens en corrigeant les mauvaises réponses. S'il perd, il lance sans rancune : « Tu m'as battu[7]. »

En récréation, il se réfugie dans la lecture, dévorant jusqu'à un livre par jour. Il lit les aventures de Jules Verne ou celles de la comtesse de Ségur. Il peut raconter presque textuellement *L'histoire merveilleuse du capitaine Corcoran*. Certains jours, il joue au Mississipi avec Adrien Laurence et Albert Colette. Avec le temps, son moral s'améliore et il se découvre des talents de bouffon. Il raconte des histoires drôles qui font rire aux larmes. Il imite les travers de ses professeurs comme pas un : Joseph Valiquette, le bonapartiste inconditionnel qui connaît la littérature française comme le professeur d'un lycée de France et qui, par timidité, regarde toujours au plafond ; monsieur Lecompte, qui enseignait la rhétorique, l'asthmatique à la voix caverneuse qui n'a jamais boutonné sa soutane de sa vie. Ou encore le père Louis Lalande, un Jésuite qui avait l'habitude de diriger la retraite des étudiants du séminaire en revenant d'une autre retraite qu'il avait prêchée, celle-là, à la prison des femmes. Pour dérider les collégiens, il leur raconta un jour un incident que Paul-Émile se fit un devoir de mettre à son répertoire. À l'invocation « Coeur sacré de Jésus », les prisonnières réunies dans la chapelle avaient répondu en choeur : « Sors-nous d'icitte[8] ! »

Paul-Émile adore raconter ses histoires, en y mettant du piquant. Mais, comme le clown, sa bonne humeur n'est parfois qu'un masque pour camoufler son chagrin.

S'il pouvait au moins patiner, au lieu de regarder les autres s'en donner à coeur joie sur la glace, du haut des immenses bancs de neige entourant la patinoire. Impossible. S'il s'échauffe le moindrement, il suffoque. Et sa toux redouble d'ardeur. Jouant de malheur, il a reçu la rondelle en plein visage lors d'une joute de hockey. « Ce n'est pas grave », répète-t-il à l'abbé Arbour qui, d'une main tremblante, éponge avec son mouchoir la joue enflée du collégien blessé[9].

* * * * * * *

L'été n'a pas été facile pour Paul-Émile. Finie l'insouciance enfantine et les jours heureux coulés à l'ombre du paisible lac Saint-François. Ils sont maintenant loin les dimanches joyeux où sa mère, installée au piano, accompagnait Ernest qui chantait d'une voix douce : « Connais-tu le pays où fleurit l'oranger, le pays de fruits d'or et de roses vermeilles... »

Ça, c'était avant la guerre de 1914-1918. Depuis, les affaires ont périclité au magasin général et le climat familial s'en ressent. L'argent se fait rare. Avec l'amélioration du système routier, Saint-Anicet sort de l'isolement. Les fermiers des environs achètent des camions et apportent leurs produits aux marchés des grandes villes, où les prix offerts sont meilleurs. Dans les villages éloignés, les marchands locaux perdent la faveur populaire.

Ernest Léger se résigne à vendre son négoce. Fatigués, Alda et lui s'installent à Valleyfield. Mais leur séjour à la ville sera de courte durée, car ils auront tôt fait de réaliser que leurs économies ne leur permettent pas de prolonger davantage cette vie de rentiers.

Ernest doit ajuster son tir. Les quintes de toux persistantes de Paul-Émile sèment l'inquiétude chez ses parents, qui évitent de le mêler à leurs problèmes. Âgé de quinze ans maintenant, le séminariste souffre de ce silence et commence peu à peu à mesurer le fardeau qu'il impose à ses parents.

Septembre 1919. Paul-Émile reprend la route de Sainte-Thérèse pour y faire sa versification. Il a grandi beaucoup trop vite. Les efforts qu'il doit fournir pour se maintenir en tête usent ses forces. Son atonie le mine autant que son asthme chronique. En janvier, il va de mal en pis, au point que les supérieurs du collège redoutent le pire. S'agit-il d'un cas de tuberculose ? Comme si ce n'était pas assez, voilà que des abcès endolorissent ses gencives. Des taches de variole apparaissent ici et là. Sa santé paraît compromise, et les risques de contagion obligent ses supérieurs à le renvoyer chez lui. La vie ne ménage pas l'étudiant qu'un professeur maladroit appelle « mon grand jaune ». Ses études sont fichues. Son grand rêve s'évanouit. Il est devenu une source d'embarras et de déception pour son père.

Humilié et désespéré, le malade se laisse soigner dans la nouvelle maison que ses parents ont achetée à Lancaster, village ontarien à majorité protestante situé sur la rive nord du Saint-Laurent. Solitaire, refusant les mains tendues vers lui, Paul-Émile broie du noir. Quand il ira un peu mieux, il déambulera sans but à travers les rues étroites de ce village étranger, cherchant désespérément les avenues de l'avenir. Livré à l'oisiveté et à l'ennui, rien ne l'attire. Le 26 février 1920, il a presque seize ans. Devant lui, il n'y a que le vide.

*   *   *   *   *   *   *

À seize ans, on ne meurt pas de chagrin. Il y a toujours quelque part au fond de soi un espoir endormi qui ne demande qu'à se réveiller. Paul-Émile sort lentement du gouffre. Mais il n'est pas question de retourner aux études car sa santé demeure précaire. Il reprend peu à peu goût à la vie en se frottant à divers métiers. D'abord apprenti boucher chez Jean-Baptiste Hébert, il apprend à dépecer les quartiers de boeuf. Mécanicien en herbe, il passe ensuite de longs mois à démonter l'Overland 1913, la première automobile familiale que son père a achetée d'un Américain sans le dire à personne, pour la somme de 100 dollars. « Il a ruiné l'automobile », s'affole grand-mère Césarine en voyant les pièces éparses sur le sol.

Il apprend aussi les rudiments de l'électricité en secondant monsieur Larose, maître électricien du village, qui est chargé de remplacer les fils électriques de la maison des Léger. Et l'envie de conduire une locomotive naît en lui un jour où il travaille à poser des rails sur la voie ferrée du Canadien National reliant Montréal à Toronto. Le midi, le jeune employé de chemin de fer rentre chez lui à bout de souffle. « C'est de la pure folie », s'écrie son père qui applaudit néanmoins aux efforts de son fils.

Mais le rendement de Paul-Émile se révèle si faible qu'Ernest glisse quelques dollars en cachette aux employeurs de son fils pour qu'ils le gardent. Au bout de la semaine de travail, ceux-ci remettent à Paul-Émile ce faux salaire. Et l'adolescent rentre à la maison avec ces beaux dollars en poche et la satisfaction du devoir accompli !

Mais généralement, Paul-Émile seconde son père qui a fait l'acquisition d'un nouveau magasin Bently sur la rue Principale à Lancaster.

Ernest Léger s'habitue à voir son fils aîné à ses côtés et entrevoit même le jour où il prendra sa succession.

« Un jour, confie-t-il à Paul-Émile, tout ce qui est ici sera à toi. Si tu ne peux pas continuer tes études, tu me remplaceras au magasin. »

Paul-Émile ne sait que répondre. Cette générosité le touche, mais comment refuser une telle offre sans dévoiler son grand secret ?

Il meurt pourtant d'envie de confier à son père la découverte fascinante et terrible qu'il a faite durant la nuit de Noël.

C'est dans la minuscule église de pierre de Lancaster, où il assiste à la messe tous les matins en compagnie d'une poignée de catholiques francophones, qu'il a trouvé la force de lutter contre l'apathie. En ce Noël de 1920, il suit la messe du haut du jubé. Autour de lui, le choeur mixte entonne le *Minuit, chrétiens*. Après la communion, il regagne sa place et, durant l'action de grâces, il entend clairement une voix lui dire : « Tu seras prêtre. »

Paul-Émile croit sincèrement à cette voix de l'au-delà. Mais peut-il vraiment espérer gagner la bataille contre sa santé malingre ? Retourner aux études où il faudra mettre les bouchées doubles ? La situation lui apparaît à la fois tragique et remplie de promesses. Il prend alors le parti de foncer droit devant, sans arrière-pensée. « Je… je te remercie, papa, mais je veux devenir prêtre », laisse-t-il tomber [10].

*   *   *   *   *   *   *

Un prêtre dans la famille ! Les Léger le souhaitaient certainement, mais ils ne se seraient pas permis de s'immiscer dans la vocation de leur fils. Tout cependant laissait croire que Paul-Émile porterait un jour la soutane. Son nom de baptême, Émile, évoquait celui de son oncle prêtre, mort tragiquement dix mois après son ordination. C'était en juin 1908. L'abbé Léger, qui était le secrétaire de l'évêque de Valleyfield, se noya dans le lac Saint-François, derrière le chalet d'été de monseigneur Émard, à Port Lewis.

L'enfant de quatre ans, qui avait assisté aux funérailles de son oncle Émile qu'il aimait tant, ne comprenait rien à la mort, si ce n'est qu'on l'avait enfermé dans un coffre de fer orné de deux cents cierges dont les petites flammes lui semblaient des rivets de cuivre. Jamais plus son oncle ne le prendrait sur ses genoux pour lui chanter: « Quand j'y songe, mon coeur s'allonge, comme une éponge que l'on plonge dans le gouffre où l'on souffre des tourments si grands... ! »

Émile Léger avait fait ses études au séminaire de Valleyfield en compagnie de Jules Fournier et Maxime Raymond. À la mort de son ancien camarade, Jules Fournier, devenu journaliste, écrivit quelques lignes que leur professeur, l'abbé Lionel Groulx, publia dans sa *Croisade d'adolescent*.

...La jeune génération perd dans Émile Léger l'une des figures les plus attachantes, et un homme sur qui notre race pouvait compter pour les luttes de demain. Le jeune prêtre, doué comme il était, aurait pu exercer, en effet, sur notre avenir national une influence infiniment plus sérieuse et plus profonde que les neuf dixièmes de nos hommes politiques...

Paul-Émile l'ignorait alors, mais son destin était soudé à jamais à cet oncle. L'évêque de Valleyfield, monseigneur Émard, voyait plus loin. Un jour, de passage à Saint-Anicet pour une cérémonie de confirmation, il remarqua le petit garçon de onze ans aux grands yeux noirs qui le dévisageait. Il s'avança alors vers lui, se pencha et le bénit en disant:

« Toi, il faut que tu remplaces ton oncle, un jour[11]. »

Références — Chapitre III

1. Le cardinal Léger, papiers personnels.
2. Monseigneur Percival Caza, *Son Éminence le Cardinal Paul-Émile Léger, archevêque de Montréal*, Montréal, Fides, 1953, p. 10-11.
3. *Ibid.*
4. Monseigneur Conrad Chaumont qui sera, plus tard, nommé évêque auxiliaire de Montréal par Monseigneur Paul-Émile Léger.
5. *Le petit journal*, le 19 novembre 1967.
6. Lamartine, Alphonse de, *Le lac*, poème immortel de l'inquiétude humaine devant le destin.
7. L'abbé Paul Desjardins, président du conventum de la classe de Paul-Émile Léger, au séminaire de Sainte-Thérèse, en mai 1923.
8. Cardinal Léger, entrevue.
9. L'abbé Paul Desjardins, *ibid*.
10. Le cardinal Léger, papiers personnels.
11. Léger, Jean-Marie, *Le Salaberry de Valleyfield*, le 9 juillet 1953.

Chapitre IV
Comme un poisson hors de l'eau

Au printemps de 1923 s'achève le séjour de la famille Léger en sol ontarien. Paul-Émile a dix-huit ans. Au volant de la vieille Overland toute bringuebalante qu'il a si souvent rafistolée pendant sa convalescence, il ramène les siens au Québec pour de bon. Assise à côté de lui, grand-mère Beauvais tient précieusement son pot de géranium sur ses genoux. Elle n'est pas fâchée de quitter Lancaster. À son âge, on ne s'habitue pas facilement à se confesser à un prêtre qui ne comprend pas un mot de français. Elle a l'impression que ses péchés ne lui ont pas été pardonnés depuis trois ans.

Ernest Léger a pris place sur la banquette arrière avec sa femme et son plus jeune fils, Jules, âgé de dix ans. Pour tout dire, ce déménagement le soulage. Depuis un certain temps, il s'inquiète au sujet de Jules qui fréquente l'école publique ontarienne à majorité protestante. Son éducation ne risque-t-elle pas d'être compromise ?

Durant le carême, alors qu'il suit sa retraite fermée annuelle à Ottawa, il expose son problème de conscience au prédicateur. Celui-ci lui répond sans détour :

« En tant que père de famille, vous devez voir à ce que votre fils reçoive une éducation chrétienne[1]. »

Dès lors, il n'y a plus d'hésitation possible. Ernest Léger est un homme de devoir. Il ne va certainement pas fuir ses responsabilités. Il ne lui reste plus qu'à plier bagages.

À moins de deux heures d'automobile de Lancaster, Saint-Polycarpe apparaît au pied de la rivière à Délisle, ce paradis des ouaouarons qui se jette dans le fleuve Saint-Laurent, à la hauteur de Coteau-du-Lac. Le nouveau magasin général d'Ernest Léger est jumelé à la maison familiale. L'ensemble en briques rouges, dont le toit français est percé de lucarnes, regarde bien en face l'église paroissiale dont il est séparé par le pont de fer qui enjambe la rivière à Délisle.

Cette imposante église en pierres de taille a connu, un siècle plus tôt, des heures tumultueuses. Jadis appelé Seigneurie de la Nouvelle-Longueuil, Saint-Polycarpe était aussi renommé pour ses forêts de chêne, fort recherchées pour la construction des navires du roi et des églises, que par ses habitants, des « chicaneux » qui n'avaient pas la langue dans leur poche... surtout en 1837 quand un rien échauffait les esprits et que les patriotes de la région cherchaient à grossir leurs rangs. Ils s'agitaient tellement qu'un régiment royal était venu s'installer en permanence au Blockhaus du canal, le long du fleuve.

C'est monseigneur Lartigue, évêque de Montréal, qui jeta l'huile sur le feu. Le 4 août 1837, il demanda que l'on chante le *Te Deum* dans les églises pour souligner l'accession au trône de la reine Victoria. Mais le zélé curé Quévillon de Saint-Polycarpe dépassa les bornes en faisant l'éloge de la souveraine et en rappelant le règne glorieux d'Elisabeth I du haut de la chaire. Les paroissiens en colère sortirent du presbytère qui servait d'église en maugréant, pour ne revenir qu'à la fin du sermon. Le mécontentement atteignit son comble quand, après la messe, le chantre Bernard Lemieux entonna le *Te Deum*. Ils se précipitèrent sur le bedeau pour l'empêcher de sonner la cloche qui était installée sur une charpente de bois en face de la porte d'entrée. « La cloche de Saint-Polycarpe n'appartient pas à la reine d'Angleterre, mais aux paroissiens, crièrent les citoyens. Elle sonnera quand on voudra ! »

Offusqué, le curé Quévillon voulut poursuivre en justice ses paroissiens insoumis. Mais monseigneur Lartigue le semonça vertement pour avoir vanté les mérites d'une reine protestante, « surtout une hérétique, acharnée contre le catholicisme et cela, dans l'église où elle ne devrait pas même être nommée ». L'évêque termina sa lettre en suggérant au curé de laisser tomber l'affaire. Ce qu'il fit[2].

Aux dires des vieux de la place, qui tiennent la fin du récit de leurs pères, les paroissiens excédés auraient finalement enfoui leur curé dans un baril et l'aurait expédié à bord du train de Toronto. Mais l'histoire officielle de Saint-Polycarpe ne se souvient pas de l'incident.

En 1921, lorsque les Léger s'installent dans le village, les paroissiens se sont assagis. Ils vivent désormais dans un bourg cossu. Avec le temps, ils sont devenus moins « regimbeux » mais restent tout aussi colorés.

« Les ceuss parmi lesquels qui auraient besoin d'embaumation, j'pourrais les embaumer », s'écrie l'entrepreneur de pompes funèbres, monsieur Poirier, à la porte de l'église, le dimanche après la grand-messe[3].

La vie se déroule vraiment autour de l'église. Sitôt installé, Ernest Léger est sollicité par le choeur de chant de la paroisse. Le dimanche, les plus belles voix de Saint-Polycarpe résonnent dans le temple accompagnées par l'organiste Estelle Garreau.

De sa voix douce, le père de Paul-Émile entonne le premier psaume, aux vêpres. Un deuxième, puis un troisième chantre suivent. Monsieur Napoléon Lamarre, le ferblantier du village, se réserve le dernier psaume, consacré à la sortie d'Égypte du peuple d'Israël. On dit de lui qu'il s'est fabriqué un gosier en fer-blanc.

Le curé Nepveu, en compagnie de monsieur et madame Léger, à Saint-Polycarpe.

« *In exito Israel de Egypto, domus Jacest de populo bar-barro* », chante monsieur Lamarre en roulant ses « r » comme un ténor. En entendant ce crescendo qui fait trembler les lustres, le curé ferme son missel, enlève sa barrette et son anneau et attend le verset fatidique. Monsieur Lamarre reprend alors de plus belle, d'une voix scandée, les vers latins qui ridiculisent les dieux païens: « Les — idoles — ont — des — mains — mais — ne — touchent — pas. — Des — pieds — mais — ne — marchent — pas. »

Drapé dans sa *cappa*, le chanoine Dugas bat le rythme en frappant des mains sur ses cuisses et en tambourinant du pied sur le plancher de la stalle. Puis, comme si de rien n'était, il remet sa barrette et poursuit la cérémonie[4].

Le curé et Paul-Émile Léger font bientôt plus ample connaissance. En effet, la dernière grossesse d'Alda Léger aurait pu lui être fatale. Le bébé meurt et la mère, toute fiévreuse, lutte contre la mort quand le chanoine Dugas arrive à la maison pour lui administrer les derniers sacrements. Ce jour-là, le médecin est absent du village. Et le curé se rappelle un traitement efficace, utilisé jadis. Il s'agit d'enduire le corps de la malade de gros sel. Aussitôt dit, aussitôt fait. Comme l'amélioration ne se fait pas sentir sur-le-champ, on place Alda sur une civière de fortune qu'on hisse à bord du train en partance pour Montréal. S'il reste à la malade une pinte de sang, c'est beau !

On l'hospitalise à Notre-Dame, rue Saint-Paul, à Montréal. Quelques heures plus tard, le téléphone sonne à Saint-Polycarpe : la malade est sauvée. Les yeux pleins de larmes, grand-maman Beauvais chante le *Magnificat*, en lavant le plancher de la chambre d'Alda, tandis que Paul-Émile passe l'aspirateur pour ramasser les grains de gros sel qui n'en finissent pas de sortir du tapis. À compter de ce jour, il ne pourra jamais s'empêcher de ressentir une émotion chaque fois qu'il entendra le bruit d'un aspirateur[5].

Monsieur le curé s'intéresse vivement au sort de ce grand garçon, paralysé dans ses aspirations par sa santé délicate. Pourtant, Paul-Émile ne se laisse pas abattre facilement. Hélas ! sa dernière tentative au séminaire de Sainte-Thérèse s'est soldée par un nouvel échec. En 1921, il a été admis comme externe pour suivre des cours de littérature française. L'expérience a été de courte durée.

De guerre lasse, il se résigne à devenir frère convers, à défaut de pouvoir poursuivre ses études classiques et théologiques. Il confie ses intentions au Père Joseph Desjardins, lors d'une retraite fermée de trois jours qu'il fait au noviciat des Jésuites du Sault-aux-Récollets.

« Le sacerdoce est une vocation sublime, répond le père Desjardins. Vous devez pratiquer l'espérance jusqu'à l'héroïsme[6]. »

Paul-Émile Léger, rhétoricien, au séminaire de Sainte-Thérèse.

Le recteur envoie le jeune homme à l'Abord-à-Plouffe, où il passe six mois comme secrétaire du père supérieur de la Maison de retraite de la Villa Saint-Martin, le Père Napoléon Paré. Au milieu des retraitants qu'il accompagne à la chapelle et à qui il fait la lecture au réfectoire, Paul-Émile se remet à espérer.

À Saint-Polycarpe, où il retourne entre chaque nouvelle tentative, il échafaude de nouveaux plans. Il en vient à songer à poursuivre ses études classiques, vêtu de l'habit ecclésiastique qui lui conférerait un régime spécial, mieux adapté à sa condition physique. En échange de quelques services à la communauté, les jeunes gens promis à la carrière de clerc peuvent suivre des cours de philosophie et, éventuellement, passer au grand séminaire.

Il essuie cependant un premier refus. Le séminaire de Sainte-Thérèse ne peut accorder pareil privilège sans le consentement de l'évêque de Montréal dont il relève. Or monseigneur Gauthier refuse la permission. Une fois de plus, Paul-Émile traîne son vague à l'âme de l'église paroissiale à la maison de ses parents. Le curé Dugas décide d'intervenir auprès de l'évêque de Valleyfield, monseigneur Raymond-Marie Rouleau :

« Ce grand jeune homme, Monseigneur, j'ai l'impression que c'est un poisson en dehors de l'eau[7]. »

Monseigneur Rouleau entend aussi parler de Paul-Émile par l'ancien curé de Saint-Anicet, monsieur Delphis Nepveu, qui vient d'être nommé supérieur du séminaire de Sainte-Thérèse. Le 22 août 1923, le jeune homme apprend la bonne nouvelle : son évêque lui accorde la permission sollicitée. Il faut croire qu'il ne doutait pas du résultat de ces démarches puisqu'en cachette, il avait commandé une soutane chez des soeurs de Montréal, le mois précédent.

L'étudiant-philosophe en soutane se retrouve bientôt à la tête d'un groupe de jeunes dont il a la garde. Il forme un club de raquetteurs. Ensemble, les après-midi de congé, ils battent la campagne enneigée. Le grand air et l'exercice transforment Paul-Émile. Finies les crises d'asthme et la toux persistante.

Mais le métier de surveillant n'est pas de tout repos. Les collégiens savent comment faire la vie dure aux pions. Le prêtre qui assure la surveillance du dortoir l'apprend à ses dépens le jour où les jeunes frondeurs décident de lui faire son affaire en prenant d'assaut le dortoir. Les statues du Sacré-Coeur et de Sainte-Thérèse volent en éclats et les pots de chambre atterrissent en mille miettes aux pieds du surveillant. Il lui faut l'aide de ses confrères pour vaincre les mutins qui, en guise de pénitence, passent le reste de la nuit en pleine clarté, la lumière restant allumée jusqu'au petit matin.

Tôt, ce jour-là, le directeur, monsieur Henri Arbour, surnommé Jos Catholique, fait mander Paul-Émile Léger.

« Je vous confie la responsabilité du dortoir, lui dit-il sans autre préambule.

— Moi ? objecte le jeune clerc. À dix-huit ans, je n'ai que ma soutane pour me protéger. Mais... les élèves me précipiteront par la fenêtre du haut du cinquième étage.

— Eh bien ! vous aurez le temps de réciter un acte de contrition[8]. »

À quoi bon insister ? L'obéissance est la règle. Paul-Émile accepte le défi et se débrouille même fort bien comme surveillant du dortoir. Il lui arrive de rassurer les parents surpris par l'austérité des lieux. Un jour, Henri Bourassa, député à Ottawa, vient conduire ses trois fils au dortoir du séminaire.

« Mais... il n'y a ni commode ni placard, s'étonne-t-il. Où mes fils vont-ils ranger leurs vêtements ?

— Dans leur malle, au pied du lit », répond le jeune surveillant.

Sa charge n'empêche pas Paul-Émile Léger de consacrer quatre heures par jour à l'étude de la philosophie. Il paraît content de son sort. Le 27 janvier 1924, il écrit à ses parents :

> Je crois que cette première année, passée sans trop d'embarras, sera mon salut... Franchement, je crois que Percival ne me pensait pas assez fort pour résister.

À partir de ce moment-là, il commence à entrevoir le jour où il deviendra prêtre. Aspirant à la perfection sans discernement, il multiplie les exercices de piété et les mortifications. Il s'égare et, vaniteux, se regarde vivre avec une certaine complaisance, que ses supérieurs ne manquent pas de remarquer.

Après deux ans de ce régime particulier, il va frapper à la porte du noviciat des Jésuites. C'est le 7 septembre 1925. Son espoir : y parfaire ses études. Pourquoi choisit-il la compagnie de Jésus ? La vie austère, essentiellement consacrée à l'étude et à la prière, des Jésuites le fascine. À côté d'eux, les postulants du grand séminaire passent pour des jeunes gens sans grand sérieux, peu scrupuleux sur le règlement. Cette décision, arrêtée sans même consulter monseigneur Rouleau, qui pourtant avait tout fait pour l'aider, lui sera funeste. Il manque de prudence et s'aperçoit trop tard que la discipline du noviciat, particulièrement rigoureuse, convient mal à un jeune séminariste chétif comme lui et habitué à bénéficier d'un statut particulier. Il a vu trop grand et s'est montré trop pressé. De plus, son bagage de connaissances s'avère nettement insuffisant. Obnubilé par son désir de perfection spirituelle et intellectuelle, il supporte mal ses propres lacunes.

Il n'en faut pas plus pour que ressurgisse le sentiment d'impuissance qui l'avait hanté pendant des années. N'en pouvant plus, il se décide à confier ses difficultés au père confesseur qui, contre toute attente, soumet ses confidences à l'étude du conseil provincial. Paul-Émile sort de l'incident profondément humilié et encore plus découragé qu'avant. Au début de novembre, il quitte les lieux, un goût de cendre dans la gorge.

À la gare Windsor, il se sent glisser dans l'abîme, lui qui se voyait déjà au sommet. Nous sommes le 6 novembre 1925. La mort dans l'âme et déçu de lui-même, Paul-Émile attend le train pour Valleyfield. Il cherche une bouée. Dans sa tête, les vers du psaume 69 résonnent :

Je m'épuise à crier, ma gorge brûle, mes yeux sont consumés d'attendre mon Dieu.

(...)
C'est pour toi que je souffre l'insulte, que la honte me couvre le visage, que je suis un étranger pour mes frères...

Références — Chapitre IV

1. Le cardinal Léger, papiers personnels.
2. Saint-Polycarpe, brochure du 150e anniversaire, Yvanhoé Julien, curé de Saint-Polycarpe ; Globenski, Maximilien, *La rébellion de 1837 à Saint-Eustache*, Montréal, les Éditions du Jour, 1974.
3. Le cardinal Léger, voyage à Saint-Polycarpe, le 29 juillet 1981.
4. Le cardinal Léger.
5. Le cardinal Léger, papiers personnels.
6. *Ibid.*
7. *Ibid.*
8. *Ibid.*

Chapitre V
Grand séminaire, cellule 69

L'évêque de Valleyfield entre sans bruit dans sa chapelle particulière, du vieil évéché, il observe un instant Paul-Émile Léger, agenouillé au pied de la cinquième station du chemin de croix comme s'il attendait le Cyrénéen, et dit simplement :

« Voilà l'enfant prodigue qui revient ! »

Le jeune séminariste relève les paupières. Monseigneur Rouleau se tient sur le seuil. Sa présence en impose. Paul-Émile voudrait cacher son embarras. Dans son désarroi, il n'a eu qu'une pensée : frapper à la porte de son évêque, lui dire combien il regrette sa témérité et aussi son ingratitude. Peut-être ensuite osera-t-il implorer à nouveau son aide. La tête basse, avec une expression d'affreuse tristesse, il se vide le coeur. Et spontanément, il lui demande que faire.

Monseigneur Rouleau considérait sans doute qu'une expérience aussi humiliante pouvait, à elle seule, servir de leçon. Aussi, il coupe court à l'embarras du jeune imprudent en disant :

« Tu vas partir demain et tu entreras au grand séminaire de Montréal. J'écrirai au supérieur et je veillerai sur toi[1]. »

Le 11 novembre, Paul-Émile Léger franchit le seuil du grand séminaire, imposant édifice construit en 1854. Au-dessus de la porte principale, une inscription latine, gravée profondément dans le granit sur le linteau, saute aux yeux : « Ici, on évangélise les Indiens[2]. »

En 1925, les messieurs de Saint-Sulpice venus de France sont toujours fidèles à cette mission. Mais les sauvages se font rares.

Aussi se contentent-ils d'assurer l'éducation religieuse des jeunes Canadiens français et Américains. Les années ont passé, mais les mêmes règles dont certaines sont carrément désuètes, continuent de régir la vie du grand séminaire et celle du Collège de Montréal, logé dans l'aile est du bâtiment.

Paul-Émile constate vite qu'il n'est pas le bienvenu. Les supérieurs français ne montrent guère d'enthousiasme à l'idée d'accueillir dans leurs rangs ce grand jeune homme de vingt ans d'une pâleur maladive qui leur arrive avec deux mois de retard, après avoir précipitamment quitté le noviciat des Jésuites. Sans la lettre de recommandation signée par son évêque, monseigneur Rouleau, il aurait certainement été refoulé.

Néanmoins, son cas est soumis à l'étude du Conseil qui se réunit le dimanche suivant, après les vêpres. Plusieurs membres ne cachent pas leur opposition à l'admission du jeune homme. Outre son retard, ses études incomplètes constituent la principale pierre d'achoppement. Pareil accroc aux sacro-saintes traditions de la maison est inadmissible. Par vote majoritaire, on décide de le renvoyer.

Mais monsieur Émile Yelle, professeur de dogme dont les opinions impressionnent, s'inscrit en faux contre cette décision :

« Si ce jeune homme est envoyé par Dieu, explique-t-il, il restera. Sinon, il aura quitté d'ici à dix jours et nous n'aurons pas sur les mains le sang de cet innocent[3]. »

Pendant que se poursuit la séance du conseil, Paul-Émile écrit à ses parents pour leur expliquer son départ précipité du noviciat des Jésuites et pour les rassurer sur son sort.

« La vie me va bien ici, écrit-il. On m'avait trompé sur le climat du grand séminaire... C'est aussi édifiant que le noviciat. »

Dans sa lettre, il évite de mentionner que son admission reste incertaine. Mais il précise que le temps lui est compté : « Je suis en retard dans mes études et, malgré cela, je subirai les mêmes examens que les autres. »

Paul-Émile Léger entreprend donc ses quatre années de formation spirituelle et d'études théologiques aux côtés de trois cents séminaristes. À certains d'entre eux, à peine sortis de l'adolescence, le régime austère du séminaire pèse lourd. Le supérieur, monsieur Étienne Dorvaux, un homme terne, plutôt éteint, heurte les jeunes gens en leur imposant des règlements vétustes qui les rendent même parfois ridicules. Ainsi persiste-t-il à obliger les séminaristes à déambuler rue Sherbrooke, une fois par semaine. Cette promenade de santé, fort recommandée à l'époque où l'institution s'élevait seule dans la campagne, attire maintenant les curieux qui s'esclaffent devant le cortège de soutanes qui défile en rang d'oignons et en silence.

L'intransigeance du supérieur le pousse parfois à poser des gestes contre tout bon sens. Monsieur Dorvaux ne lève jamais les yeux. Mal lui en prit un jour où le jeune séminariste de service déposa devant lui, à table, un pot de moutarde de Dijon. Croyant qu'il s'agissait de son dessert, il y trempa sa cuillère et la porta à sa bouche. Un tel homme ne pouvait pas admettre publiquement son erreur ; il avala donc sans broncher le bol de moutarde forte au grand complet[4].

C'est encore le supérieur qui, à cinq heures et demie, lit la prière du matin dans la salle des exercices. Sa voix n'a rien d'exaltant et pourtant, c'est précisément durant cette oraison que Paul-Émile entrevoit le rôle de pasteur qu'il jouera demain. Comme Moïse, il sent sur lui le poids des responsabilités : « Ce peuple est le vôtre, Seigneur, dit-il dans sa méditation … Et vous m'avez choisi pour le guider[5]. »

Entre les exercices de piété et les cours de dogme ou d'apologétique, les séminaristes se regroupent en clans dans les larges corridors qui tiennent lieu de salles de récréation. Ces cercles fermés n'admettent que ceux qui sont issus du même collège classique. À un bout du corridor se tient le groupe de Joliette et, à l'autre, la tribu de Sainte-Thérèse. L'Assomption est à l'entrée près de l'escalier, les Américains et les Anglais discutent dans leur langue tandis que les privilégiés, qu'on appelle « les purs » ceux qui sortent des collèges de Montréal dirigés par les Sulpiciens, se réfugient sous l'horloge. Paul-Émile souffre de ce cloisonnement. Un jour, il ose quitter le clan de Sainte-Thérèse pour s'aventurer chez les « élus » qui ne le tolèrent pas longtemps. Malgré les exhortations des maîtres, ce tribalisme collégial se poursuivit pendant des années.

Pour tromper sa solitude, Paul-Émile Léger écrit à ses parents. De plus, il trouve un certain réconfort dans les visites répétées de son évêque. Monseigneur Rouleau tient parole ; il veille sur lui. Au hasard de ses passages au grand séminaire, il frappe un petit coup, entrebâille la porte de la cellule et lance joyeusement : « Alors, comment ça va, mon petit[6] ? »

À la fin de la première année de séminaire de Paul-Émile, monseigneur Rouleau quitte son diocèse de Valleyfield pour remplacer monseigneur Paul-Eugène Roy comme archevêque de Québec. Paul-Émile apprend la nouvelle en rentrant chez lui, à Saint-Polycarpe, pour les vacances d'été. Il a réussi brillamment ses études et est devenu un vrai clerc en recevant sa première tonsure.

Avant de quitter la région, monseigneur Rouleau a l'occasion de revoir son pupille. En juillet 1926, la paroisse des Cèdres dans le comté de Soulanges célèbre son cent vingt-cinquième anniversaire de fondation et l'évêque préside la cérémonie. Le jeune tonsuré rassemble son courage et se rend auprès de son protecteur pour lui faire ses adieux. Monseigneur Rouleau le regarde avec une expression d'affection qui ne trompe pas. Il prend sa calotte et la dépose sur la tête du jeune homme en disant :

« Un jour, tu seras évêque[7]. »

Ce geste chavire Paul-Émile Léger. Il en fera son secret qui hantera sa mémoire et rendra certaines décisions fort difficiles à prendre. Au moment où il se joindra à la compagnie des Sulpiciens, quatre ans plus tard, il croira mettre fin à toute ambition. Comment la prophétie de monseigneur Rouleau pourrait-elle se réaliser puisque la règle invite les Sulpiciens à refuser le titre d'évêque ?

* * * * * * *

Monseigneur Rouleau qui deviendra plus tard le cardinal-archevêque de Québec.

Niché au quatrième étage du grand séminaire, dans la cellule 69, Paul-Émile Léger mémorise le sermon qu'il a préparé durant les vacances et qu'il doit prononcer dès la rentrée. Le vicaire de Saint-Polycarpe, Adrien Patenaude, lui a prêté des livres pour bâtir cette homélie qui a pour thème « Véracité et valeur apologétique des miracles ». La veille de la rentrée officielle, il a réintégré sa cellule. Après un bon lavage de plancher, il a déménagé sa table de travail sous la fenêtre et répété son texte jusqu'à le connaître par coeur.

« Pourvu que je n'aie pas de trou de mémoire », songe-t-il en se rappelant avec un sourire l'anecdote souvent racontée par l'ancien supérieur du séminaire, monsieur Ferdinand Lelandais :

« Lors de mon premier sermon, disait-il aux séminaristes, ma mémoire faillit et je continuai après un silence en disant ce qui me passait par la tête. Le soir, en faisant la critique de mon homélie, le supérieur s'exclama : « Messieurs, après le silence, quelle éloquence ! » Depuis ce jour, j'ai toujours dit ce qui me passait par la tête[8]. »

« Ce n'était hélas ! que trop vrai », soupire Paul-Émile en pensant aux exposés longs et ennuyeux du père Lelandais.

Mais malgré l'aridité du sujet, le futur Sulpicien prononce un excellent sermon. Il aime même tellement ça qu'il en oublie le temps. Quand la cloche sonne, il paraît déçu. Son succès auprès de ses confrères est réconfortant : il n'est pas facile de capter l'attention d'un groupe de jeunes gens qui rentrent de vacances. Le goût de l'art oratoire commence à se révéler à lui.

Les séminaristes ont peu de répit durant cette deuxième année d'études. Ils doivent assimiler tour à tour la somme de saint Thomas d'Aquin, le traité sur la Trinité et les écrits de saint Jean de la Croix. Le professeur de dogme, monsieur Émile Yelle, n'est pas à proprement parler un orateur. Mais sur le ton de la conversation, il réussit à faire passer un enseignement parfois aride pour des jeunes gens à peine rompus à une science aussi complexe.

L'année suivante, sa nomination comme supérieur met fin au régime français. Un vent de fraîcheur souffle sur l'institution. Fini, le moyen âge ! Le grand séminaire se met à l'heure de 1927. Monsieur Yelle en gardera la direction jusqu'en 1933, année où il est nommé évêque coadjuteur de Saint-Boniface au Manitoba. Au cours de sa dernière année au Québec, monsieur Yelle se liera avec le « groupe des Treize » présidé par le Père Papin Archambault, directeur de l'École sociale. Cette école élabore un programme de restauration sociale assez audacieux pour l'époque : réforme du capitalisme par l'intervention de l'État, aménagement d'un ordre corporatif et élaboration d'une législation sociale favorisant la classe ouvrière. Parmi les « Treize », on remarque monseigneur Joseph Charbonneau, le futur archevêque de Montréal, alors vicaire général d'Ottawa, le père Georges-Henri Lévesque, Dominicain, qui fondera l'École des sciences sociales de l'université Laval et monseigneur Philippe Desranleau, bientôt évêque de Sherbrooke[9].

Paul-Émile Léger admire l'abbé Yelle auprès de qui il a l'impression d'escalader les sommets alpestres de la théologie. Dans son journal intime, en mars 1927, il écrit :

> Nous atteignons, dans ce traité *(De Trinitate)* les profondeurs du savoir humain. Nous essayons de comprendre à la lumière de la Révélation, (de la foi) quelques-unes des beautés cachées en ce Dieu un et trine...

L'exigeant professeur de dogme n'a pas l'habitude de complimenter ses étudiants. Aussi, la classe demeure-t-elle sidérée le jour où monsieur Yelle dévoile les résultats de l'examen sur le traité de la Trinité :

« Domine Léger, 10 sur 10.

— Espèce de fou, chuchote son camarade, Domine Michaud, pourquoi t'es-tu donné tant de mal ? La prochaine fois, tu ne pourras pas obtenir une meilleure note[10] ! »

C'était mal connaître le jeune homme qui, peu après, réussira à décrocher 10,5 sur 10 en Écriture Sainte. C'en est trop pour ses confrères ! Le chahut qui s'ensuit est tel que le professeur, Barthélémy Gattet, surnommé « la p'tite mère », ne répéta jamais son geste. « Elle exagère ! » gronde un étudiant.

Pauvre monsieur Gattet ! On a beau être séminariste, cela ne nous enlève pas l'envie d'être cruel, parfois. Était-ce à cause de sa douceur angevine ? Ou de la petite voix fluette qu'il prenait pour proposer les sujets d'oraison du dimanche ? Toujours est-il que ses élèves avaient pris l'habitude de parler de lui au féminin...

Le samedi soir, il montait à la tribune et annonçait d'une voix à peine audible :

« Alors, mes chers amis, demain, nous allons célébrer la fête de saint Antoine. Pendant une demi-heure, nous méditerons. Dans un premier point, nous verrons saint Antoine dans le désert ; dans un second, nous le verrons s'y enfoncer plus profondément ; dans un troisième, nous le verrons qui l'a traversé. Comme bouquet spirituel, nous retiendrons ce mot de l'Écriture : *Transiit,* il a passé[11]. »

« Quel pensum », soupiraient les jeunes gens en choeur.

Le père Gattet aime bien Paul-Émile Léger. Il insiste discrètement mais fermement pour qu'on le nomme grand sacristain au cours de sa troisième année d'études sacerdotales. Nomination flatteuse, certes, pour le jeune séminariste, mais quelle corvée tout de même ! Il lui faut préparer les ornements et les décorations pour les cérémonies religieuses à l'occasion des fêtes et choisir les fleurs dans la serre chaude, bref, penser à tout et à tous dans une maison qui abrite une quinzaine de prêtres et trois cent cinquante séminaristes. Les dimanches, le travail est encore plus astreignant car la liturgie est très élaborée. Pour les séminaristes, seule la messe du petit matin est obligatoire. Mais le grand sacristain doit aussi voir à celle de 9 heures, de même qu'aux vêpres. Il doit être familier avec le calendrier liturgique et initier ses confrères au service de l'autel. De sa place, dans la somptueuse chapelle du grand séminaire dont les murs sont en pierres de Caen et dont la voûte est en cèdre du Liban, Paul-Émile Léger assiste comme les autres aux cérémonies qu'il a préparées. Il esquisse un demi-sourire (comme les autres) quand le père Gattet drapé dans sa chape de brocart rigide, s'avance dignement sur le parquet de mosaïque. Les séminaristes ont peine à retenir leur rire lorsque le petit prêtre fait sa génuflexion : sa tête minuscule disparaît alors sous la chape comme sous une tente, puis réapparaît ensuite[12].

Le grand sacristain n'a plus une minute à lui depuis qu'il dirige son équipe de cinq sacristains. Levé à quatre heures et demie du matin, il est occupé jusqu'au soir. Il doit sacrifier toutes ses récréations. Le poste lui confère tout de même certains privilèges. Il a emménagé dans une chambre plus spacieuse et sort maintenant une fois par semaine pour se rendre chez les soeurs de la Congrégation de Notre-Dame, à l'angle des rues Atwater et Sherbrooke d'où il rapporte les hosties.

Tant de zèle au travail et de sérieux à l'étude étonne son directeur de conscience, monsieur Hormidas Boudreau :

« Quand on pense que tous ne vous accordaient pas plus de deux semaines au séminaire lors de votre entrée. Ils disaient : « Qu'est-ce qu'il vient faire ici[13] ? »

La remarque impressionne Paul-Émile Léger qui, depuis son arrivée, considère comme un miracle le seul fait de s'y retrouver jour après jour. Dans une lettre à ses parents, peu après la fête de Pâques, il raconte l'incident. Puis, il ajoute quelques détails sur la vie quotidienne :

> Rien de neuf au séminaire, écrit-il, et c'est bien ainsi. Je suis convaincu que cette vie de silence et de retraite est ce qu'il faut pour profiter des études que nous faisons.

Plus que quiconque, le professeur d'apologétique, monsieur Émile Filion, aurait souscrit aux bonnes dispositions que le séminariste Léger exprimait dans sa lettre à ses parents. Les connaissances superficielles de ses élèves le désolent... et il ne se gêne pas pour le dire. Un jour, il démonte en latin un moteur d'automobile. Comme il a puisé son vocabulaire dans un manuel de latin moderne, personne évidemment n'y comprend un mot !

Grand-mère Césarine, la deuxième mère de Paul-Émile. Elle est morte peu avant que ne se réalise son grand rêve: voir son petit-fils prêtre.

« C'est épouvantable, s'exclame-t-il, sarcastique. Après huit ans d'études classiques, vous êtes tous des ignorants[14] ! »

*   *   *   *   *   *   *

En 1928, à l'orée de sa soixante-dix-septième année, grand-mère Beauvais disparaît. Au seuil de la mort, elle espérait encore voir son plus grand rêve se réaliser. L'espoir de toute une vie : assister à l'ordination sacerdotale de son Paul-Émile, ce petit-fils qu'elle a porté si souvent sur ses genoux et dont elle fut en quelque sorte la deuxième mère.

Paul-Émile peut assister aux funérailles en ces derniers jours des vacances d'hiver. Des souvenirs l'envahissent. Il se revoit marchant bras dessus, bras dessous avec sa grand-mère jusqu'à l'église, à Saint-Anicet, Lancaster ou Saint-Polycarpe. « Grand-mère, bonne nouvelle, j'ai eu mon bulletin », annonçait-il fièrement.

Depuis le jour où elle avait expliqué à son petit-fils que l'Évangile, c'est la bonne nouvelle, l'un et l'autre, tels des complices, répétaient l'expression qui, avec le temps, en vint à représenter tout événement heureux.

Mystique à sa façon, Césarine passa sa vie en prières. Elle initia le bambin aux mystères de la religion en lui inculquant sa foi toute naïve. Ce qui frappait surtout l'imagination du petit, c'était les longues actions de grâce de sa grand-mère. En cette époque de jansénisme, l'Église ne permettait pas encore aux fidèles de communier tous les jours. Mais sa grand-mère avait obtenu de son curé ce privilège dont même Thérèse de Lisieux, sa contemporaine, ne bénéficia pas. Elle perdait alors la notion du temps et de l'espace, sous les yeux admiratifs de son petit-fils qui comprendra plus tard qu'elle jouissait d'états mystiques.

Au sortir de l'église, la vieille dame retrouvait la réalité et s'affairait le reste du jour au travail de la maison. Cuisinière émérite, elle remplaçait au fourneau sa fille Alda, retenue au magasin. Elle s'occupait aussi du potager, répétant chaque année, sans y voir l'ombre d'une superstition, que les concombres semés à la Saint-Antoine étaient les plus beaux.

Durant les chaudes soirées d'été, après le souper pris à quatre heures et demie, la grand-mère et son petit-fils s'assoyaient sur la galerie, face au lac Saint-François. Elle se berçait lentement et parlait du bon Dieu au petit Paul-Émile, accroupi dans les marches de l'escalier. Puis, l'angélus sonnait. Dans un ultime effort avant de disparaître, le soleil traçait sur l'eau scintillante une route d'or. On aurait dit que la nappe d'eau se scindait en deux, juste avant que le soleil ne s'enfonçât pour de bon. « Regarde, Paul-Émile, répétait la vieille dame émerveillée, regarde le grand tapis d'or[15]. »

Morte un an avant l'ordination de son petit Paul-Émile, grand-mère Césarine aura au moins reçu la communion de ses mains. Au lendemain de son enterrement, au début de février 1928, quand le jeune séminariste se retrouve seul dans sa cellule, il écrit à sa mère :

> J'ai, en effet, une ferme confiance que grand-mère est au Ciel. S'il en était autrement, je me demande pourquoi Notre-Seigneur Jésus-Christ aurait fondé son Église ? Tout cela serait-il pure invention ? Et les sacrements ? Des signes inutiles ! Allons donc !

Lors des vacances d'été, le jeune séminariste Léger retrouve son père, sa mère et son frère Jules à Saint-Polycarpe.

Références — Chapitre V

1. Cardinal Léger, papiers personnels.
2. « *Hic evangelisantui Indii* ».
3. *Le matin de la fête*, émission radiophonique diffusée à Radio-Canada le 25 octobre 1981.
4. *Ibid.*
5. Cardinal Léger, papiers personnels.
6. *Le matin de la fête*, *ibid.*
7. Cardinal Léger, papiers personnels.
8. *Ibid.*
9. Groulx, Lionel, *Mes mémoires*, Montréal, Fides, 1972, tome 3, 1926-1939, p. 307-308.
10. Cardinal Léger, papiers personnels.
11. *Le matin de la fête*, émission radiophonique diffusée à Radio-Canada le 1er novembre 1981.
12. *Ibid.*
13. Cardinal Léger, papiers personnels.
14. *Ibid*
15. Cardinal Léger.

Chapitre VI

« Je te pardonne tes péchés »

Vendredi saint. Les séminaristes sont réunis dans la chapelle. Habituellement plongés dans la méditation, ils n'arrivent pas, ce jour-là, à maîtriser leur nervosité.

L'attente leur paraît démesurément longue. C'est pendant ce temps qu'un directeur circule d'une chambre à l'autre pour déposer « l'appel » sur chaque table de travail. Sur un carton est inscrit : *ad tonsuram, ad subdiaconatum* ou *ad presbyteratum*, etc. Si le séminariste n'est pas jugé prêt, le carton reste blanc. L'année précédente, monsieur Yelle a renvoyé trente-six aspirants, ce qui explique l'extrême tension nerveuse des jeunes gens.

Après la cérémonie, Paul-Émile Léger quitte la chapelle à la hâte et bondit dans sa cellule. Il soupire de soulagement en s'emparant du billet qui mentionne simplement : *ad subdiaconatum.*

Moins heureux, son camarade de Valleyfield, un jeune homme taillé dans le roc, n'est pas encore appelé. Défiant le règlement qui interdit aux séminaristes de pénétrer dans la chambre d'un confrère, un plaisantin réussit tout de même à se glisser jusqu'au bureau du malheureux et à y déposer un faux appel qui se lit comme suit : *Ad matrimonium*[1].

Pour les futurs prêtres, le sous-diaconat, c'est la ligne qui sépare deux mondes. Ils s'engagent alors pour toujours à respecter le célibat.

« Réfléchissez, dit l'évêque. Vous allez franchir un pas important. La chasteté, c'est le signe extérieur de l'engagement que nous prenons. »

L'abbé Léger, en compagnie de ses confrères du grand séminaire de Montréal.

Concevant son amour pour Dieu comme un don total de soi, Paul-Émile avait, à dix-sept ans, fait le voeu de demeurer chaste. La liturgie compare le sous-diacre au fiancé. Et le jour de son ordination, l'Église en fait celui « qui à l'épouse est l'époux ».

Le séminariste considère la chasteté sacerdotale comme un signe de l'engagement du prêtre au service de l'Église. Mais l'adolescent d'hier ignorait à quel point cette vertu est difficile à pratiquer. Son tempérament sensible a souvent rendu l'équilibre fragile. À chaque fois que la tentation s'est fait sentir, il a pensé à saint Paul qui gémissait en constatant les meurtrissures infligées à la chair par les soufflets de Satan. Et il se réfugiait auprès de son confesseur pour y chercher le réconfort. Jamais il n'a souscrit à l'illusion qu'un jour cette fidélité deviendrait facile[2].

*   *   *   *   *   *   *

Après ses dernières vacances en famille à Saint-Polycarpe, Paul-Émile Léger entame sa dernière année au séminaire. Mais avant l'ordination sacerdotale, il doit encore franchir plusieurs étapes : le diaconat en décembre et la licence en théologie au printemps.

Les mois ne passent pas assez vite pour lui. En revenant de la cérémonie qui l'a consacré diacre, à la cathédrale de Montréal, il écrit à ses parents :

> Après mon ordination, je ne serai plus à vous. Vous aurez donné un prêtre à l'Église. Ce sera pour vous un titre de gloire mais aussi une vocation de souffrance.

À Saint-Polycarpe, ses parents s'inquiètent. Leur fils aîné paraît fatigué. Il a les traits tirés, mais il refuse de prendre du repos avant le grand jour. Au lendemain des vacances de Noël, il écrit encore :

> Dans quatre mois, tout sera fait. Je serai prêtre pour l'éternité, moi, l'être inutile d'hier.

À la veille de réaliser ce rêve jadis impossible, le jeune séminariste le sent encore menacé. Il redouble d'ardeur à la dernière heure, lui qui pourtant n'a jamais ménagé ses efforts. Une fois sa licence en théologie obtenue, et malgré l'épuisement, il passe de longues heures en contemplation dans sa stalle à la chapelle. Une seule pensée l'occupe : chercher le Christ...en premier lieu dans l'Eucharistie. Comme sainte Thérèse de Lisieux, à qui il confie désormais ses intentions secrètes, il veut que ses communions soient une fusion. Beaucoup plus tard, il écrira dans ses mémoires, en pensant à ses derniers mois au grand séminaire :

> J'ai souvent eu la certitude que les battements de mon coeur étaient les siens...

* * * * * * *

De peur de rater la cérémonie qu'elle attend depuis si longtemps, Alda Léger quitte Saint-Polycarpe la veille de l'ordination de son fils.

«Tu me remplaceras», lui dit son mari qu'une timidité excessive retient loin des foules...surtout quand un trop plein d'émotion risque d'éclater aux yeux de tous.

Le 25 mai 1929, tôt le matin, Alda franchit l'imposant portail de la cathédrale de Montréal, réplique de la basilique Saint-Pierre de Rome. Elle prend place près d'un pilier d'où elle pourra suivre à loisir la cérémonie que préside l'archevêque coadjuteur de Montréal, monseigneur Georges Gauthier.

Les diacres, qui se sont avancés lentement dans l'allée centrale de la cathédrale, font cercle autour de l'évêque. Son tour venu, Paul-Émile Léger fait un pas en avant vers monseigneur Gauthier qui pose ses mains sur sa tête; ses pouces glissent sur son front puis il fait couler l'huile abondamment dans les mains du jeune homme. Dans la nef, sa mère retient à grand peine son émotion. Elle est partagée entre la fierté et le trouble qui s'est emparé d'elle.

Après la cérémonie l'abbé Léger s'avance vers sa mère qui s'agenouille respectueusement pour recevoir la première bénédiction de son fils.

Sa mère prosternée devant lui, son fils, comme si dès lors, c'est elle qui lui devait respect; jamais il n'allait oublier cette scène. Même s'il est heureux d'embrasser les oncles, les tantes et les amis venus le féliciter, sa seule hâte est de se retrouver enfin seul entre les quatre murs de sa cellule de séminariste et de mesurer à son aise tout le sens de l'événement qu'il vient de vivre.

Tout lui paraît maintenant si clair. L'évêque lui a rappelé qu'à l'avenir, il serait «l'ami du Seigneur». L'ordination sacerdotale lui confère le droit de poser les mêmes gestes que lui, de prononcer les mêmes paroles. Désormais, il ne dira plus «Jésus te pardonne tes péchés» mais «Je te pardonne».

Il peut enfin prononcer les paroles si lourdes de conséquence: «Ceci est mon corps, ceci est mon sang.» L'abbé Léger s'identifie totalement au Seigneur[3].

*   *   *   *   *   *   *

Décidément, le jeune prêtre ne suit pas longtemps les sentiers battus. Après avoir décidé de recevoir l'ordination dans le diocèse

86

de Montréal, lui qui appartient à celui de Valleyfield, voilà qu'il prolonge son séjour au séminaire tandis que ses confrères sont déjà en route vers leurs villages respectifs où ils célébreront leur première messe, comme c'est la coutume.

Quand le moment de choisir son service sacerdotal s'est présenté, il a rompu avec la tradition en décidant de se joindre aux messieurs de Saint-Sulpice. L'évêque de Valleyfield, monseigneur Alfred Langlois, ne montra guère d'enthousiasme devant la décision de l'abbé Léger. Mais il s'inclina, comme il le fit à nouveau en apprenant que son protégé dirait sa première messe dans la chapelle du grand séminaire.

Il s'en faut de peu d'ailleurs pour que ce projet ne voie jamais le jour. Ce privilège est en effet réservé aux nouveaux prêtres qui ont complété leurs études classiques dans l'un des collèges dirigés par les Sulpiciens. Or, cette année-là, le privilégié se désiste à la dernière minute. Monsieur Yelle, qui connaît le désir secret de Paul-Émile Léger, le fait venir : « Je vous offre la messe conventuelle. »

Même si elle est célébrée à l'aurore, cette messe bien spéciale est un événement familial. Il est 6 heures et demie quand les Léger prennent place dans la chapelle du grand séminaire. L'oncle Arthur les accompagne. Cette cérémonie lui rappelle l'ordination de son frère Émile en 1907. Depuis, il est devenu un homme d'affaires important. Il aime bien son neveu, Paul-Émile, à qui il a offert autrefois une belle montre suisse. L'oncle Arthur a d'ailleurs gagné l'admiration de toute la famille en obtenant une chaire d'enseignement en droit commercial à l'université. En ce jour de fête l'ancien quincaillier se sent bien auprès des siens ; seul Jules manque. Élève en versification à Valleyfield, il n'a pas obtenu la permission de s'absenter du collège.

L'orgue joue à pleins poumons. Le puissant choeur de chant entonne le *Franchis le sanctuaire...* Paul-Émile s'avance vers le maître-autel, accompagné de son directeur de conscience, monsieur Hormidas Boudreau. Ses gestes sont majestueux, précis. Le moment est unique.

Le jeune prêtre profite de l'action de grâces pour solliciter une faveur qui lui tient à coeur depuis fort longtemps : devenir missionnaire. « Convertissez la Cochinchine », répète-t-il dans ses invocations depuis l'enfance. Seulement, cela pose un problème. Il a choisi de se joindre aux Sulpiciens et la vocation première de cet ordre est l'enseignement et la fondation de séminaires. Malgré cette réalité, Paul-Émile Léger n'a jamais cessé d'espérer qu'un jour il prendrait le chemin des pays de mission[4].

Perdu dans ses pensées, le jeune célébrant en oublie le temps qui passe. Le supérieur commence à trouver que l'action de grâces a assez duré. Il tire l'abbé Léger de sa méditation en lui donnant un petit coup sur l'épaule.

*   *   *   *   *   *   *

« Comment se fait-il qu'il n'arrive pas ? »

Le tout Saint-Polycarpe s'impatiente. Deux semaines se sont écoulées depuis l'ordination et l'abbé Léger n'a toujours pas montré le bout de son nez.

« On dirait quasiment qu'il nous a oubliés ! » murmure-t-on dans le voisinage.

À Saint-Polycarpe, les nouvelles courent vite. Tout le monde sait que le jeune Léger a célébré une deuxième messe chez les Soeurs Grises, sur l'invitation de sa tante, soeur Laberge, une troisième à l'hôpital Saint-Paul, chez sa tante Séphora, une autre religieuse, puis enfin chez les Petites Filles de Saint-Joseph. « Il va bien venir dimanche prochain », espèrent plusieurs.

Eh bien non ! l'abbé Léger en décide autrement. Il se rend à Saint-Ubald, obscure paroisse du diocèse de Québec pour assister à l'ordination de son confrère Henri Paré. Une promesse, c'est une promesse !...d'autant plus que c'est le cardinal Rouleau qui officie, celui qui jadis l'a orienté vers le grand séminaire. Malgré ses lourdes tâches, le nouveau cardinal s'est avéré un correspondant fidèle. Ses lettres à Paul-Émile Léger sont régulières et parfois, il glisse dans l'enveloppe un livre comme *De l'Eucharistie à la Trinité* du Père Bernadot. Ces petits gestes touchent le jeune prêtre qui tient à ce que son ancien évêque bénisse son sacerdoce.

Le 9 juin 1929, Paul-Émile Léger célèbre sa première messe solennelle à Saint-Polycarpe. Monseigneur Nepveu prononce l'homélie et son ami d'enfance, Percival Caza, y assiste.

Ce ne sera pas avant le 9 juin, fête du Sacré-Coeur, qu'il célébrera sa première grand-messe solennelle à Saint-Polycarpe. Jules en est le servant. C'est monseigneur Delphis Nepveu, ancien curé de Saint-Anicet, ex-directeur du séminaire de Sainte-Thérèse devenu curé de la cathédrale de Valleyfield, qui prononce l'homélie. Le curé Tisseur lui a cédé sa place. (Il faut dire que la prédication de ce dernier n'a pas la réputation d'être très vibrante. Le curé est nettement plus coloré à l'heure des vêpres, lorsqu'il prononce le Gloria : il enlève sa barrette...et sa perruque suit !)

C'est donc le sévère monseigneur Nepveu qui se charge de dérider l'assistance. Du haut de la chaire, il lance d'une voix de stentor :

« Mes frères, cette fête nous concerne tous, car je dois l'avouer, ce jeune homme qui est là, eh bien ! j'ai entendu ses premiers vagissements dans son berceau...[5] »

Après la messe, monseigneur Nepveu, les parents et les amis intimes sont invités chez les Léger où Alda leur sert un repas frugal, sans excès, comme le lui a demandé son fils. Seule ombre au tableau, le vide créé par la mort de grand-mère Césarine qui a manqué ce grand jour.

Références — Chapitre VI

1. *Le matin de la fête, ibid.*
2. Cardinal Léger, papiers personnels.
3. *Ibid.*
4. Dans ses notes, le cardinal Léger écrivit : « J'ignorais alors qu'un premier groupe de confrères se préparait à quitter la France pour aller fonder le grand séminaire de Hanoï au Vietnam. Je ferais partie du deuxième groupe qui serait chargé de la fondation du séminaire de Fukuoka, au Japon. »
5. Cardinal Léger, papiers personnels.

Chapitre VII

Le Paris du cardinal Verdier et d'Aristide Briand

Septembre s'achève à Montréal. L'*Ausonia* quitte le quai de la Cunard sur le coup de midi. Il vogue sur le fleuve Saint-Laurent, vers la haute mer. L'abbé Léger observe au loin les contreforts montagneux des Laurentides qui, en cette saison, se marbrent de rouge. Puis, les remorqueurs abandonnent le paquebot italien. Sa grande hélice se met à tourner et le transatlantique file seul vers l'océan.

Pour plus d'un passager, c'est le baptême de l'eau. La traversée est houleuse et le navire tangue plus qu'à l'accoutumée, mais Paul-Émile Léger a le pied marin. Plus en tout cas que ses deux camarades qui s'en vont, eux aussi, faire leur noviciat chez les Sulpiciens à Paris. Le matin, il est le seul capable de célébrer sa messe.

Le soir, après avoir chanté l'*Ave maris stella* avec le groupe, le jeune prêtre s'attarde sur le pont. Appuyé au bastingage, il imagine ses ancêtres, quelques siècles plus tôt, traversant cette mer capricieuse. Il songe au courage qu'ils ont dû déployer pour braver les tempêtes, les glaces, l'ennui et la maladie, afin de s'établir dans un pays aussi exigeant. « Comme il leur a fallu de la foi », soupire-t-il.

La traversée en mer lui fait penser à son arrière-grand-père, François-Xavier Prieur dit Ti-Père Gogo, dont lui parlait grand-mère Césarine.

Paul-Émile Léger traverse l'Atlantique pour la première fois, à bord du Vulcania. *On le voit en compagnie de deux confrères, Irénée Sauvé et Jean Demers.*

Ti-Père Gogo, quel curieux sobriquet pour un marin ! Paul-Émile Léger s'avance vers la proue du bateau et s'asseoit, tel le maître à bord, imaginant que les mânes de son arrière-grand-père, François-Xavier Prieur, l'habitent. Ce dernier, faut-il le dire, était un solide capitaine. Tous les jours de l'été, il s'installait au gouvernail des bateaux de plaisance qui faisaient la navette entre Kingston et Montréal, transportant à leur bord des touristes américains. Il n'avait peur de rien, Ti-Père Gogo. Tenant solidement le timon, il sautait les rapides des Cèdres et de Lachine, évitant les écueils d'un geste assuré. Sa fille Césarine avait hérité de lui une fascination de l'eau qu'elle avait transmise à son petit-fils, Paul-Émile. Le lac Saint-François, qu'il découvrait soir après soir, l'enfant croyait dur comme fer que c'était ça l'océan dont parlaient les livres.

*　　*　　*　　*　　*　　*　　*

L'arrière-petit-fils de Ti-Père Gogo se laisse bercer par les flots tandis que ses propres souvenirs l'envahissent. « Est-ce que je rêve, se demande-t-il ? Est-ce bien moi ce pauvre maigrelet sur le sort duquel tout le monde s'apitoyait ? »

Il s'est passé quatre mois depuis son ordination et tant de péripéties ont transformé sa vie. À la fin de juin, il a été nommé vicaire à la paroisse Notre-Dame de Montréal. Tous les après-midi, dès 16 heures, il prenait place derrière la grille du confessionnal où défilaient les travailleurs parfois jusqu'après 18 heures. Il écrivit alors à ses parents :

C'est là le grand ministère. C'est là que le prêtre fait beaucoup pour les pauvres âmes malades.

Le curé de la paroisse Notre-Dame, monsieur Olivier Maurault, était un artiste. C'est lui qui a dessiné les vitraux qui ornent son église. Fasciné par la beauté, il cherchait à partager avec ses vicaires les images que son oeil découvrait. « Venez, mes enfants, proposait-il, allons voir le transatlantique qui entre dans le port. C'est peut-être l'un des plus beaux spectacles que l'oeil puisse contempler. »

Lorsque l'université ambulante du père Papin Archambault se transporta à Chicoutimi, le curé Maurault envoya ses deux vicaires en suivre les conférences et les encouragea à faire le voyage en bateau. Déjà, en 1929, un navire de la Canada Steamship partait de Montréal et remontait le Saguenay jusqu'au lac Saint-Jean.

Jean-Paul Laurence et Paul-Émile Léger purent donc s'offrir de courtes vacances avant d'assister à la semaine sociale de Chicoutimi.

Mais la carrière de vicaire de l'abbé Léger devait être de courte durée. Alors que ses confrères du diocèse de Montréal étaient obligés à un ministère paroissial d'une année, le jeune prêtre de Valleyfield en fut dispensé par ses supérieurs qui l'envoyèrent parfaire ses études en Europe. Donc, le 20 septembre, après un saut à l'église Notre-Dame de Bonsecours, il se rend le matin au port de Montréal. À la taille, il porte une ceinture de cuir garnie de pièces d'or, un cadeau de son père et, sur les épaules, la redingote prince de Galles qu'il a commandée chez un tailleur du bas de la ville. Il monte à bord de l'*Ausonia*.

*   *   *   *   *   *   *

Cher Jules, il est difficile d'exprimer les sentiments que j'éprouvai en touchant le sol français. Ne l'oublions pas, il a fallu bien du courage, de l'abnégation de la part de nos ancêtres pour quitter une belle patrie comme la France pour aller s'exposer aux coups des Iroquois, aux intempéries des saisons et à tant de misères...

C'est en ces termes que Paul-Émile Léger livre ses premières impressions à son frère le soir même de son arrivée à Paris. Quelle journée! Tôt en ce matin du samedi 28 septembre 1929, les côtes de la France étaient apparues à l'horizon. Cherbourg et ses falaises se détachaient du brouillard. Le jeune abbé retrouva au fond de sa mémoire les paroles d'une mélodie jadis chantée par grand-mère Césarine: «Vous n'aurez pas l'Alsace et la Lorraine, et malgré vous, nous resterons Français...»

Lorsque l'*Ausonia* accosta, les jeunes clercs québécois poussèrent Paul-Émile en tête.

«Avec ta redingote, tu as l'air d'un monsieur», lança l'un d'entre eux, pour lui tirer la pipe.

Cette pauvre redingote aura bien fait parler d'elle durant la traversée.

Sur le transatlantique, Paul-Émile porte sa redingote en tissus anglais qui lui confère un air de conquérant des jeunes gens de bonne famille.

« Allez, passe devant », insistaient encore les jeunes passagers au moment d'entrer dans la salle à manger.

Il faut dire qu'elle avait de l'allure, cette redingote en tissu anglais. Du style. Bien coupée, elle conférait à l'abbé Léger l'air conquérant des jeunes gens de bonne famille.

Le groupe descendit dans un petit hôtel, le Jean Bart, où ils retrouvèrent les étudiants partis de Montréal un an plus tôt. Tard dans la nuit, ils rêvèrent tout éveillés à cette nouvelle vie qui s'annonçait riche et colorée.

*   *   *   *   *   *   *

Mais c'est dans un Paris en deuil qu'arrivent les jeunes clercs. L'archevêque de la capitale française, le cardinal Louis Dubois, vient de mourir. Et le 1er octobre, celui qui fut l'artisan de la réconciliation de l'Église et de l'État, en France, a droit à des funérailles grandioses.

Un lointain souvenir relie le cardinal Dubois à Paul-Émile Léger. C'était à Coteau Junction, non loin de Saint-Polycarpe, en 1926. L'archevêque de Paris se rendait à Chicago pour participer au Congrès eucharistique. Il avait pris place à l'arrière du train du Canadien National et sortait sur le balcon à l'approche des gares. Appuyé contre la balustrade de bronze, il bénissait les villageois venus à sa rencontre. Les enfants tenaient bien haut au bout des bras les petits drapeaux français. « Ah ! ils ont nos trois couleurs », murmuraient avec ravissement les membres de la délégation française.

Au volant de l'Overland familiale, le séminariste Léger et les siens avaient reçu la bénédiction du cardinal Dubois. Et voilà qu'à peine descendu à Paris, Paul-Émile Léger apprend la mort de l'archevêque. Il est déterminé à assister coûte que coûte aux obsèques, même si la ville entière semble s'être donné rendez-vous sur le parvis de la cathédrale de Paris.

La foule se presse à l'entrée du temple. Des gardiens de l'ordre accompagnent jusqu'à leur siège les personnalités munies d'un laissez-passer. L'abbé Léger n'a pas prévu cela. Mais il n'est pas du genre à se laisser arrêter par le premier obstacle rencontré. Il hésite un instant, redresse sa redingote prince de Galles et fonce tête haute sur le cérémoniaire.

« Je viens du Canada, lance-t-il d'une voix assurée. Je suis délégué par mon évêque, monseigneur Langlois. »

L'huissier le laisse rentrer. Il saisit le jeune clerc par le bras et l'invite à le suivre. Côte à côte, ils franchissent le portail du jugement dernier, dont les ventaux sont ornés d'admirables pentures en fer forgé. Puis ils s'avancent dans l'allée principale jusqu'à la première rangée et l'huissier lui indique un prie-dieu situé à quelques pas du catafalque.

La foule ne cesse d'arriver. On dirait que le Tout-Paris a voulu participer à la cérémonie d'adieu. Neuf mille personnes au moins sont réparties dans les cinq nefs, les tribunes et les chapelles logées entre les contreforts. Les grandes orgues remplissent l'enceinte de leur musique solennelle et vibrante. Quatre cardinaux, cinquante et un évêques, des centaines de prêtres assistent à la grand-messe. L'abbé Léger n'a jamais vu pareil déploiement. Il écoute attentivement l'éloge funèbre prononcé par le cardinal Alexis Charost, archevêque de Rennes, mais il est peu impressionné comme le commentaire suivant envoyé à ses parents le prouve :

> Ce fut bien mais je suis convaincu que monseigneur Langlois, mon évêque, aurait fait mieux.

Au noviciat d'Issy-les-Moulineaux, en banlieue de Paris, la mort du cardinal Dubois retarde de quelques jours la rentrée. Paul-Émile Léger en profite pour réaliser un vieux rêve : se rendre aux Invalides. Bonapartiste convaincu, il s'était juré sur les bancs du séminaire de Sainte-Thérèse qu'il s'agenouillerait un jour, au pied du tombeau de Napoléon.

Dans l'église du dôme, l'abbé Léger s'arrête à l'entrée de la crypte, derrière le baldaquin, pour lire l'inscription gravée au-dessus de la porte de bronze :

> Je désire que mes cendres reposent sur les bords de la Seine, au milieu de ce peuple français que j'ai tant aimé.
> — Napoléon Bonaparte

L'abbé Léger passe le reste de l'après-midi à admirer le sarcophage de l'empereur et aussi à penser à monsieur Valiquette, son professeur de Sainte-Thérèse, qui savait si bien communiquer son admiration pour Napoléon.

La Solitude d'Issy-les-Moulineaux, située à un kilomètre de la Porte de Versailles, ouvre finalement le 9 octobre. Elle accueille une quinzaine de novices venus passer l'année à prier et à méditer avant d'être acceptés dans les rangs de la compagnie de Saint-Sulpice. De la gare du métro, l'abbé Léger emprunte la rue Renan, ainsi nommée en mémoire du célèbre écrivain qui fit ses études au

La Solitude d'Issy-les-Moulineaux, en banlieue de Paris.

séminaire d'Issy. Il longe le mur de pierre surmonté d'une grille et couronné de fleurs de lys. Le parc qu'il traverse ensuite est une merveille dessinée par Le Nôtre, l'architecte du palais de Versailles. La Solitude de Messieurs de Saint-Sulpice qui apparaît alors porte bien son nom. Nichée au sommet de la colline, elle se cache au fond du parc des marronniers d'où l'on aperçoit Paris, de la tour Eiffel au dôme du Sacré-Coeur de Montmartre. La propriété, qui abrite en outre le séminaire de philosophie et de théologie du diocèse de Paris, s'étend sur huit hectares qu'ombragent des ormes centenaires.

Le bâtiment où logent les novices, une masse rectangulaire surmontée d'un étage en mansardes, n'est guère accueillant bien qu'il en impose. Rien ou presque ne rappelle les temps glorieux où Marguerite de Valois, première épouse d'Henri IV, y recevait sa cour. La reine Margot acheta cette maison en 1606 pour échapper à la maladie contagieuse qui sévissait alors à Paris. L'aumônier de la reine, Vincent de Paul, venait souvent l'entendre en confession.

« Le petit Olympe » de la reine de Navarre passa entre les mains de plusieurs propriétaires avant d'être offert au fondateur de la compagnie de Saint-Sulpice, Jean-Jacques Olier qui, dès 1641, le transforma en maison de repos pour les séminaristes. (C'est d'ailleurs à Issy que monsieur Olier fut terrassé par le mal qui l'emporta à quarante-huit ans. À peine eut-on le temps de le transporter à Paris, au séminaire de Saint-Sulpice, qu'il expirait, assisté par son ami, Vincent de Paul[1].)

L'abbé Léger s'aperçoit vite que le grand séminaire de Montréal est un palais à côté de cette maison grise aux carreaux usés. La chapelle, ornée d'une multitude de statues représentant les douze apôtres et les soixante-douze disciples de l'Évangile, est sombre et humide. Elle a conservé toute l'austérité qui la caractérisait déjà en 1789 lorsque le célèbre Talleyrand y fut sacré évêque d'Autun. À l'étage, les chambres sont exiguës. Heureusement, elles donnent sur la cour intérieure.

Le soir même de la rentrée commence la retraite. D'ailleurs, à la Solitude, on prie du matin au soir, sauf durant l'heure de la conférence quotidienne. Les journées s'écoulent paisiblement, comme au temps d'Ernest Renan, à méditer dans le parc mystique, « sous les longues allées de charmes, assis sur un banc de pierre... ». Cependant, l'écrivain avouera plus tard que c'est à Issy qu'il perdit la foi et renonça au sacerdoce[2].

Au fond du parc, à côté du cimetière des Sulpiciens, se trouve la chapelle de Notre-Dame de Lorette, une réplique du sanctuaire du même nom, situé sur la côte adriatique italienne. Les successeurs de Jean-Jacques Olier l'ont construite en 1693 afin de respecter une promesse de leur fondateur, qui s'était rendu en pèlerinage à cette chapelle. La légende nous apprend qu'elle fut transportée par les anges de Nazareth en Lorette. Monsieur Olier était venu y demander la guérison de ses yeux. Après lui, Bossuet et Fénelon y vinrent en pèlerinage au hasard de leurs fréquents séjours à Paris. Tel est l'univers de l'abbé Léger.

Le séjour en sol français ne semble pas trop lui peser. Dans une lettre à ses parents, il parle de la monotonie du séminaire qui entretient la paix de l'âme :

101

Tandis que le monde cherche le bruit, le divertissement, ici, nous atteignons un autre monde, celui d'En Haut.

Jean-Jacques Olier a voulu que ses jeunes prêtres mènent une vie monastique. Son idéal : unir l'action à la contemplation. Né d'une famille de gens de robe, il se fit d'abord remarquer par sa nature tumultueuse, ses allures de bon vivant et son penchant pour les divertissements légers. La rencontre de Vincent de Paul changea le cours de sa vie. Il le suivit au service des pauvres avant de se consacrer à la formation des jeunes prêtres à la paroisse Saint-Sulpice de Paris. Ses successeurs firent de cette mission l'objectif de leur compagnie. Dans le hall d'entrée de la chapelle du séminaire d'Issy, la statue du fondateur est placée sur le plancher de marquetterie.

Les jeunes Canadiens français revendiquent comme leurs cousins de France l'héritage que leur a légué Jean-Jacques Olier en établissant une mission sur l'île de Montréal au milieu du dix-septième siècle. Avec l'aide du sieur Jérome le Royer de la Dauversière, il envoya à Ville-Marie quarante colons sous la direction de Paul de Chomedey de Maisonneuve. Puis Marguerite Bourgeois et Jeanne Mance les rejoignirent pour fonder écoles et hôpitaux. Un peu avant sa mort, Jean-Jacques Olier choisit des missionnaires parmi ses jeunes prêtres et les envoya en Nouvelle-France pour évangéliser les Indiens. Les jeunes abbés d'outre-mer sont donc chez eux à Issy et ils ont certes la sympathie des religieux français. Mais leur adaptation n'est pas facile. Entre les uns et les autres, on ne remarque pas toujours une correspondance d'âme[3].

Il faut dire que la couleur locale de certains « Canadiens pure laine » transparaît particulièrement au niveau du langage. S'ils cachent leurs frasques à leurs confrères français, les novices du Québec aiment bien se payer la tête de leurs camarades. Combien de fois ont-ils raillé celui qui s'était présenté au comptoir des sous-vêtements du magasin parisien les Quatre-saisons et qui, bien naïvement, avait demandé à la vendeuse :

« Je voudrais un corps.

— Monsieur n'est pas satisfait du sien, s'enquit la vendeuse ?

Les supérieurs du noviciat d'Issy-les-Moulineaux nommèrent l'abbé Léger responsable de la propreté.

— Non, il est plein de trous », répondit le jeune homme.

Et cet autre novice qui s'adressa au préposé aux renseignements d'une gare en ces termes :

« M'sieur, euh, le train, est-ce qu'il va arriver vite ?

— Non, jeune homme, répliqua l'employé. Généralement, il ralentit avant d'entrer. »

Ces ajustements linguistiques n'eurent qu'un temps. Et les jeunes Québécois qui, en foulant le sol de leurs ancêtres, descendirent à la « gorre Saint-Lazorre, » rentrèrent au pays, quelques années plus tard, en passant par la « la gare Saint-Lazare ».

Mais en attendant, chacun fait l'apprentissage de la vie austère et s'habitue...à manger froid. C'est Eugène qui apporte les repas dans un petit chariot tiré par un chien. La route est longue et la côte à pic entre la cuisine du séminaire et le réfectoire des solitaires. Les mets arrivent plus que tièdes. Pour compenser cet inconvénient, l'un des maîtres, monsieur Tancray, a fait placer sur une petite table un pot de confitures destiné aux « estomacs internationaux ».

Personne ne saura jamais si les supérieurs du noviciat décelèrent chez le jeune abbé Léger la pointe d'orgueil qui dépassait de sa redingote. Chose certaine, c'est lui qu'ils nommèrent responsable de la propreté...des latrines pendant un an.

*   *   *   *   *   *   *

Stupéfaction générale chez les messieurs de Saint-Sulpice en cette fin d'année 1929. Plus que le krash économique qui ébranle la bourse de New York et commence à affaiblir les banques de France, c'est la nomination du nouvel archevêque de Paris, monsieur Jean Verdier, qui est sur toutes les lèvres.

Après la mort du cardinal Dubois, la rumeur commence à courir que le pape Pie XI va nommer un simple prêtre au siège épiscopal de la Ville Lumière. C'est l'écrivain français Pierre l'Ermite qui lance délibérément ce ballon dans le journal *La Croix* pour mesurer les réactions. Elles ne tardent pas : « C'est impossible..., ça ne s'est jamais vu », répète tout un chacun.

Effectivement, jamais un simple prêtre n'a dirigé l'archidiocèse de Paris sans avoir été évêque d'un diocèse de France auparavant. En consacrant cardinal un simple Sulpicien, Pie XI rompt la tradition. Au sein de la Compagnie, on ne sait trop s'il faut se réjouir. L'honneur qui échoit au père Verdier est discutable puisqu'il ébranle les principes mêmes de l'Ordre. Depuis que le fondateur, Jean-Jacques Olier, a refusé l'épiscopat, les Sulpiciens élus se récusent. Ils ne voient pas d'un bon oeil les dignités personnelles[4]. Après la Révolution française, plusieurs Sulpiciens dirigeront néanmoins des diocèses aux États-Unis.

Monsieur Jean Verdier, qui occupait le poste de protonotaire apostolique avant la mort du cardinal Dubois accepte finalement la dignité cardinalice. Consacré en la chapelle Sixtine, à Rome, le 27 décembre 1929, il est intronisé le 6 janvier suivant dans la cathédrale de Paris. Juste avant la cérémonie de la bénédiction du Saint-Sacrement, tous les prêtres s'agenouillent deux par deux devant le nouveau cardinal et lui renouvellent leurs promesses cléricales. Son tour venu, l'abbé Léger s'avance en compagnie d'un jeune prêtre de Lyon, aspirant comme lui à Saint-Sulpice, Joseph Géraud qui deviendra son meilleur ami.

Le cardinal Verdier demeure supérieur des Sulpiciens et conserve l'habitude de rendre visite aux solitaires d'Issy-les-Moulineaux. En fait, seule la couleur de sa soutane a changé : celui qu'on appelle maintenant l'évêque social, parce qu'il encourage les mouvements ouvriers et s'inquiète du chômage, demeure, aux yeux des jeunes prêtres, le père Verdier, un bien piètre orateur mais un humoriste hors pair. Le timbre voilé, la parole saccadée à l'auvergnate, il passe allègrement d'une réflexion sur la vie spirituelle à une boutade : « Il est bon qu'un supérieur soit gourmand et que l'économe ait eu mal à l'estomac », lance-t-il par exemple à brûle-pourpoint[5].

Le travail administratif l'assomme. Ancien professeur de philosophie, docteur en théologie, le nouvel archevêque consacre ses énergies à remplir le mandat que lui a confié le pape : organiser l'Action catholique en France et construire des églises. Grâce aux « chantiers du cardinal », chargés de recueillir des fonds, il en érigera plus de cent[6].

Le 23 juin, le cardinal invite les novices dont Paul-Émile Léger à l'archevêché de Paris pour souligner leur admission dans la Compagnie. Il aime se raconter : « Quand je me rase et que je m'aperçois dans le miroir, je me dis : Est-ce bien toi, le petit Jean de Sainte-Afrique (paroisse de l'Auvergne) ? Es-tu vraiment l'archevêque de Paris ? Sur le palier de l'escalier, je m'arrête un instant devant le portrait de mes deux prédécesseurs, les cardinaux Amette et Dubois, deux géants de l'apostolat dans l'Église de France, et je continue en me disant : Petit Jean, tu les vaux bien ! »

L'abbé Léger est fasciné. Tant de simplicité chez celui qui occupe la chaire des Lacordaire, Ravignan et Janvier ! Et quelle érudition : « Vivre à ses côtés, pense-t-il, c'est comme passer vingt ans dans une bibliothèque. »

Le jeune Sulpicien se sent attiré par les dignitaires et la hiérarchie ecclésiastique. Dans une lettre où il décrit une cérémonie en faveur des persécutés d'Europe de l'Est à laquelle participaient trois cardinaux et une vingtaine d'archevêques et d'évêques, il s'en confesse à ses parents :

J'ai prié les yeux ouverts. J'espère bien que le bon Dieu me pardonnera les distractions que j'ai pu avoir en contemplant tout ce rouge et ce violet.

Bon prince, le cardinal Verdier aime inviter aussi les directeurs du séminaire à sa table. Le 27 décembre de chaque année, il les reçoit à l'occasion de sa fête, la Saint-Jean. En 1931, l'abbé Léger est du nombre des convives. Au retour, il note ses impressions :

Après le repas, les supérieurs fument un bon cigare tandis que les plus jeunes font l'inventaire de la garde-robe du cardinal, essaient ses mitres, admirent ses croix pectorales, ses crosses, ses anneaux.

Pince-sans-rire, le cardinal Verdier a l'habitude de recommander à ses invités, au moment de s'en séparer : « Soyez intelligents ! »

*   *   *   *   *   *   *

La coutume veut que les solitaires en congé fassent la tournée des centres de pèlerinage de France. Le 30 juin 1930, Joseph Géraud et Paul-Émile Léger se mettent en route. Ils passent leur première nuit en prière à Montmartre. À l'aurore, après avoir célébré la messe dans la basilique du Sacré-Coeur, construite en 1876 grâce aux deniers publics, ils distribuent la communion jusqu'à midi. Puis ils montent jusqu'au dôme de l'église dont l'architecture est plus bâtarde que byzantine, pour admirer Paris à leurs pieds.

L'étape suivante : Chartres où Jean-Jacques Olier est venu porter jadis les clefs du séminaire qu'il avait fondé. La vieille cathédrale du douzième siècle laisse filtrer la lumière du jour à travers ses vitraux bleus. Puis, c'est le pèlerinage final, à Lisieux. Le train file vers la Normandie, laissant derrière lui ses plaines et ses bocages, avec leurs troupeaux de vaches rousses et blanches. Les deux jeunes Sulpiciens descendent à la gare de Lisieux où les placards aux murs et les inscriptions aux intersections des rues ne parlent que de Thérèse Martin la nouvelle « patronne des missions », que Pie XI a canonisée cinq ans plus tôt. Le clergé l'a tout de suite adoptée. Sur le quai de la gare, ils passent un moment en compagnie du ministre Cheyron.

« Si je m'en souviens de la petite Thérèse, s'exclame-t-il. Quand j'étais jeune, je travaillais à la pharmacie Guérin et la petite venait voir son oncle qui en était le propriétaire[7]. »

Les abbés sont ravis de voir de leurs yeux ce que Thérèse a décrit dans ses souvenirs intitulés *Histoire d'une âme*. Après avoir longé le Carmel, ils franchissent le seuil de la chapelle romane,

Joseph Géraud, jeune prêtre de Lyon, qui deviendra le meilleur ami de Paul-Émile Léger. Ensemble ils font la tournée des lieux de pèlerinage.

presque austère, dont les murs sont tapissés d'ex-voto. La sainte est là, à droite, dans la chasse, derrière une haute grille de fer. Deux anges gardent ses ossements. Les vitraux illustrent ses plus grands miracles. Et plus haut, dans une niche, se trouve la Vierge du sourire.

En sortant de la chapelle, ils s'arrêtent un instant pour échanger leurs impressions. Deux dames élégantes s'approchent alors d'eux. Ce sont mesdames Dussane et Duflos, sociétaires de la Comédie-Française. Elles proposent aux jeunes clercs de les accompagner en voiture jusqu'aux Buissonnets, lieu de naissance de Thérèse. Joseph Géraud, l'air moqueur, pousse son compagnon sur la banquette arrière de la Rolls Royce où les comédiennes ont pris place. « À tout seigneur, tout honneur », pense-t-il en observant à la dérobée son élégant confrère qui, bien sûr, porte sa redingote Prince de Galles. Lui, d'allure plus modeste, s'installe à côté du chauffeur[8].

Aux Buissonnets, règne le silence. Dans la maison de brique rouge des Martin, tout est demeuré comme au temps de Thérèse : la salle à manger, le foyer et, à l'étage, son lit, son prie-dieu, ses livres d'école, ses jouets, ses bijoux. La chambre où elle fut guérie a été convertie en oratoire et l'abbé Léger obtient la permission d'y célébrer la messe.

Les deux compagnons passent quatre jours à Lisieux. Tous les matins ils montent et descendent aux Buissonnets par le chemin aux pierres usées par les pèlerins. Ils imaginent Thérèse longeant les murs, ouvrant comme eux la porte du jardin, s'arrêtant au pied du même vieil arbre. Ils interrogent ceux qui ont connu cette jeune fille, morte à vingt-quatre ans, le 2 octobre 1897, et élevée sur les autels vingt-huit ans plus tard, ce qui constitue un fait rare dans les annales de l'Église.

À la chapelle du monastère, Paul-Émile Léger cherche à distinguer derrière leur voile de carmélites, la silhouette des trois soeurs de Thérèse, Pauline, Marie et Céline, qui y vivent encore.

*   *   *   *   *   *   *

À la mi-juillet, l'abbé Léger se rend à Londres où il compte perfectionner son anglais avant d'entreprendre de nouvelles études à Rome, selon le programme établi par ses supérieurs montréalais. Il fréquente la cathédrale Westminster où chaque jour des prédicateurs de nationalités différentes montent en chaire. Il s'habitue au *five o'clock tea* et remplace les vicaires en vacances dans les paroisses londoniennes.

Fin juillet, une mystérieuse lettre arrive du Canada. Elle annule le séjour d'études à Rome de Paul-Émile Léger et annonce sa nomination au poste de directeur spirituel des séminaristes anglophones d'Issy-les-Moulineaux.

Monsieur Léger est bouleversé. Bien sûr, cette marque de confiance le touche. Mais il est déçu de devoir annuler son stage en Italie. Quel changement d'orientation! Cette nomination qui vient du bureau de cardinal Verdier est accompagnée d'une demande: le nouveau directeur spirituel doit s'inscrire à l'Institut catholique de Paris pour y étudier le droit canon. Il aurait préféré se spécialiser en philosophie, en Écriture sainte ou même en littérature. Il s'incline, non sans se répéter qu'il n'a pourtant pas le tempérament d'un juriste, ce qui ne l'empêchera pas d'obtenir son parchemin avec la mention *summa cum laude*.

Une fois ses cours à la «Catho» terminés, monsieur Léger reprend la direction d'Issy où il consacre son après-midi à recevoir ses dix-huit dirigés dans sa chambre nichée au cinquième étage du nouveau bâtiment construit autour de la chapelle de Notre-Dame de Lorette, au milieu du parc de Le Nôtre. Sa petite famille est internationale: des Anglais, des Américains, un Indien, des Français et un Hongrois. Ce dernier lui donne du fil à retordre. Il s'en ouvre dans une lettre à ses parents:

> Celui-là ne sait ni le français, ni l'anglais et juste assez de latin pour que nous ne soyions pas obligés d'employer le langage des gestes des sourds et muets. L'autre jour, il vint me demander un «instrumentum purgationis». Je veux l'envoyer chez l'infirmier. Mais il insiste et enfin, je comprends: il veut tout simplement...un balai.

Le travail ne manque pas à Issy. Le séminaire compte plus de quatre cents aspirants. Monsieur Léger est le seul étranger parmi les directeurs. Le supérieur, Julien Weber, surnommé le «père Vèbre», un ancien capitaine de l'armée française, mène son monde au pas militaire. Ses saintes colères sont légendaires...tout comme ses remords qui, le lendemain, l'incitent à offrir la lune à celui qui s'est attiré ses foudres.

Aux Fêtes, Monsieur Léger est à bout de forces. On le transporte en civière à l'infirmerie des soeurs de Sainte-Chrétienne où il passe dix jours au lit. Inquiète, la supérieure appelle le médecin. Après l'examen, elle s'enquiert de l'état de son malade:

«Docteur, c'est un étranger. Nous ne le connaissons pas. Est-ce qu'il est très mal?»

Et, derrière la cloison, le patient entend la réponse:

«Ne vous en faites pas, ma soeur, il est fort comme un boeuf.»

*   *   *   *   *   *   *

Le métro est bondé. Monsieur Léger se fraye un chemin jusqu'à la sortie. Sur le quai, une femme d'un certain âge fixe sa soutane d'un air hagard. Elle cherche ensuite un morceau de bois pour l'exorciser. Le jeune prêtre ne sourcille pas. Comme ses confrères, il a appris à ignorer les moqueries dont les religieux sont l'objet. Combien de fois un loustic n'a-t-il pas pointé du doigt le bas de son pantalon qui dépasse de la soutane en criant: «Une poule!»

En cet automne 1930, un vent d'anticléricalisme souffle sur la France de Léon Blum, le leader socialiste. Les plaies de la guerre de 14 ne sont pas complètement cicatrisées. Le président Georges Clémenceau, qui a vu périr cinq cent mille Français, est bien mort, mais son antipathie militante contre l'Église catholique lui survit dans le climat général d'intolérance envers les prêtres.

Toutefois, il faut souligner que cet anticléricalisme était moins virulent que celui qui régnait durant «la Belle Époque», au début du siècle, qui vit voter la loi de séparation de l'Église et de l'État. Cette loi assurait la liberté des consciences, mais rompait le Concordat de 1801 qui donnait au chef de la France le droit de nommer des évêques. Depuis ce jour, le clergé français n'était plus rétribué par l'État.

Mais l'épiscopat gardait la nostalgie de la vie concordaire et retournait même à un certain gallicalisme, doctrine qui défend les libertés de l'Église catholique en France contre les prétentions de la papauté. La majorité des évêques acceptaient d'ailleurs la vision de Charles Maurras, adversaire des idées démocratiques et directeur de *L'Action française*. Fondé en 1908, ce quotidien préconisait une monarchie héréditaire, antiparlementaire et décentralisée. L'Église catholique, garante de l'ordre et gardienne des traditions de la France, devait être, selon Maurras, le soutien de ce nouveau régime. En 1914, Pie X mit les idées maurrassiennes à l'index mais, perplexe, ne publia pas la décision qui le hanta jusqu'à sa mort. Une délégation française s'était rendue à Rome pour le mettre en garde: «Vous allez condamner l'un des meilleurs fils de l'Église.»

Après la mort de Pie X, son successeur Benoit XV refusa d'entériner une décision qu'il ne jugeait pas très évangélique. C'est donc Pie XI qui hérita du dossier. Pendant deux ans, l'ancien archiviste de la bibliothèque ambrosienne de Milan devenu souverain pontife passa ses nuits à étudier les écrits de Maurras et la collection de *L'Action française*. Foncièrement convaincu que *L'Action française* était un mouvement politico-religieux-philosophique qui confondait l'Église fondée par Jésus-Christ avec une forme de civilisation évoluée, il adopta en 1926 un décret du Saint-Office qui avalisait la condamnation de Pie X.

Rome n'y allait pas de main morte: un prêtre ne pouvait pas absoudre une personne qui confessait avoir lu le journal des maurrassiens, *L'Action française*. L'épiscopat de France se plie aux directives papales, mais non sans maugréer.

Dans la modeste demeure qui lui tient lieu de palais cardinalice, rue Barbet de Jouy, le cardinal Verdier doit apprendre à vivre avec ce climat politico-religieux tendu. De plus, depuis que l'État s'est emparée des biens de l'Église, au début du siècle, celle-ci est pauvre. Le ministre de l'Instruction publique et des Cultes, le socialiste Aristide Briand, s'efforce de rendre l'air un peu plus respirable même si c'est à lui que revient de veiller à l'application de la Loi de séparation. Conciliateur-né, il permet au clergé de garder certains édifices religieux sans toutefois lui en remettre les titres juridiques. Moins chanceux, les Sulpiciens doivent faire leur deuil de leur ancien séminaire de la place Saint-Sulpice, qui abrite maintenant le ministère de la Justice.

En 1932, quand Aristide Briand meurt, l'archevêque de Paris n'hésite pas à venir présider l'absoute, geste de reconnaissance qui provoque un tollé général dans le clergé français. Dans le journal du lendemain, le cardinal Verdier signe la plus courte lettre pastorale de sa carrière :

> L'archevêque-cardinal de Paris rappelle qu'ayant enseigné la morale pendant trente ans, il n'a de conseil à recevoir de personne et il attend simplement le jugement de Dieu.

*　*　*　*　*　*　*

À la Solitude d'Issy où l'abbé Léger discute avec les séminaristes du mouvement maurassien et de la situation de l'Église de France, le geste posé par le cardinal Verdier alimente les conversations. Son assistant, Pierre Boisard, qui est également supérieur de la Compagnie, en est ravi. « C'est la plus belle lettre qu'il n'ait jamais écrite », dit-il à Paul-Émile Léger.

Monsieur Boisard est naturellement avare de commentaires. Que cet homme distant, qui s'adresse à son entourage en ayant recours au passé indéfini, se permette un tel commentaire personnel témoigne de l'animation du débat. Ayant dit son mot, le prêtre s'éloigne aussitôt, à petits pas, le dos courbé.

Monsieur Léger reste songeur. Tout Canadien qu'il soit, il s'intéresse de près à la situation du clergé français. D'ailleurs, depuis sa nomination comme directeur du séminaire de théologie, en septembre 1931, il est bien placé pour en mesurer la complexité. Ses deux cents séminaristes sont des enfants de la guerre. Ils ont vu tomber leurs pères sous les mitraillettes allemandes et ont vécu l'anticléricalisme du début du siècle. Malgré tout, ils ont choisi la vie sacerdotale, synonyme de vie de pauvreté, depuis que l'État a réquisitionné les biens de l'Église. Ces jeunes se distinguent du « clergé napoléonien » aux vocations trop souvent « sociologiques ». Maintenant, il faut vraiment se sentir appelé pour s'engager au service de l'Église qui n'a d'autre choix que de pratiquer la pauvreté, depuis que l'État lui a coupé les vivres.

Les jeunes séminaristes des années 30 ne sont nullement agressifs, mais ils semblent déterminés. Dès la retraite de septembre, le nouveau directeur tient à leur rappeler que la vie qu'ils ont choisie ne sera pas facile. Il a consacré la fin de l'été à préparer son sermon. Cet exercice aura au moins le mérite de reléguer au second plan sa grande déception. Pour le garder à Paris, le cardinal Verdier était passé encore une fois par-dessus la tête du Conseil provincial de Montréal qui voulait l'envoyer à Rome. Mais ses supérieurs montréalais acceptaient de plus en plus mal les libertés que se permettait l'archevêque de Paris à l'endroit d'un des leurs. Ils allèrent jusqu'à accuser l'abbé Léger d'avoir fomenté cette nomination en haut lieu. Vexé, celui-ci garde le silence et se réfugie hors de Paris, le temps de se ressaisir. Après un saut à Lourdes où l'évêque, monseigneur Pierre-Paul Gerlier, lui accorda le privilège de dire sa messe à la grotte, le voilà de retour à son poste, aux premiers jours de septembre, juste à temps pour préparer la retraite des séminaristes dans sa chambre, située au dernier étage du grand bâtiment des théologiens.

« Mes biens chers amis, leur dit-il, le jour de la rentrée, nous consacrerons ce premier entretien à un sujet qui nous intéresse tous : le séminaire ».

Un prêtre, explique-t-il d'abord, est un être concret, un être de chair et d'os. Il doit être un homme complet : laborieux, loyal, incapable de tromper, de trahir, ne courtisant aucun pouvoir, fidèle à sa mission...

« Au séminaire, vous pourrez pratiquer les disciplines du travail mais surtout, vous devrez apprendre à discipliner votre coeur... Seuls ceux qui ont pratiqué la discipline du coeur peuvent en révéler les crucifiantes grandeurs. »

En parlant franchement à ses séminaristes, le nouveau directeur sent en lui une blessure toute fraîche. L'été précédent, il s'est lui-même senti téméraire. Il a voulu jouer au saint François de Sales auprès d'une femme, jeune et belle, rencontrée en Bretagne. Elle traversait une cruelle épreuve et il se proposa comme consolateur et guide.

« Non » rétorqua catégoriquement monsieur Boisard à l'abbé Léger qui lui demandait la permission d'agir comme directeur spirituel de cette dame.

Quand celle-ci se présenta, comme il le lui avait conseillé, au parloir du séminaire, le jeune prêtre n'était pas là pour la recevoir. L'abbé Léger sortit blessé de cet épisode. Pendant longtemps, il déplora le geste maladroit de son supérieur tout en admettant la sagesse de ce « non » qui l'avait traversé comme un dard. Il écrivit dans ses mémoires :

> Merci, cher monsieur le supérieur, de m'avoir, pour toujours, délivré de l'illusion qui guette tout jeune prêtre lorsqu'il rencontre une femme qui verse ses larmes et qui l'induit en tentation d'apporter une consolation humaine...

*   *   *   *   *   *   *

Même si Issy-les-Moulineaux est situé à deux pas de Paris, il se passe des mois sans que monsieur Léger s'éloigne du séminaire. Son année scolaire est très chargée. Il a maintenant trente-quatre dirigés à rencontrer chaque semaine et doit aussi préparer, la plupart du temps après minuit, ses quatre cours hebdomadaires de droit canonique.

Il s'efforce de rendre la matière moins austère en l'agrémentant d'histoires drôles ou surprenantes[9]. « Un canoniste, explique-t-il un jour, connaît la loi : il peut donc passer à travers les mailles. Apprenez le droit canonique pour découvrir comment on ne l'applique pas ! »

Ses lettres à sa famille sont plus espacées. Celles qu'il adresse à son frère Jules ont l'accent du prédicateur :

Plus tard, tu comprendras que la vie, ce n'est pas la jouissance égoïste du bien que l'on possède...Non, la vie, c'est un don.

Puis le prédicateur se transforme en frère qui malgré son droit d'aînesse éprouve le besoin de se vider le coeur :

Bien sûr, je souffre parfois. Dans ce milieu étranger, je m'imagine ne pas être compris et surtout, je crains de ne pas comprendre ceux avec lesquels je vis...

*   *   *   *   *   *   *

À Pâques 1932, le jeune directeur réalise un grand rêve : voir Rome. Il s'agit d'un voyage-éclair par le rapide Paris-Rome qui ne demande pas moins de trente-six heures de chemin de fer, aller-retour. Mais plus encore que la découverte de la Ville éternelle, c'est la rencontre du pape qui va le marquer.

Pie XI était autoritaire. Commencé en 1922, son pontificat connut de nombreux retentissements car il mêlait l'actualité aux principes de l'Évangile comme dans ses encycliques sur la question sociale en 1931, et sur la crise économique, en 1932. Le pape n'hésita pas à condamner le fascisme au moment même où Mussolini atteignait les sommets de la gloire.

Peu après son arrivée à Rome, après une visite des jardins du Vatican, monsieur Léger est conduit à la salle des audiences. Il est à peine midi quand Pie XI apparaît, accompagné de ses deux secrétaires et de quelques membres de la garde-noble. Il a soixante-quinze ans, mais en paraît à peine cinquante. Il passe rapidement à travers les rangs sans dire un mot. Ému, le jeune Canadien baise sa main en s'inclinant respectueusement. Le Saint-Père bénit ses visiteurs et disparaît aussitôt.

« Il me semble que je viens de faire un rêve, s'écrie le jeune abbé, tant l'émouvante rencontre aura été brève. »

À la fin de l'année scolaire, cinq de ses protégés sont ordonnés prêtres. Durant l'été, il accompagne comme aumônier une troupe

Durant l'été, Paul-Émile Léger accompagne une troupe scoute dans un camp volant, comme aumônier. Il perd 10 kilos dans l'aventure.

de scouts de Marseille dans un camp volant qui le conduira à la Grande Chartreuse, après la traversée du Dauphiné, l'escalade des pentes du mont Gargas et la visite du sanctuaire de la Salette. Seize jours de pluie sur vingt !

« Mon père, menacent les scouts découragés, nous n'allons pas plus loin.

— Vous allez me suivre, au moins », réplique l'aumônier en empoignant la charrette qu'il tire seul jusqu'à ce que les scouts cessent leur grève.

Monsieur Léger perd dix kilos dans l'aventure. La nuit du 29 juillet, aidés par la seule lumière des torches, ils escaladent le Grand Som, haut de deux mille quatre-vingts mètres. À chaque fois

117

que le bruit des pierres roulant dans le goufre résonne, son sang ne fait qu'un tour : « C'est un des jeunes qui vient de disparaître », pense-t-il à tout coup.

Au petit matin, le soleil se lève sur les Alpes, au-dessous des glaciers voisins du mont Blanc. L'aumonier canadien célèbre sa messe en compagnie des scouts dont il est devenu le confident au fil des jours.

*   *   *   *   *   *   *

Mais la belle saison est trop courte et, en septembre 1932, il faut reprendre le collier et revenir à la Solitude, lieu qu'il préfère entre tous. Le cardinal Verdier, qui lui ménage toujours une surprise à la rentrée, vient en effet de le nommer *socius*, c'est-à-dire associé du directeur du Noviciat, monsieur Pourat. Conservant ses cours de droit canonique, l'abbé Léger voit sa famille de dirigés grandir considérablement. Il devra parfois se contenter de cinq heures de sommeil par nuit.

Aussi, vers la fin de l'année scolaire 1933, quand il sollicite la permission de rentrer chez lui, au Québec, pour y passer ses vacances en famille, après une séparation de quatre ans, ses supérieurs acceptent facilement. Le 1er juillet, jour du départ, il tourne la clef dans la porte de sa cellule. Il n'emporte rien car dès les premiers jours de septembre, il sera de retour pour préparer la rentrée des solitaires. Il le promet au cardinal Verdier en lui disant au revoir, la veille de son départ.

L'archevêque de Paris le regarde avec une sympathie toute paternelle et fait :

« Je vous laisse partir à une condition : vous reviendrez à Paris après vos vacances. »

Références — Chapitre VII

1. Boisard, Pierre, *Issy, le séminaire et la compagnie de Saint-Sulpice, esquisse historique*, Paris, 1942, 68 pages.
2. *Ibid.*
3. Jean Gautier.
4. Constantin Bouchot, supérieur général de Saint-Sulpice.
5. Gautier, Jean, *Ces messieurs de Saint-Sulpice*, Paris, Bibliothèque Ecclésia, 1957, p. 73.
6. *Ibid.*, p. 70.
7. Monseigneur Joseph Géraud, lettre au cardinal Léger, le 18 décembre 1981.
8. *Ibid.*
9. Constantin Bouchot, supérieur général de Saint-Sulpice.

Chapitre VIII
Mission impossible au Japon

10 juillet 1933. L'été s'est installé avenue des Pins. Monsieur Léger hume l'air montréalais. Après quatre ans d'exil, tout est bien comme il l'imaginait.

À peine son bateau a-t-il touché la terre que le jeune Sulpicien accourt au chevet de son supérieur provincial, hospitalisé à l'Hôtel-Dieu, à la suite d'une crise cardiaque. Monsieur Roméo Neveu est assis dans son lit comme s'il attendait ce visiteur d'outre-mer.

« Bonjour monsieur Léger, dit le supérieur. Voulez-vous partir pour le Japon ? »

Paul-Émile Léger le regarde sans comprendre. Il rêve depuis toujours de devenir missionnaire. Mais ce projet, il le croyait mort et enterré depuis belle lurette. Il sait trop bien que les Sulpiciens sont avant tout des éducateurs et n'ont pas de tradition mission-naire.

Quelques-uns pourtant sont parvenus à cumuler les deux rôles. En 1929, en effet, deux Sulpiciens s'étaient embarqués à Marseille à destination d'Hanoï, en Indochine, pour fonder un séminaire. Trois ans plus tard, une cinquantaine de séminaristes fréquentaient déjà l'institution.

Enhardi par le succès de ses confrères missionnaires, monsieur Léger aurait voulu les rejoindre. Mais son supérieur du temps, monsieur Boisard, l'avait invité à la patience :

Paul-Émile Léger arrive au Japon: "Je pense qu'il sera difficile de faire accepter à ce peuple si avancé au point de vue de la civilisation matérielle, pétri de paganisme, le message de Jésus."

« Jamais je ne refuserai à quiconque la permission de partir en mission, l'avait-il assuré. Mais, en ce qui vous concerne, il est trop tôt. »

Que faire, sinon prendre son mal en patience ? « Ouvrez-vous les oreilles et fermez-vous la bouche », lui avait conseillé un autre supérieur français, monsieur Weber. Il s'y était appliqué jusqu'au jour où le vase avait débordé.

C'était la veille du jour de l'An 1932. Les Sulpiciens entouraient le cardinal Verdier à l'archevêché, rue Barbet de Jouy. Monsieur Boisard louangeait le travail des missionnaires en poste à Hanoï quand il annonça à brûle-pourpoint :

« Bientôt nous doterons le Japon d'un séminaire. Mais cette fondation revient à la province canadienne. Si elle se désiste, la France acceptera. »

Sans plus attendre, monsieur Léger adressa une lettre à son supérieur provincial, monsieur Roméo Neveu :

Allons-nous laisser passer cette occasion unique de prendre un peu le large en fondant en dehors de Montréal ?

Et juste avant de signer, il risqua une question : « Quand partirai-je ? »

Hélas ! la réponse du supérieur canadien augurait mal pour l'impatient missionnaire. Des projets japonais, il ne soufflait mot. Pis, il terminait sa lettre par un désespérant : « Partirez-vous ? »

Depuis cet échange épistolaire, un silence complet avait plané sur cette affaire. L'accueil qu'il reçoit maintenant de monsieur Neveu, dans sa chambre d'hôpital, le déconcerte. « Si vous acceptiez d'aller au Japon, insiste le père supérieur, vous me rendriez un grand service. »

Paul-Émile Léger en a le souffle coupé. Il croit rêver. Oui, il veut toujours partir, mais il y a une ombre au tableau : la promesse faite au cardinal Verdier, à la veille de son départ de Paris. Avec l'aide de monsieur Neveu, il compose une lettre dans laquelle il réclame la permission d'être du premier contingent en partance pour le Japon. En attendant la réponse, l'affaire doit rester confidentielle, lui recommande son supérieur.

Le télégramme tant attendu arrive à Saint-Polycarpe le 24 août, quelques jours avant son départ pour Paris. Il dit simplement : permission accordée. Ce jour-là, comme Paul-Émile Léger est absent, ses parents essaient de comprendre le sens du message. Confirme-t-il le retour définitif de Paul-Émile au pays ? C'est là leur plus grand souhait.

Mais la vérité est tout autre et le choc s'avère brutal pour eux. Ce nouveau départ est pire que tout ce qu'ils avaient imaginé. Cette fois, ils ont l'impression de perdre leur fils aîné pour de bon. À cette époque, qui dit missionnaire dit aussi martyr.

Éternellement déchirée entre le chagrin et la fierté quand il s'agit de son Ti-Paul, Alda Léger contient difficilement ses larmes. Elle s'affaire autour des valises et feuillette sans se lasser *L'Illustration* à la recherche d'un paysage nippon ou d'une photographie montrant les habitudes de vie des Japonais. Impassible, Ernest Léger ajuste ses lunettes et parcourt l'atlas. Il pose le doigt sur un minuscule point au sud de l'archipel du Japon, juste en face de la Corée du Sud : Fukuoka. C'est la destination de leur fils.

* * * * * * *

Les passagers de l'*Empress of Asia* sont rassemblés sur le pont. Composé de deux cents Chinois, l'équipage distribue d'étroits rouleaux de papier multicolore. Chacun lance le sien sur le quai de Vancouver aux parents et amis qui cherchent à l'attraper au vol.

Onze heures. La sirène siffle. Les câbles sont détachés. Le navire s'ébranle et fait marche arrière, tandis que les derniers liens de papier se déchirent et s'enfoncent dans la mer. « C'est dur », murmure tout bas une sœur missionnaire.

Cette coutume orientale, transplantée sur la côte du Pacifique, rappelle aux voyageurs une cruelle vérité : quand un missionnaire s'expatrie, c'est pour la vie.

J'ai lancé ma bandelette de papier assez fort pour qu'elle atterrisse à Saint-Polycarpe, écrit Paul-Émile Léger à ses parents, le soir du départ.

Seul dans sa cabine, en ce 23 septembre 1933, il repasse les événements des dernières semaines tandis que l'*Empress of Asia* s'avance doucement dans le détroit de Juan du Fuca. Il a écrit au cardinal Verdier qui a accepté de le délier de sa promesse de retourner à son poste d'Issy-les-Moulineaux. Puis, il y a quatre jours, il quittait Montréal. « Courage, nous nous reverrons », a-t-il lancé aux siens pour adoucir leur chagrin.

Inconsolable, sa mère faillit s'évanouir dans la salle des pas perdus de la gare Windsor. Le grand Jules, son frère cadet, tenait son chapeau à bout de bras sans l'agiter. Bénissant le brouhaha qui rendait moins perceptible l'émotion qui l'étreignait, Ernest Léger a simplement dit : « Sois heureux et pense à nous. »

Le Père Léger esquissa un pâle sourire avant de s'engouffrer dans le wagon du train, avec les quarante-sept autres missionnaires qui entonnèrent en chœur l'*Ave maris stella*. La longue traversée du pays commençait. Le train roula trois jours et trois nuits. Il pleuvait à verse et les terres plates n'en finissaient pas de défiler...

Au Manitoba, le nouveau missionnaire a eu une pensée pour son ancien professeur, Émile Yelle, qui vient d'être nommé évêque de Saint-Boniface. « Il aura beaucoup à faire », nota-t-il dans son journal intime, en songeant au communisme déjà actif à Winnipeg et qui menaçait « nos bons Canadiens de Saint-Boniface ».

Le visage collé à la vitre, comme un enfant, il guettait les villages qui surgissaient çà et là au bout des longues prairies.

« Les soirées d'hiver doivent être longues », soupira Paul-Émile Léger qui méditait dans le wagon-observatoire. « Et dire qu'au lieu de se serrer les unes contre les autres, à l'ombre des clochers, les familles de l'Ouest s'agglutinent autour des élévateurs à grain ! »

Heureusement, les Rocheuses vinrent ensuite rompre la monotonie des champs de blé à perte de vue. Elles lui paraissaient plus impressionnantes que les Alpes. Plus mélancoliques aussi. Tout en haut, sur les pics, les calottes de neige rappellent que l'hiver y est perpétuel.

Enfin Vancouver ! Les passagers ont pu se délier les jambes. Mais à midi, ce jour-là, le Père Léger apprit que, la veille, un incendie a complètement ravagé la cathédrale de Valleyfield.

*　*　*　*　*　*　*

L'océan Pacifique ne porte pas son nom. Le vieux paquebot, qui a pris la haute mer pendant la nuit, se défend mal contre les vents impétueux et les vagues déchaînées. Les passagers font peine à voir. Les coeurs fragiles ont des faiblesses. « Ça se voit et ça se sent », raille le Père Léger qui tient le coup en passant le plus clair de ses jours sur le pont extérieur où le froid fouette le sang et où l'air pur gonfle les poumons. « Le mal de mer, écrivait Louis Veillot, consiste à vomir une foule de choses que vous n'avez jamais mangées ! » Il avait sûrement traversé le Pacifique pour dire aussi juste. « Je veux mourir... En finir », hurle une petite soeur qui lui réclame aussi l'absolution.

À l'approche du Pôle Nord, le froid devient intolérable. Il faut rentrer. Mais l'air est tellement vicié à l'intérieur qu'il en est difficilement supportable. Les odeurs de cuisine circulent si bien qu'à 9 heures on connaît déjà le menu du souper. Le Père Léger remonte le moral des malades tandis que son compagnon sulpicien, Charles Prévost, les distrait en chantant des airs connus.

Quand le bateau amorce son virage vers le sud, le fond de l'air se réchauffe graduellement. La mer recouvre son calme et les religieux reçoivent le message de Pie XI :

> Souverain pontife heureux saluer vaillants missionnaires destinés Chine, Japon.
>
> Cardinal Pacelli

À l'heure du coucher du soleil, le Père Léger circule sur le pont : « Je comprends que les païens qui n'ont pas encore reçu la lumière de l'Évangile adorent le soleil comme une divinité », griffonne-t-il au bas d'une page dans son journal.

Le 3 octobre, c'est la fête de sainte Thérèse, patronne des missions. Après dix jours en mer, tous se sont rétablis et font honneur au dîner d'adieu. Au menu : Florida cocktail, filet de sole grillé tar-

tare, darne de saumon maître d'hôtel, Han yan Kai ling (poulet aux amandes). À table, le Père Léger prend place aux côtés de son ami Charles Prévost et de trois confrères des Missions Étrangères. L'orchestre exécute *La flûte enchantée* de Mozart et enchaîne ensuite sur un fox-trot « japonese style ». Lorsque les musiciens font une pause, après avoir interprété le dernier succès de l'heure, *You've got me crying again*, le Père Léger se lève. D'un geste, il réclame le silence. Puis il se tourne vers monseigneur Égide Roy, le responsable mais aussi l'informateur du groupe, et dit :

« Demain commencera la grande dispersion et l'agitation des jours de débarquement. Avant de nous séparer, nous voulons, monseigneur, vous exprimer notre reconnaissance. »

Monseigneur Roy a bien mérité ces remerciements. Tout au long de la traversée, le préfet apostolique de Kagoshima a renseigné les futurs missionnaires anxieux de découvrir ce que les livres ne disent pas sur le pays du Soleil-Levant. Le Japon n'a plus de secret pour lui. Il en a fait sa deuxième patrie, après de nombreuses années passées à la direction des Franciscains de Tokyo. La fête s'achève tôt car chacun doit préparer ses bagages. Le lendemain, les uns se dirigeront vers le nord du pays tandis que les autres fileront jusqu'à Kōbe d'où ils partiront soit pour la Corée, la Mandchourie ou les îles du sud, soit pour l'extrémité méridionale du Japon.

Ce soir-là, seul sur le pont, Paul-Émile Léger médite. Il n'aime pas les adieux et mesure inconsciemment le sens d'un proverbe japonais qui lui deviendra bientôt familier : « La rencontre est le début de la séparation. » Au loin, une minuscule lueur scintille. C'est la côte du Japon. Avant de s'endormir, il écrit :

Elle est là, dans les ténèbres de la nuit et enveloppée aussi dans les ténèbres du paganisme.

* * * * * * *

Comme le clown qui fait rire aux larmes pour mieux cacher son envie de pleurer, le Père Léger raconte ses histoires hilarantes de vieux curés excentriques aux vingt missionnaires du diocèse de

Fukuoka. La fête de bienvenue, organisée par l'évêque, monseigneur Breton, pour souligner l'arrivée des deux Sulpiciens, messieurs Léger et Prévost, tire à sa fin. Bientôt, chacun repartira vers son poste dans la brousse.

Une fois seul dans sa chambre, après ce voyage exténuant qui a duré trois semaines, le masque du nouveau missionnaire tombe. Il a visité à vol d'oiseau Tokyo et son port de mer Yokohama et, plus au sud, Kōbe et sa voisine, Osaka, deuxième ville japonaise en importance. Puis il a longé la mer en train pendant plus de 480 kilomètres avant d'arriver à Fukuoka. Bouleversé par les images qu'il a vues, il note ses impressions :

> J'ai vu le mur très haut, très épais, très solide du paganisme qu'il faut démolir et en ce moment, je me sens isolé, fatigué.

Évangéliser les païens, n'est-ce pas la raison d'être du missionnaire ? « Allez jusqu'aux extrémités de la terre », a dit Jésus sur le mont des Oliviers. Le Père Léger a répondu à l'appel. Mais ce soir, aux confins du Japon, sa mission lui semble tout à coup une pure folie. Inutile et absurbe. Qu'est-ce qu'un jeune Sulpicien sans expépérience peut espérer apporter aux habitants d'un pays riche de deux mille ans de culture ? Il a noté l'ironie dans les yeux des douaniers détaillant les statues, les chapelets et les médailles des missionnaires comme autant de fétiches. Et dans les rues fourmillantes de Tokyo, le soir de l'arrivée, il a remarqué que les cornettes des bonnes soeurs et le froc des missionnaires constituaient l'attraction du jour. Là-bas, les hommes et les femmes de Dieu ne sont pas légion.

En entrant dans Tokyo, il nourrissait un désir : voir un temple païen. Ce jour-là, une foule nombreuse adore la déesse du soleil, au pied de l'autel où brûlent des cierges... comme lors de la bénédiction du Saint-Sacrement. Des hommes et des femmes aux cheveux d'ébène et aux pommettes saillantes s'avancent en trottinant dans leurs sabots de bois. Après avoir lancé leurs offrandes dans un coffre au pied de l'autel, ils se prosternent en se frappant doucement les mains ensemble. Tant de similitude dans la différence lui devient soudain insupportable.

Ce soir-là, en voyant Tokyo illuminée et enjouée, des pensées le hantent :

> Je pense dans le fond de mon coeur combien il sera difficile de faire accepter à cette génération assoiffée de plaisirs, à ce peuple si avancé au point de vue de la civilisation matérielle, pétri de paganisme, le message de Jésus.

Il referme son cahier de notes en pensant à saint Paul, frémissant devant Athènes plongée dans l'idolâtrie. Ignorant le bruit grinçant des tramways qui vont et viennent dans la rue du presbytère, il s'endort sur les nattes de paille de riz, les « *tâtanni* », qui lui servent de lit.

* * * * * * *

Les lettres que le Père Léger adresse à sa famille ne laissent guère transpirer ses états d'âme. On le sent plutôt enclin à livrer ses impressions en les caricaturant. Les plaisirs de la table japonaise sont racontés à la blague, surtout quand il y a au menu, « une soupe aux algues marines dans laquelle se promène... une queue de poisson ». Quant à la vingtaine de petites tranches de tai cru qu'on lui sert, « ça passe mais on a l'impression que le poisson remonte l'estomac ! » Le saké, explique-t-il enfin, c'est une liqueur qui ressemble au vin de pissenlit et que l'on sert chaude : « Je n'insiste pas sur la description, ça goûte ce à quoi ça ressemble. »

« As-tu digéré tout ça ? » demande Charlie Prévost, au lendemain de l'un de ces repas gastronomiques.

Lui aussi s'initie à la vie japonaise. Il comprend rapidement que jamais il ne réussira à apprendre la langue du pays, une suite de soixante-dix sons et de quinze mille caractères. Pendant que Paul-Émile Léger essaie de démêler les quatre paliers qu'utilise le Japonais, selon le degré de dignité de la personne à qui l'on s'adresse, monsieur Prévost a bien d'autres chats à fouetter. Il confesse les Occidentaux de Fukuoka. Son confessionnal est fort couru et pour cause : il est dur d'oreille. Même l'évêque, qui s'en est aperçu, l'a choisi comme confesseur.

Entre deux cours de langue japonaise, le Père Léger va magasiner avec son confrère. Ils explorent Hakata, le quartier commercial de Fukuoka, à la recherche de quelques « japonaise-ries » à envoyer à leurs familles. Fukuoka est la ville la plus importante de Kyushu, la grande île du sud. Construite sur une bande de terre enserrée entre la mer et les montagnes, dans une région fertile en riz, en blé et en dépôts houilliers, la cité prospère rapidement et devient le centre commercial et administratif de la région. L'université royale qu'elle abrite confère à cette ville de deux cent cinquante mille habitants un très grand prestige.

Les deux missionnaires se mêlent à la foule, se faufilent entre les voitures et les bicyclettes qui zigzaguent à vive allure et restent pantois devant les jeunes livreurs de restaurant qui manoeuvrent leurs vélos d'une seule main, l'autre gardant en équilibre sur leur tête dix plateaux d'aliments.

Charlie s'est vite mis à l'heure du Japon en s'achetant une bicyclette. Et ce qui devait arriver arrive. Un jour, il heurte un élégant cycliste coiffé d'un haut de forme, le projetant dans une flaque d'eau ! L'homme se relève, écoute les excuses polies du pauvre gaffeur avant de prendre la poudre d'escampette. Charlie en reste ébahi.

« Mais qu'est-ce que tu as bien pu lui dire, lui demande Paul-Émile Léger, intrigué.

— Simplement : « *Koso, mo itchi do itashimasu.* »

— Pauvre Charlie, rétorque son compagnon en retenant à grand-peine son fou-rire. Tu lui as dit : « Mon vieux, je te préviens, je recommence[1] ! »

À la fin de mars 1934, le Père Léger fait ses bagages. Monseigneur Breton a décidé de l'envoyer en stage dans la capitale à 500 kilomètres de Fukuoka. Tokyo est le foyer des oeuvres apostoliques et l'évêque pense qu'à son retour, le jeune missionnaire pourra les implanter dans son diocèse.

« Qu'est-ce que je m'en vais faire à Tokyo ? Je voudrais bien le savoir », marmonne-t-il en bouclant sa valise.

Ce n'est pas tant ce voyage éducatif et culturel qui l'indispose que le changement d'orientation qui semble se dessiner pour lui. Il

Après six mois de vie au Japon, le Père Léger maîtrise suffisamment la langue japonaise pour confesser, prêcher et enseigner le catéchisme aux petits enfants.

est venu fonder un séminaire. Le temps passe et monseigneur parle maintenant de lui confier une paroisse après son stage dans la capitale. Il annonce la nouvelle à ses parents d'un ton sarcastique :

Quand je reviendrai de Tokyo, je serai plus apte à fonder un séminaire ? Non, à fonder une paroisse dans le quartier Westmount de Fukuoka.

Au fil des jours, Paul-Émile Léger s'est aperçu que son évêque attendait de lui autre chose que ce à quoi il se destinait. Pourtant, c'est bien lui, monseigneur Breton, qui a réclamé la fondation de ce séminaire. Sacré évêque de Fukuoka deux ans plus tôt, il a succédé à monseigneur Thierry, mort de chagrin dans cette ville où les conversions sont presque impossibles. Seuls quelques vieux chrétiens pratiquent la religion catholique et encore le font-ils dans la crainte, se souvenant de leurs pères persécutés. L'Église catholique n'a jamais eu la partie facile au Japon...

C'est saint François Xavier, un Jésuite, qui, le premier, implanta le christianisme au Japon du sud en 1549. Jusqu'à la fin du siècle, les conversions se multiplièrent, mais le chef militaire Hideyoshi arrêta l'élan du catholicisme en chassant les missionnaires. Pendant les deux siècles suivants, tout chrétien subissait la peine capitale. Quand, en 1868, la liberté de conscience fut de nouveau reconnue, il ne restait que quelques îlots de chrétiens à Nagasaki.

Armé de projets, monseigneur Breton s'est mis à l'ouvrage. Il a d'abord fondé un petit séminaire à Fukuoka, puis une école commerciale pour jeunes filles et un noviciat pour les soeurs indigènes. Depuis l'arrivée de Paul-Émile Léger, il parle d'agrandir son église qui ne compte que cinq cents places.

Convaincu que Fukuoka est en train de devenir la capitale du sud du Japon, l'évêque juge nécessaire d'y établir un grand séminaire, ce qui n'a pas l'heur de plaire à tout le monde. Tokyo possède déjà un grand séminaire et l'on prétend là-bas que celui de Fukuoka risquerait de compromettre une institution encore fragile.

D'ailleurs, argue-t-on, le sud du Japon ne compte pas suffisamment de candidats au sacerdoce pour alimenter deux séminaires.

L'argument laisse froid monseigneur Breton. C'est le sud qui est le foyer de la chrétienté au Japon et il est normal que Fukuoka y prépare des prêtres. Ayant entendu dire que les Sulpiciens du Canada étaient fortunés, il s'est adressé à eux pour fonder son séminaire. Mais jusqu'à maintenant, il n'a reçu que deux Sulpiciens et point ou peu d'aide financière. D'où son manque d'enthousiasme à faire avancer le projet.

*   *   *   *   *   *   *

Cette année-là, le Père Léger parcourt le Japon partagé entre le découragement devant ce peuple qui adore les dieux païens et l'espoir de lui enseigner enfin le chemin de la Vérité. Son sang se fige parfois devant les imposants monuments de bronze dédiés à Bouddha. Pourtant, il ne peut s'empêcher de visiter l'un après l'autre les sanctuaires païens qui sont à la fois des défis adressés à sa mission et de grandioses oeuvres d'art. Sur les panneaux laqués qui ornent les murs, le missionnaire étudie les figures grimaçantes des dragons rappelant à l'étranger qu'il est le mauvais génie venu éloigner les Japonais de la contemplation des lieux élevés par leurs ancêtres.

Du haut d'une colline de Tokyo, il observe, fasciné, les bonzes dont les somptueux habits de soie flottent au vent durant une cérémonie funèbre dans un temple bouddhiste. Le doute naît en lui. C'est ici, songe-t-il, que je comprends la «folie» de ces quelques étrangers qui arrivent inconnus et qui viennent dire à ce peuple : «Vous êtes dans l'erreur, c'est la croix qui vous sauvera.» Le Père Léger voudrait tellement être cette pierre que le prophète Daniel a vu rouler dans la montagne jusqu'à la statue que le peuple adorait, pour la réduire en poussière.

*   *   *   *   *   *   *

Le 26 avril, Paul-Émile Léger a trente ans. Il écrit à ses parents :

Le Père Léger, curé de la paroisse de la cathédrale de Fukuoka qui compte neuf cents âmes. Plusieurs familles japonaises l'accueillent comme un ami.

Le temps file et il me semble que je ne fais pas grand-chose pour établir le règne de Dieu.

Incertitude et solitude, voilà son lot. Son père cherche à l'encourager en lui rappelant le mot de Pascal : « J'ai fait mon possible. »

Mais le promeneur itinérant lutte. Neuf mois après son arrivée au Japon, il en maîtrise suffisamment la langue pour offrir ses services aux missionnaires qui ont besoin d'aide ou qui partent en vacances. Il confesse, prêche des retraites, enseigne le catéchisme. Comme saint François au seizième siècle.

Le 3 août 1934, le jugeant mûr pour l'action, monseigneur Breton interrompt les pérégrinations du missionnaire à travers le Japon.

« Seriez-vous prêt à accepter le poste de curé de la cathédrale ? »

L'évêque n'a guère le choix. Le curé Drouet est malade et ses deux vicaires sont trop âgés pour prendre la relève. Le Père Léger hésite. Avec son pauvre bagage linguistique et les quelques renseignements glanés ici et là sur les moeurs et coutumes du pays, il s'imagine mal à la tête d'une paroisse de neuf cents âmes. Mais, obéissant, il prend possession de sa cure.

L'état des lieux est lamentable. Il fait d'abord le grand ménage du presbytère, au grand désespoir de son personnel habitué à la poussière et au désordre.

Ses sermons lui donnent du fil à retordre. Ne maîtrisant pas suffisamment le japonais pour se permettre d'improviser, il les écrit en entier avant de les mémoriser. À quatre heures du matin, il est debout en train de repasser ses homélies. Il lui arrive de baptiser même si, très souvent, on ne l'appelle qu'à l'heure de la mort.

« Est-ce que tu crois en Dieu, demande-t-il un jour à un jeune homme atteint de phtisie galopante ?

— Non... va-t-en », répond faiblement le mourant.

Le Père Léger insiste. La soeur du jeune malade est chrétienne. Elle l'implore. Alors, le missionnaire lui parle de Dieu et du jugement dernier.

« Veux-tu que je t'ouvre la porte, demande-t-il encore ?

— Oui », laisse finalement tomber le mourant qui se soulève un peu sur son lit et ajoute d'une voix à peine audible : « Je vois une route. Au bout, il y a un coeur. Il s'ouvre. Il m'accepte, il m'aime. »

Le Père Léger le baptise Paul. Il meurt peu après et est enterré dans le cimetière catholique de Fukuoka.

*   *   *   *   *   *   *

135

Le projet du séminaire languit. Secrètement, le Père Léger ramasse ses sous « pour sa future maison ». 10 000 yens, déjà. 3 500 dollars. « Si l'on savait cela, pense-t-il, on sauterait dessus ! » Surtout monseigneur Breton, qui désespère de voir les Sulpiciens de Montréal délier les cordons de leur bourse. Leur silence devient horripilant. Deux ans se sont écoulés et rien n'est venu. Pas même une petite allocation pour les deux missionnaires canadiens ! C'est le diocèse qui les fait vivre. Dire qu'il a choisi les messieurs de Saint-Sulpice précisément parce qu'ils étaient riches !

En décembre 1935, l'évêque envoie le Père Léger à Montréal, préférant se priver de ses services pendant quatre ou cinq mois pour que les affaires débloquent.

Le missionnaire apprend sur place que la réalité est encore plus catastrophique qu'on ne l'imagine au Japon. Ses supérieurs canadiens lui ont coupé les vivres parce que la Compagnie traverse la pire crise financière de son histoire. Pour tout dire, les biens de Saint-Sulpice sont sous séquestre à la suite de la faillite de la ville de Detroit qui a englouti les fonds que la Compagnie y avait investis. Il n'est donc pas question qu'un seul dollar prenne la route du Japon.

Optimiste comme toujours, le Père Léger décide qu'il sauvera quand même la mission japonaise. Il passe le printemps à sillonner le Québec au volant de l'Oldsmobile familiale emportant avec lui sa « machine à vue » et ses diapositives du Japon. Il ne prononce rien de moins que cinq cents conférences dans les écoles, salles paroissiales, sous-sols d'église. Certains dimanches, il s'adresse à cinq auditoires différents, peignant la vie japonaise, les coutumes et les croyances du pays. Il est fin raconteur et trouve toujours le moyen de dérider son auditoire :

> Vous savez comment on salue au Japon ? On se met à genoux, on étend les mains et, dans le losange que forment les deux index et les deux pouces, vous introduisez votre nez. Puis, vous dites : « Comme c'est la première fois que je suis suspendu à vos nobles yeux, je suis dans un état d'euphorie. »

La foule s'esclaffe. Le Père Léger continue dans la même veine en décrivant le rituel du bain japonais, « cette cuvette en bois

Au cours d'un bref séjour au pays, le Père Léger prononce 500 conférences sur la vie et les coutumes japonaises.

placée au-dessus d'un poêle». Le Japonais prend son bain dans l'eau chauffée à 45 degrés centigrades, «assez pour faire bouillir un homard... mais les parasites humains ont tous été exterminés ! »

« Pour gagner du temps, explique-t-il, toute la famille prend son bain ensemble. Et cela, sans y voir de mal. On s'attache un essuie-main autour de la taille et on y va ! Le fameux essuie-main sert d'ailleurs à toutes les sauces : on s'enveloppe la tête, on se protège du soleil, on s'éponge le front, on se mouche, on se baigne, on se couche avec...

« Au Japon, raconte encore le missionnaire, on finit par s'habituer aux secousses provoquées par les trois tremblements de terre quotidiens. On en vient aussi à oublier qu'il faut se nourrir avec 50 sous par jour puisque tel est le budget alloué. » Le Père Léger fixe son auditoire droit dans les yeux. Son ton jusque-là badin devient alors dramatique :

> Comment regarder sans broncher les lépreux de Koumamoto, ces sept cents hommes et femmes « hors la loi », parqués derrière les fils barbelés et à qui l'on passe la pitance quotidienne par-dessus le grillage ?

Dans l'assistance, personne ne rit plus. Le Père Léger explique comment il faut couper avec un scalpel le membre du lépreux, morceau par morceau, au fur et à mesure que la plaie sèche... Ce n'est là que l'un des rôles du missionnaire au Japon.

Le conférencier parle ensuite du travail auprès des âmes et de la nécessité de mener à bien l'oeuvre du séminaire de Fukuoka. Quand il fait le bilan de sa collecte, le Père Léger constate qu'il a assez d'argent pour défrayer le coût de la vie quotidienne des missionnaires sulpiciens de Fukuoka. C'est au moins ça de pris !

*   *   *   *   *   *   *

C'est à Paris, au cours des assises de la Compagnie, que doit se régler définitivement le sort du séminaire de Fukuoka. Le Père Léger décide d'accompagner son supérieur provincial, monsieur Roméo Neveu, pour défendre lui-même la cause de la mission.

À Paris, le cardinal Verdier est loin de se montrer enchanté par la tournure des événements au Japon. Deux ans plus tôt, l'archevêque de Paris était heureux de répondre au souhait du pape qui invitait les Sulpiciens à fonder un séminaire à Fukuoka. Il a alors donné son appui à un projet qui rejoignait les buts du fondateur de Saint-Sulpice, monsieur Jean-Jacques Olier[2]. Mais la conduite récente de l'évêque de Fukuoka lui paraît inacceptable et la nomination du Père Léger comme curé de la cathédrale, tout simplement indigne. « Ce n'est pas pour cela que j'envoie des sujets en Extrême-Orient », éclate-t-il, en apprenant que monseigneur Breton vient tout juste de muter le curé Léger à Ohori, un poste situé dans un milieu constitué de riches commerçants et de professeurs.

Il songe même à rapatrier les Sulpiciens du Japon. Pensez donc ! Expédier le Père Léger dans une paroisse sans chapelle, mais dotée d'un presbytère « dernier cri ». À peine vingt personnes assistent à la messe dans un local de fortune.

Le Père Léger s'est lui-même posé de sérieuses questions sur ses nouvelles fonctions : « Vraiment, note-t-il dans son carnet, je me sens un peu paralysé dans l'action. »

Il lui faut donc beaucoup d'éloquence pour convaincre le cardinal Verdier du bien-fondé de la mission japonaise. Le chapitre étudie encore ses arguments tandis qu'il reprend la route du Japon sans trop savoir ce qui l'attend.

Dès son arrivée, il se met en frais de négocier un arrangement avec monseigneur Breton. Sous peu, explique-t-il à l'évêque, nous serons cinq Sulpiciens canadiens à Fukuoka. En plus de Gaston Aubry, de Saint-Polycarpe, qui vient d'arriver, le père Léger a convaincu Jacques Trudel de se joindre au groupe lors de son voyage au Québec. Enfin, le cinquième, Henri Robillard, est attendu prochainement. Mais pour ce qui est de l'argent espéré par monseigneur Breton, il est catégorique :

« Saint-Sulpice doit être dégagé de toute responsabilité financière. »

Monseigneur Breton n'est pas content car il lui faut à tout prix 60 000 dollars pour mener à bien son projet.

« C'est à prendre ou à laisser », tranche le Père Léger.

L'évêque de Fukuoka plie, mais en demeure amer. Il a l'impression de s'être fait rouler et critique ouvertement le rôle joué par le Père Léger dans cette affaire.

Les relations s'enveniment et la situation devient bientôt intenable pour le Père Léger qui joue le tout pour le tout en s'adres-

Les missionnaires sulpiciens du Japon: messieurs Provost, Robillard, Léger, Aubry et Trudel, entourant le provincial, Roméo Neveu.

sant au provincial canadien à qui il demande de venir constater de visu l'ampleur de la faillite.

Le 13 décembre, quand monsieur Roméo Neveu arrive au Japon, le Père Léger vient d'être transféré à Omuta où il doit fonder le séminaire et diriger la paroisse. La ville se remet à peine d'une épidémie de choléra qui a rendu malades dix mille personnes et causé la mort de cinq cent soixante enfants de trois à six ans.

Le Père Léger accueille son supérieur provincial à sa descente de bateau puis le guide à travers le sud du Japon jusqu'à sa nouvelle paroisse, située à trente kilomètres de Fukuoka.

Le séminaire connaît des débuts plus que modestes. Une fois la quarantaine levée, les trois seuls élèves réintègrent leurs quartiers dans l'ancien presbytère du village, converti en séminaire. En plus de visiter les lieux, monsieur Neveu prend connaissance du rapport étoffé préparé par le Père Léger et qu'il a fait lire à ses confrères avant de le remettre au supérieur.

« Si monseigneur Breton n'accepte pas le point de vue de Saint-Sulpice, nous vous rappellerons tous au Canada », prévient Roméo Neveu.

L'évêque de Fukuoka doit se rallier encore une fois. Mais loin de s'estomper, le malaise s'aggrave. Monseigneur Breton cache de plus en plus difficilement la rancune qu'il nourrit à l'égard du Père Léger depuis son retour au Japon sans l'argent tant espéré. Il avait mis toute sa confiance dans le missionnaire qu'il croyait influent auprès de ses supérieurs montréalais et, de le voir revenir bredouille, il s'était senti trahi.

« J'ai peur d'être un obstacle au développement de l'oeuvre », finit par confier le Père Léger à son supérieur.

Monsieur Neveu hésite un instant. Homme sincère, il lui confesse en pesant ses mots :

« Nous... nous avons toujours pensé vous rappeler. Mais comme la fondation est difficile, nous attendrons un peu. »

*   *   *   *   *   *   *

Un an plus tard, on enterre monsieur Neveu à Montréal, mais le Père Léger attend toujours son rappel des confins du Japon. Le 18 janvier 1938, dix mois avant le décès de son supérieur, la Sacrée congrégation de la Propagande, à Rome, autorise enfin la fondation du séminaire de philosophie. Monseigneur Breton rapatrie l'oeuvre naissante à l'ombre de l'évêché de Fukuoka où il peut en suivre l'évolution plus facilement. Dès avril, quinze élèves ont commencé leurs études. Mais les installations sanitaires sont toujours aussi rudimentaires quelques mois plus tard.

La vie n'est facile, ni pour le Père Léger qui fait office de directeur sans en détenir le titre, ni pour les élèves qui dorment sous les combles. Il n'y a toujours pas de chapelle si ce n'est un autel provisoire placé dans une chambre, ni de réfectoire. Trois fois par jour, il faut se frayer un chemin à travers les grandes

Le 26 avril 1936, le missionnaire a trente ans. Il écrit à ses parents: "Le temps file et il me semble que je ne fais pas grand-chose pour établir le règne de Dieu."

herbes et les bambous, parfois dans la boue, pour se rendre à la salle à manger du petit séminaire, à dix minutes de marche. Le découragement guette le missionnaire. Il confie à son journal intime :

> Dans quelle galère suis-je ? Les enfants qui nous arrivent n'ont pas un idéal bien élevé. Sortis de milieux pauvres et souvent d'extraction plutôt basse, ils ne comprennent pas toujours les exigences du sacerdoce.

Pendant ces mois, il garde son secret. Depuis son retour au Japon, il s'est fait pousser une barbe longue et carrée qu'il conservera aussi longtemps qu'il y restera en poste. Il prévient ses parents :

> Ma barbe, j'attends la nouvelle de mon rappel pour la faire tomber.

Mais l'attente est longue et le silence lui pèse même s'il craint à l'avance les réactions qui vont suivre la nouvelle de son départ. Certains soirs, la nostalgie l'envahit. Voilà sept ans qu'il vit au Japon. Ce ne sera pas facile de s'en arracher. Et puis, malgré ses espoirs souvent déçus, la mission commence à porter fruit. Au moment où il s'apprête à le quitter, le séminaire prend forme. « Quand les blés sont mûris, pense-t-il, personne ne songe à la main du semeur... j'ai appris à supporter l'oubli, la contradiction, les jugements défavorables. »

Mais l'heure du départ n'a pas encore vraiment sonné. Le télégramme annonçant sa nomination comme supérieur du noviciat sulpicien de Montréal arrive alors qu'il est à Tokyo. En apprenant la nouvelle, ses confrères ne cachent pas leur profond découragement. Monseigneur Breton lui-même réagit mal. Selon lui, ce départ compromet l'oeuvre et le Père Léger en porte toute la responsabilité puisqu'il a lui-même sollicité son rappel. Décidément, les deux hommes ne sont pas faits pour s'entendre.

Le missionnaire se sent déchiré. Ce séminaire qui a grugé toutes ses énergies, toutes ses pensées et une partie de son coeur depuis six ans est-il vraiment menacé par son départ ? Doit-il sacrifier sa propre vie pour le sauver ?

« Faites de moi ce que vous voulez », s'écrie-t-il enfin devant monseigneur Breton.

Celui-ci câble aussitôt à ses supérieurs montréalais que le départ du missionnaire Léger est impossible avant mars. Et chacun reprend ses activités comme si de rien n'était. Mais malgré sa bonne volonté, le Père Léger n'arrive pas à oublier le drame qu'il vit et dont il cache l'ampleur à ses parents :

> Je suis prêt à rester au Japon tant que le bon Dieu voudra. Seulement, dès aujourd'hui, je signe un contrat avec vous. Si la Providence me garde au Japon, il est entendu que vous venez passer l'hiver prochain avec moi.

Mais la Providence en décide autrement. À la mi-avril 1939, il quitte le Japon, quatre mois à peine avant l'éclatement de la Deuxième Guerre mondiale. Le Japon s'allie à l'Allemagne d'Hitler. Peu après le début des hostilités, les quatre missionnaires sulpiciens en poste à Fukuoka sont emprisonnés. Leur activité durera cinq ans. Les portes du séminaire sont fermées *pro tempore.*

Rentré au pays juste à temps, le Père Léger est hanté par la pensée de ses confrères écroués. Tandis qu'il circule librement, sa famille japonaise est privée de liberté et risque peut-être la mort.

Le 9 mars 1945, les journaux annonceront le bombardement de Tokyo. Le 6 août suivant, ce sera la destruction de Hiroshima par la première bombe atomique, lancée par les Américains. Cent cinquante mille victimes dont quatre-vingt mille périssent. Même hécatombe, trois jours plus tard, à Nagasaki.

À Montréal, le Père Léger n'arrivera plus à trouver le sommeil. Une image terrifiante l'obsédera, celle de cet autre ami, le père Fage, curé de Kōbe, dont le corps calciné a été retrouvé après le bombardement de la ville. Il était à genoux dans son église.

Références — Chapitre VIII

1. *Le matin de la fête*, émission radiophonique diffusée à Radio-Canada, le 10 janvier 1982.
2. Brochure du 25ième anniversaire de Saint-Sulpice au Japon, imprimée à Fukuoka, en 1957, p. 1-4.

Chapitre IX

Sur les traces de l'Aigle de Meaux

Paul-Émile Léger a tenu parole : avant de rentrer au pays, il a rasé sa barbe de missionnaire. Le retour ressemble un peu à des vacances. Le Japon est déjà loin. Il parcourt les États-Unis, de la Californie à New York, ne manquant surtout pas de s'arrêter à Lookout Mountain, dans le Midwest, où gît Buffalo Bill, héros de sa tendre jeunesse. Le Père Léger se sent comme un enfant.

Au début de juin 1939, il descend du train à Montréal, à la gare Windsor, au milieu des rumeurs d'un conflit mondial. L'ancien missionnaire ignore alors que les événements qui se préparent ont déjà changé le cours de sa vie...

La situation inquiétante qui prévaut en Europe depuis quelques mois empêche les aspirants québécois à Saint-Sulpice de se rendre en France, à la Solitude d'Issy-les-Moulineaux. Les supérieurs canadiens ont donc décidé de fonder un noviciat à Montréal et c'est le Père Léger qui en deviendra l'âme dirigeante. Cependant, il est à peine débarqué qu'on lui apprend que le projet est reporté de quelques mois. Le voilà donc libre comme l'air.

*   *   *   *   *   *   *

L'été commence en famille. Son frère Jules l'a choisi comme parrain de sa fille, Francine, baptisée le 2 juin. Déjà père de famille, le grand Jules ! Et pourtant, Paul-Émile connaît si peu son frère cadet qui avait à peine trois ans quand il a quitté Saint-Anicet. Pendant la durée des études de Paul-Émile à Sainte-Thérèse, Montréal et Paris, les deux frères se retrouvaient parfois durant les grandes vacances d'été. Mais quand l'aîné devint missionnaire au Japon, le cadet ne faisait qu'entrer au séminaire de Valleyfield.

Mais, grâce aux lettres de ses parents, le Père Léger a pu suivre les fantaisies de jeunesse de son frère. Jules le-boute-en-train, comme on le nommait, faisait le désespoir de son père quand il montait sur les planches. Monsieur Léger aurait voulu rentrer sous terre lorsqu'il voyait son grand escogriffe de fils apparaître sur la scène du séminaire de Valleyfield. « Il faut être intelligent pour jouer le rôle d'un fou », soutenait monseigneur Langlois pour le rassurer.

Rien à faire ! Ernest Léger jugeait que les improvisations et les mots d'esprit de son fils portaient atteinte à la dignité familiale. Du Japon, le frère de Jules prenait sa défense :

> Ce cher grand frère, je ne sais pas si je me trompe mais j'ai l'impression qu'il fera quelque chose de bien, qu'il deviendra quelqu'un.

Monsieur Léger père avait du mal à le croire. Jules, alors en philosophie, venait de récidiver sur la scène du séminaire. Dès le lever du rideau, il était apparu en bouffon portant sur ses épaules un joug et deux seaux d'eau. Pendant cinq minutes, il avait essayé de faire passer ses deux seaux en même temps dans la porte. Les spectateurs riaient à rendre l'âme. « Sortons ! fit papa Léger d'un ton sec à sa femme. C'est le déshonneur de la famille ! »

Mais, loin de s'en faire comme son mari, Alda Léger l'invita à se rasseoir et tous deux assistèrent jusqu'à la fin au spectacle qui se termina dans l'hilarité générale.

Ce n'est qu'en 1936 que Paul-Émile a véritablement fait la connaissance de son frère. C'était lors d'un séjour qu'il fit à Saint-Polycarpe, à l'époque où il était venu au pays défendre la cause du séminaire de Fukuoka. Aujourd'hui, trois ans plus tard, en tenant dans ses bras sa filleule Francine, il a un peu l'impression d'être à l'origine du mariage de Jules. En effet, du fin fond du Japon, il a suivi de près les amours de son frère.

Tout a commencé au beau milieu de la salle à manger, à Saint-Polycarpe. Le missionnaire se reposait chez ses parents entre deux conférences sur le Japon.

Un matin, Ernest Léger buta contre une malle qui n'appartenait pas à son fils missionnaire. Les chemises, vestons et cravates qui s'y empilaient n'avaient rien d'ecclésiastiques! Papa Léger sentait que quelque chose se tramait dans son dos, mais il ne souffla mot. Les coupables allaient bien finir par se trahir.

Jules rêvait d'aller étudier à Paris, mais n'avait pas osé en parler à son père, confiant plutôt son projet à son frère qui crut bon de mettre leur mère dans le coup. Diplomate jusqu'au bout des doigts, Alda eut l'idée d'un subterfuge. Elle plaça la malle de Jules à l'endroit le plus passant de la maison de sorte que son mari ne put la manquer. Ernest Léger garda le silence jusqu'à la veille du départ puis céda. «Sois heureux», dit-il simplement à son fils en lui remettant un billet de cinq dollars.

Comme le missionnaire disposait encore de quelques semaines de vacances avant d'aller défendre la cause japonaise au chapitre de Saint-Sulpice qui devait se tenir à Paris en septembre, il décida tout simplement d'aller visiter l'Italie avec son frère. Le soleil éclatait quand le transatlantique entra dans la baie de Naples. Le spectacle était si féérique qu'il lui rappela la légende suivant laquelle un ange revenant du sud de l'Italie aurait dit un jour à Dieu :

«Vous avez créé un lieu tellement splendide sur les flancs du Vésuve que ça donne envie de quitter le ciel.

— Ah oui? répliqua Dieu, eh bien! si c'est comme ça, je vais créer les Napolitains et vous allez changer d'idée!»

Bras dessus, bras dessous, les deux frères battirent la campagne italienne. À Rome, l'aîné remua ciel et terre pour obtenir une audience papale, mais ce ne fut pas facile car Pie XI relevait d'une crise cardiaque et s'était cloîtré à Castelgandolfo. Enfin, après huit jours d'attente, ils furent invités à se rendre auprès du pape.

«Vous êtes au Japon, dit le pape au missionnaire. Oh! je connais vos difficultés. Mais ayez confiance.

Paul-Émile Léger et son frère Jules, sur la Place Saint-Marc à Venise.

— Mon frère s'en va étudier à Paris, lui annonça à brûle-pourpoint le Père Léger.

— Je lui souhaite beaucoup de succès», répondit le pape en souriant à Jules.

Ce jour-là, agenouillé dans l'enceinte de Saint-Pierre-de-Rome, le missionnaire entendit une voix, la même qui l'avait surpris dans l'église de Lancaster, en la nuit de Noël, quatorze ans plus tôt. Elle lui disait :

« Tu seras évêque. »

Assise, Florence, Venise... Sur la place Saint-Marc, l'orchestre jouait Wagner. Jules admirait le génie vénitien. Ses yeux allaient de la basilique byzantine au palais des Doges, fait de marbre rose et blanc. « Je te remercie, dit-il à son frère. Tu viens de me faire découvrir la beauté. »

Après l'Italie, ce furent la côte d'Azur, puis la remontée sur Paris. Les deux frères se quittèrent à Versailles. Paul-Émile était attendu à Paris pour régler la question du séminaire de Fukuoka tandis que Jules profitait de ses derniers jours de vacances pour se plonger dans l'histoire des rois de France.

Une semaine plus tard, en route pour le Canada seul sur le *Flandres* qui n'en finissait pas de traverser l'océan Atlantique, le père Léger pensait à son frère : «Comme je l'aime !» se dit-il.

* * * * * * *

Quelques mois après, Ernest Léger écrivit à son fils missionnaire pour lui annoncer que Jules avait fait une rencontre «qui occupe tous ses loisirs et il semble bien la voir en regardant les étoiles». Le Père Léger sourit sans surprise. Il commença néanmoins à s'inquiéter le jour où il apprit que ses parents se rendaient en Europe pour rencontrer la perle dont Jules parlait sans cesse dans ses lettres. Il savait peu de choses : la jeune fille s'appelait Gaby Carmel et son père était représentant de General Motors dans la capitale française.

Les lettres suivantes lui semblèrent vagues. Rien ou presque sur la jeune fiancée. Ernest Léger faisait plutôt le récit de sa traversée sur l'*Ausonia* : « La plupart des passagers sont Anglais, écrivait-il, ce qui ne les empêche pas d'être gais. » (Tel père tel fils : dans une lettre précédente, Paul-Émile Léger avait griffonné derrière la photo représentant un groupe d'enfants japonais : « La plupart sont païens, mais ils sont quand même gentils. »)

Redoutant une décision trop hâtive de son frère, Paul-Émile lui écrivit directement. Après l'avoir inondé de sages conseils, il termina sa lettre sur une note prudente en s'inspirant du titre d'un article de l'écrivain français Pierre L'Ermite publié dans le journal *La Croix* et consacré aux fréquentations entre jeunes gens :

> Mets un prêtre entre cette jeune fille et toi...et si tu as confiance en elle, fais-lui lire ma lettre.

C'est Gaby qui répondit :

> Jules m'a fait lire votre dernière lettre et je dois dire que j'ai passé un très mauvais dix minutes. Le nombre des qualités que vous souhaitez trouver chez sa femme m'a fait pleurer. C'est la femme parfaite que vous décrivez et je ne me retrouve pas beaucoup. Comment vous expliquer que malgré tous mes défauts, je crois pouvoir le rendre heureux !

Soulagé, Paul-Émile rassure ses parents :

> Laissons à Jules une certaine liberté de coeur...Mon impression demeure favorable. Prions pour le bonheur de ces chers enfants.

Le mariage eut lieu à Saint-Polycarpe, l'été suivant. Un mariage un peu *high life* au goût de monseigneur Langlois, évêque de Valleyfield. En guise de cadeau de noces, le frère aîné envoya deux kimonos japonais, l'un pour « la petite soeur que le Ciel me donne sur le tard », et l'autre pour sa mère qu'il sentait déchirée à la veille de la cérémonie.

Après avoir défendu à la Sorbonne une thèse en doctorat intitulée « Le Canada, son expression littéraire », Jules Léger rentre lui aussi au Canada en 1939 et obtient un poste de journaliste aux pages littéraires du *Droit* d'Ottawa. Quand le Premier ministre du

Canada, Mackenzie King, décrète quelque temps plus tard la Loi des mesures de guerre et instaure la censure sur tous les articles de journaux consacrés à la conscription, le jeune journaliste se fend d'un article dénonçant les atteintes à la liberté d'expression.

« *Who is that damned Léger* », demande King en colère ?

Pour lui clouer le bec, le Premier ministre canadien ne trouve rien de mieux que de le nommer...censeur.

* * * * * * *

Pendant ce temps-là, à Montréal, le Père Léger fait ses premières armes de professeur de sociologie, au séminaire de philosophie. Il initie les candidats au sacerdoce, inscrits en pré-théologie, à la doctrine sociale de l'Église. Le nouveau titulaire est bien téméraire car après dix années d'absence, la pensée de l'Église du Québec lui est étrangère. Certes, il manie les mots comme pas un et affiche l'assurance de l'homme qui connaît son sujet, mais ce n'est ni à Paris, ni au Japon qu'il a pu assimiler les grands courants de l'heure.

En 1939, cette doctrine s'articule encore autour de l'école sociale populaire du Père Joseph Papin Archambault, fondée en 1911 à Montréal. Les « semaines sociales », qu'il organise aux quatre coins du Québec depuis 1920, sont imprégnées d'une idéologie clérico-nationaliste qui encourage le retour à la terre[1].

À Québec, il y a depuis 1932 une école qui prend le contrepied de celle de Montréal. Il s'agit de l'École des sciences sociales du Dominicain Georges-Henri Lévesque dont les querelles avec Duplessis, qui le tient pour un communiste, font déjà légende. En 1920, monseigneur Gauthier avait invité Edouard Montpetit à établir à Montréal une école de sciences sociales mais sans succès. Dix ans plus tard, l'enseignement portait surtout sur l'hygiène aux gardes-malades, l'école de tourisme et l'enseignement ménager[2].

Le jeune professeur ne possède pour tout bagage sociologique qu'une seule semaine sociale suivie à Chicoutimi en 1929 avant son départ pour Paris. À l'époque le pape ne s'était pas encore prononcé sur les dangers de la doctrine communiste et du fascisme, et les syndicats internationaux n'exerçaient pas encore d'influence réelle sur la vie ouvrière au Québec.

Si sa préparation est mince, le Père Léger enseigne pourtant avec fougue et éloquence. Convaincu que la parole de Dieu doit être adaptée aux circonstances, il s'inspire de l'actualité pour ensuite dégager la doctrine sociale de l'Église à la lumière des enseignements du pape et des lettres pastorales des évêques.

Quand il aborde la crise économique, qui s'est abattue à l'heure même où la prospérité semblait sans limite, il cite l'encyclique de Pie XI, *Quadragesimo anno*, qui rappelle que la vie sociale et économique ne peut donner le vrai bonheur à l'homme si les fondements de la société sont établis sans préoccupation spirituelle. Les coupables :

> Les grands systèmes économiques contemporains qui subissent l'influence néfaste d'une philosophie matérialiste : individualisme farouche des grands trusts, libéralisme d'État des gouvernements totalitaires, communisme des classes opprimées, anarchisme tout court, toutes ces puissances nouvelles qui portent en elles le mal impitoyable qui ronge la société d'aujourd'hui : l'égoïsme[3].

Sans aller jusqu'à affirmer, comme monseigneur Gauthier, que l'exode vers la ville se fait au péril de l'esprit chrétien et des moeurs, il se range tout de même du côté des évêques qui condamnent les méfaits du capitalisme et proposent aux chômeurs, « l'économie et l'épargne[4] ». Souvent, il répond à l'exhortation de l'archevêque de Montréal, obsédé par le péril rouge, qui invite tous les prêtres à dénoncer le communisme.

Cet automne-là, l'Institut Pie XI, une sorte de séminaire pour laïcs, l'invite à donner une série de conférences sur la spiritualité et l'apologétique. Ces cours, qui intéressent particulièrement les militants de l'Action catholique, se donnent les lundis, dans le musée du Mont Saint-Louis, rue Sherbrooke à Montréal. Une vingtaine de personnes, un lion et quelques oiseaux empaillés assistent à son premier cours. Une si petite audience ne saurait satisfaire le Père Léger. Il redouble d'ardeur dans la préparation de ses textes qu'il émaille de paroles tirées de l'Évangile. Les journaux vantent son érudition. Il cite Bouddha, Luther et Virgile avec autant de facilité que saint François de Sales, le Père de Foucault ou Bossuet. Dès les premiers mots, il cherche à capter l'attention.

« Le protestantisme de la Réforme, lance-t-il pour intriguer, avait appelé la confession, « le bourreau des consciences ».

Pendant une heure, il explique le sacrement de pénitence et les bienfaits de l'aveu des fautes. Et pour conclure son exposé, il appelle Verlaine à l'aide : « ...et voici qu'au contact glacé du doigt de fer, un coeur me renaissait, tout un coeur pur et fier[5]. »

Ses conférences deviennent très courues ; elles attirent une telle foule que dès janvier 1940, le Mont Saint-Louis lui ouvre les portes de son amphithéâtre qui accueille au-dessus de mille personnes. Sa réputation d'orateur se répand et, de partout, on sollicite ses causeries. Il se rompt bientôt à une discipline nouvelle : l'exposé littéraire.

Admirateur de Paul Claudel, qu'il considère comme le plus grand écrivain du siècle, il se remémore la visite de celui-ci au grand séminaire de Montréal. Claudel était en route pour Washington où il allait rejoindre son poste d'ambassadeur. Le Père Léger se le rappelle grand et solide, taillé comme on se représente les bâtisseurs d'église. Le conférencier analyse l'oeuvre et la vie du poète, du père de famille, de l'homme de théâtre.

Quand il raconte la conversion de Claudel la nuit de Noël à Notre-Dame de Paris, il le cite de mémoire.

« J'étais dans l'état d'un homme qu'on arracherait d'un seul coup de sa peau pour le planter dans un corps étranger, au milieu d'un monde inconnu. C'est la seule comparaison que je puisse trouver pour exprimer cet état de désarroi complet... »

L'émotion est intense chez les auditeurs. Le Père Léger s'arrête puis reprend doucement :

Cette révélation avait été pour Claudel l'éclair dans la nuit. Et dans cette minute fulgurante, il avait vu tout un univers qu'il devait maintenant conquérir.

Le théâtre de Claudel n'a pas de secret pour lui. Il joue lorsqu'il donne la parole à Simon Agnel, Coeuvre ou Mesa qui, l'un après l'autre, disent que c'est dans le déchirement du coeur que se trouve la paix : « Ainsi des nations qui auront donné tout à Dieu, elles trouveront la paix. »

À chacune de ses conférences se trouve dans la salle un observateur délégué par l'archevêque de Montréal, monseigneur Charbonneau, qui suit de près les activités du jeune prédicateur.

Références — Chapitre IX

1. Trudeau, Pierre Elliott, *La grève de l'amiante*, Les Éditions Cité libre, 1956, p. 41.
2. *Ibid.*, p. 55.
3. *Cours de sociologie, donnés aux Chevaliers de Colomb et repris dans Le Salaberry de Valleyfield* sous la signature de « Miles Christi », en 1941.
4. Mandements, lettres pastorales, circulaires et autres documents publiés dans le diocèse de Montréal, vol. IV, p. 545, cités dans *La grève de l'amiante*, p. 65.
5. Institut Pie XI, 13 ième cours, « Je me confesse à Dieu...et à vous mon Père... », Montréal, Imprimerie Canada, 1940.

Chapitre X

« Toute ma vie vous appartient... »

17 heures le 18 mai 1940. Le téléphone sonne au séminaire. Un patient de l'Hôtel-Dieu appelle le Père Léger à son chevet.

Sans même demander de qui il s'agit, il griffonne sur un bout de papier le numéro de la chambre : 219. Il a l'habitude de donner les derniers sacrements aux mourants.

Un quart d'heure plus tard, il frappe au 219. Monseigneur Alfred Langlois, évêque de Valleyfield, repose dans son lit, la tête soutenue par des oreillers. Sa pâleur est troublante. Il vient de subir une intervention chirurgicale sérieuse et paraît encore faible. Sa vue a considérablement baissé au cours des derniers mois et pourtant, quand le Père Léger entre dans sa chambre, son visage s'anime. Après un signe de croix grave, il dit : « *Ego te nomine vicarium generalem.* » Ce qui signifie : « Je te nomme vicaire général de Valleyfield. » Debout au pied du lit, Paul-Émile Léger a le souffle coupé.

« Mais, c'est impossible, argue-t-il. Les Sulpiciens s'opposeront. Et monseigneur Gauthier...

— J'en ai déjà parlé à monseigneur, interrompt l'évêque de Valleyfield. Il comprend qu'il en va du bien de l'Église. Ma décision est irrévocable. »

Le jeune prêtre regagne machinalement ses quartiers en mesurant les conséquences de sa nomination. Comment refuser sans blesser monseigneur Langlois ? Comment accepter sans indisposer les Sulpiciens qui en ont fait un professeur et non un vicaire ?

Le Père Léger pense aussi à la dette qu'il a contractée envers l'évêque de Valleyfield. Sans son autorisation, il n'aurait jamais été ordonné prêtre. Il sait que son état de santé suscitait tant de craintes que le diocèse ne pouvait pas assumer pareil risque. Ce n'est qu'après avoir réclamé une caution de 5000 dollars à Ernest Léger que l'évêque avait accepté. Or, après son ordination, le nouveau prêtre avait demandé son admission à la compagnie de Saint-Sulpice, geste qui avait chagriné monseigneur Langlois.

En l'invitant en quelque sorte à rentrer à la maison, son évêque lui offre l'occasion de se faire pardonner. Hélas ! l'enfant prodigue ne risque-t-il pas d'être considéré comme un déserteur par les Sulpiciens, sa famille véritable ? Qui sait ? Peut-être lui retirera-t-on son statut ?

Cette nuit-là, le Père Léger dort d'un sommeil agité. Aussi ses traits sont-ils tirés quand il se présente le lendemain matin devant l'archevêque de Montréal, monseigneur Gauthier, qui a succédé à monseigneur Bruchési, mort huit mois plus tôt. L'archevêque le félicite pour ses impressionnantes causeries à l'Institut Pie XI, écoute ses doléances, puis tranche d'un ton aussi autoritaire que paternel :

« Vous devez accepter cette nomination. Vous ferez beaucoup de bien à Valleyfield.

— Mais, monseigneur, implore presque Paul-Émile Léger, je suis beaucoup trop jeune...

— Mon fils, réplique le prélat d'un ton solennel, à votre âge, bien des grands hommes étaient déjà morts. »

Tout a été dit, mais comment ne pas s'aliéner les Sulpiciens ? Le Père Léger propose à son évêque, monseigneur Langlois, de lui laisser demander un simple congé à la Compagnie.

« Le vicaire général de Valleyfield doit être attaché à son diocèse par les liens canoniques et par le coeur, objecte celui-ci. Un homme en congé ne remplit pas ces conditions.

Le 26 avril 1940, Paul-Émile léger est nommé vicaire général de Valleyfield. On le voit ici en compagnie de l'évêque de Valleyfield, monseigneur Alfred Langlois, et du délégué apostolique, monseigneur Ildebrande Antoniutti.

— Bon, laisse tomber d'un ton las l'ancien missionnaire, je vais donc donner ma démission. La volonté de Dieu est si manifeste que je ne peux pas me tromper.

— C'est ce que j'attendais de vous », conclut l'évêque.

Les larmes aux yeux, le jeune prêtre tombe à genoux au pied du lit du malade qui le bénit.

Le 26 mai, jour du onzième anniversaire de sa première messe, monseigneur Langlois signe les documents qui consacrent le Père Léger vicaire général de sa ville natale. L'évêque demande en outre au délégué apostolique, monseigneur Antoniutti, de solliciter du Saint-Siège la dignité de protonotaire apostolique pour son protégé.

Avant de quitter la métropole, le Père Léger prend congé de l'archevêque de Montréal, monseigneur Gauthier, qui lui dit :

« Comme j'aime votre vieil évêque ! Vous aurez beaucoup à faire là-bas. »

L'archevêque insiste sur la nécessité de réorganiser le diocèse et surtout de voir à la formation des prêtres. Valleyfield souffre de sclérose. Mais monseigneur Langlois n'est pas à blâmer. « Il a tant souffert ces dernières années », précise l'archevêque.

La nomination de monseigneur Langlois au siège de Valleyfield en 1926 avait pris tout le monde par surprise. Natif de Québec, celui-ci y occupait le poste d'auxiliaire. À la mort de monseigneur Paul-Eugène Roy, l'archidiocèse et le chapeau rouge semblaient devoir lui revenir. Ce fut pourtant son ami, presque son fils, monseigneur Raymond-Marie Rouleau, évêque de Valleyfield depuis deux ans, qui fut choisi. Cette déception à laquelle s'ajouta l'éloignement de Québec affecta la santé de monseigneur Langlois. Sa vue s'en ressentit aussi au point de l'isoler du monde.

En prononçant l'oraison funèbre de monseigneur Paul-Eugène Roy, l'archevêque de Montréal pensait certainement à monseigneur Langlois lorsqu'il disait :

Ah! ces pauvres évêques. Comme les rochers qui émergent, ils ont le privilège d'être frappés par la foudre. Mais aussi, ils sont les premiers illuminés du soleil et c'est d'eux que par nappes envahissantes, la lumière descend dans la vallée...

Au moment de se séparer du Père Léger, monseigneur Gauthier ajoute dans un large sourire : « Votre décision l'a ressuscité. »

C'est la dernière fois que le Père Léger verra monseigneur Gauthier, qui s'éteint en effet le 31 août 1940. Une attaque de paralysie a raison de lui un mois à peine avant que l'ancien missionnaire, qui a maintenant droit au titre de monseigneur, occupe ses nouvelles fonctions à Valleyfield. La réception y est plutôt froide car s'il fait figure de transfuge aux yeux des Sulpiciens, il est devenu un étranger dans la ville qu'il a quittée il y a trop longtemps.

Les vieux de la région se souviennent plutôt de son oncle, l'abbé Émile Léger, secrétaire du premier évêque de Valleyfield, monseigneur Joseph-Médard Émard, qui se noya à vingt-cinq ans. Émile Léger était l'élève du chanoine Groulx et, en 1929, dans son premier livre, *Croisade d'adolescent*, celui-ci en fit un portrait ressemblant étrangement à celui du nouveau vicaire général :

> Plutôt grand, mince, bronzé, aux yeux noirs tout jaillissants d'un feu profond, distingué de manières, d'une conversation abondante, d'une correction irréprochable, on le sentait né pour les conquêtes d'âme. Hautain peut-être d'apparence, mais de cette hauteur qui, chez lui, n'était que la mise en garde d'une délicatesse de conscience intransigeante, il partit pour le ciel à vingt-cinq ans, presque au lendemain de son ordination, gardant jusqu'à la fin, en tout son être, le grand air du jeune homme resté vierge[1].

*   *   *   *   *   *   *

La veille du premier de l'an 1941, monseigneur Léger vient à peine de se fixer à Valleyfield qu'il trouve sur sa table de travail une lettre l'avisant de la démission à l'âge de soixante-treize ans du curé de la cathédrale, monseigneur Delphis Nepveu, son ancien curé de Saint-Anicet et l'ancien supérieur du séminaire de Sainte-

Thérèse. Le signataire de la lettre, monseigneur Langlois, lui annonce qu'il sera son successeur.

La tâche ne sera pas facile car la paroisse de la cathédrale a grandement besoin depuis quelque temps d'un nouveau pasteur. L'évêque, monseigneur Langlois, a été hospitalisé pendant quatre mois et le curé Nepveu, qui vient de se retirer, était trop âgé pour assumer toutes les responsabilités. Bref, il lui faudra repartir à zéro, sans compter que la famille est imposante : dix mille âmes.

Dans son premier sermon à la cathédrale Sainte-Cécile, il reprend l'image du pasteur et de ses brebis :

Je vous défendrai, et peut-être avec violence contre l'ennemi de vos âmes. Le malin rôde autour de la bergerie prêt à vous dévorer. Le père qui aime se sert parfois d'une verge et l'amour suppose le châtiment, dit l'Évangile.

Pendant que monseigneur Langlois s'en va poursuivre son repos en Californie en compagnie de l'ancien curé de la cathédrale, monseigneur Léger prend les commandes au plus creux de la Deuxième Guerre mondiale. Il fait la promesse suivante à ses fidèles :

Toute ma vie vous appartient. N'ayez jamais peur de me déranger...

* * * * * * *

Depuis le début de la guerre, cinq cents jeunes gens s'initient à l'art militaire dans un camp d'entraînement situé à l'extrémité de la ville. Un jour, les autorités militaires l'invitent à bénir le camp. Le climat est survolté et le spectre de la conscription hante les esprits. Aussi, le nouveau curé de Valleyfield apporte-t-il une attention particulière à son homélie, car personne n'a oublié l'enrôlement obligatoire de 1918.

Monseigneur Léger se souvient encore des lettres de convocation qui s'accumulaient sur le pupitre de son père alors maître de postes de Saint-Anicet. Les jeunes conscrits se cachaient dans la forêt, mais Ernest Léger n'aurait pas levé le petit doigt pour remettre ces lettres à leurs destinataires que le gouvernement Borden n'osait d'ailleurs pas aller cueillir au fond des bois.

Au presbytère, les prêtres plus âgés se souviennent de la démarche du cardinal Bégin auprès du Premier ministre en 1917 pour faire exempter les religieux et séminaristes de la conscription. L'archevêque de Québec essuya un refus, mais le gouvernement canadien se montra tolérant, ce qui incita des centaines de jeunes rhétoriciens à se raser la tête et à revêtir la soutane des séminaristes ! On les avait surnommés les « tonsurés de la guerre ».

Mais la question de la participation du Canada à la guerre divise l'Église du Québec. Décédé le 10 février 1939, Pie XI avait laissé en héritage sa condamnation du nazisme. Son encyclique sur le fascisme lui avait valu d'être brûlé en effigie par la police italienne. Grâce à l'audace d'un jeune Américain, monseigneur Francis Spellman, au service du secrétaire d'État, le cardinal Eugenio Pacelli, qui glissa la lettre du pape sous le talon de sa chaussure pour traverser la frontière franco-italienne, celle-ci atteignit Paris où un imprimeur se chargea de sa diffusion à travers le monde.

De toutes les nouvelles concernant la guerre, ce fut sans doute celle annonçant la chute de la France, en juin 1940, qui impressionna davantage les Canadiens français. Deux mois plus tôt, monseigneur Léger avait appris le décès du cardinal Verdier, mort sur la table d'opération le 9 avril 1940. Son nom figurait en tête sur la liste des hommes qu'Hitler destinait à la déportation.

Rentré d'Europe, le cardinal Rodrigue Villeneuve, archevêque de Québec depuis 1931, paraît très ébranlé par ce qu'il y a vu. Légat papal à Domrémy, village natal de Jeanne d'Arc, il a parcouru la France au moment où les hordes hitlériennes s'emparaient de la Tchécoslovaquie et menaçaient la Pologne.

« De graves événements se passent en Europe, affirme-t-il à son entourage, à son retour à Québec. Il s'en prépare de plus graves encore. Devant pareille situation, je suis surpris que le gouvernement canadien n'ait encore pris attitude[2]. »

Quand le Premier ministre Mackenzie King déclare la guerre à l'Allemagne, le cardinal Villeneuve ne peut donc que l'approuver.

Le 23 septembre 1943 débutaient les semaines sociales du Canada à Valleyfield. Le cardinal Rodrigue Villeneuve y assistait.

À Québec, le soir de la fête du Sacré-Coeur, il lance à la foule un appel aux armes et le 9 février 1941, en l'Église Notre-Dame de Montréal, il déclare à cinq mille personnes :

> Pouvons-nous sans terreur observer avec quelle rage une puissance effrénée s'attaque à la métropole britannique, menaçant de sa haine et de ses coups la grande famille des nations soumises à notre commune souveraine[3] ?

Au sein du clergé, ses amis nationalistes ne cachent pas leur déception devant l'attitude du « petit Père Villeneuve », l'Oblat de Marie-Immaculée, le religieux d'Ottawa qui, dans *L'Action française* de juillet 1922, dénonçait avec agressivité l'Angleterre et favorisait la rupture de la Confédération[4].

166

Quel revirement ! Soumis à une critique virulente, l'archevêque, dont les nerfs commencent à craquer, suspend et éloigne les prêtres nationalistes. Certains évêques d'ailleurs hésitent à suivre sa politique de guerre et à Montréal, monseigneur Gauthier refuse d'encourager l'enrôlement obligatoire. Au journaliste du *Devoir*, Georges Pelletier, qui lui demande quelle attitude il entend prendre, il répond laconiquement :

> Mon cher fils, monseigneur Bruchési a perdu l'esprit à la suite de la Première Grande guerre pour s'être fait tromper par les politiciens. Je n'ai pas envie de courir les mêmes risques[5].

À Valleyfield, les citoyens vivent aussi au rythme de la guerre. Ils en profitent même, grâce à une usine d'explosifs qui fournit du travail à la population. Mais l'évêque évite le sujet. Le jour de la bénédiction du camp militaire, il délègue son vicaire général, mais non sans lui rappeler ses directives.

Devant le groupe de jeunes gens venus s'initier aux techniques de la stratégie militaire, monseigneur Léger pèse ses mots :

> Mes chers soldats, le maréchal Foch, l'illustre vainqueur de 1918 disait : « Au-dessus de la guerre, il y a la paix. »

Le soleil plombe sur le camp inachevé. À l'arrière, les ouvriers qui aménagent la salle de tir s'arrêtent pour suivre la cérémonie. La délégation est imposante. Les députés de Beauharnois au fédéral et au provincial, messieurs Maxime Raymond et Delpha Sauvé, entourent le maire, J.A. Larin, et le commandant du camp d'entraînement, le lieutenant-colonel J. René Duhault.

> En ce moment, poursuit monseigneur Léger, dans la grande paix de la campagne canadienne, l'ombre sinistre des grandes ailes des oiseaux d'acier ne s'est pas encore profilée...et le cri lugubre de la sirène n'a pas affolé les mères et les enfants. Quand les oiseaux noirs viendront, vous nous défendrez[6].

Pas un mot sur la participation du Canada à la guerre outremer.

*   *   *   *   *   *   *

Le fameux camp militaire en fait voir de toutes les couleurs au jeune curé, surtout le dimanche, à la grand-messe, quand les soldats en uniforme s'avancent au pas militaire dans la grande allée. L'éclat de ces *church parades* l'exaspère et dérange la piété de ses paroissiens. Mais ce qui le fait sortir de ses gonds c'est le comportement désinvolte des commandants qui chuchotent et ricanent à l'arrière de la cathédrale. Alors sans plus tergiverser, il met le holà à cette propagande militaire déguisée qui se sert de l'Église pour promouvoir sa cause.

Mais monseigneur Léger n'est pas au bout de ses peines. Des rumeurs « pas très catholiques » circulent en ville. Il paraît qu'à la Defense Industries Limited, l'usine de munitions qui emploie plusieurs de ses paroissiens, des étrangers cherchent à « déniaiser » les jeunes gens de la paroisse.

Certes, ce ne sont là que des chuchotements, car personne n'ose proclamer la vérité de peur de compromettre l'emploi de ceux qui y gagnent leur vie. La même raison pousse les employés à ne pas trop rechigner au travail quand on leur interdit de parler français.

Mais monsieur le curé a ses antennes dans la ville. Tôt ou tard, il finit par tout savoir. Même ce qui ne peut pas se dire. On lui a appris par exemple que l'inauguration du Community Hall, destiné aux militaires et travailleurs des industries de guerre, risquait de tourner à l'orgie ! Tous les poteaux de téléphone de la ville sont placardés d'affiches annonçant un spectacle *for men only*. Que peut-il faire ? Tout ce qu'il sait, c'est par ouï-dire. La soirée récréative a donc lieu comme prévu : huit danseuses venues de Chicago se déhanchent sur la scène en costume d'Ève. À la fin du numéro, le maître de cérémonie demande huit « volontaires » masculins pour faire on devine quoi.

« Non ! c'est impossible ! fait le curé incrédule quand on lui rapporte les faits.

— Puisque je vous le dis, monsieur le curé », insiste l'informateur.

En voilà trop ! Le dimanche suivant, dissimulant à peine sa colère, il condamne avec violence ce dévergondage qui fait rougir la ville.

L'affaire aboutit au bureau du Premier ministre King par les bons soins du député de Beauharnois, Maxime Raymond, l'ancien confrère de l'oncle Émile Léger au séminaire de Valleyfield. Les excuses présentées par les responsables militaires n'y font rien. On les expédie ailleurs tandis que les danseuses américaines écopent d'un mois de prison.

Les brebis de la vallée viennent de comprendre que leur pasteur sait tirer, quand le service de la religion l'exige, les bonnes ficelles et qu'on l'écoute en hauts lieux.

$$* \quad * \quad * \quad * \quad * \quad * \quad *$$

Derrière chaque initiative locale, se profile l'ombre du curé. Quand on l'appelle à l'aide, il accourt, peu importe la difficulté.

Les Jongleurs de saint Thomas, troupe de théâtre du séminaire, rêvent d'imiter les compagnons du père Émile Legault. Ils décident de monter *La farce du pendu dépendu*. Seulement voilà : monseigneur Langlois a interdit le théâtre mixte dans son diocèse et les comédiens en herbe imaginent mal un jeune homme jouant le rôle de la femme de l'aubergiste. Cette tradition est dépassée. Ils demandent donc à monseigneur Léger d'intervenir.

Amateur de théâtre, le curé se range à l'avis des élèves. C'est Lucienne Lauzon qui hérite du rôle et la pièce est présentée dans presque toutes les paroisses du diocèse. Trois ans plus tard, Lucienne épouse Marcel Goyette, son aubergiste...

Mais les prises de position de monseigneur Léger n'ont pas toujours l'heur de plaire à son évêque, monseigneur Langlois.

« Il y en a dans la famille qui ont mal tourné », ironise-t-il[7].

Si l'évêque de Valleyfield défend toujours son curé en public, dans l'intimité, leurs caractères se heurtent. Quand l'évêque est contraint de céder, il se réfugie dans un silence qui peut durer longtemps. Bon nombre de leurs divergences concernent la

Le curé Léger délaisse son travail pour accompagner son évêque monseigneur Langlois chez son ami, le chanoine Groulx à Vaudreuil. Monseigneur Nepveu est du voyage.

jeunesse. Monseigneur Langlois affiche des idées d'une autre époque. En 1942, quand le Comité catholique du Conseil de l'Instruction publique se prononce sur l'adoption de l'instruction obligatoire, il vote contre[8].

La population n'accepte pas tous les principes énoncés par son évêque et les dissidents ne manquent pas d'exprimer leurs points de vue. Mais ces mêmes gens aiment trop monseigneur Langlois pour lui en vouloir longtemps. Après tout, ne lui doit-on pas la magnifique cathédrale d'inspiration gothique qui fait la fierté de Valleyfield ? N'eût été de sa détermination, au lendemain de l'incendie qui ravagea l'ancienne cathédrale en 1933, le chantier ne se serait pas mis en branle avec autant de célérité.

Mais les jeunes, eux, préféreraient voir l'évêque se préoccuper essentiellement de sa cathédrale au lieu de leur mettre des bâtons dans les roues comme il le fait en empêchant la mise sur pied d'une troupe scoute. Monseigneur Langlois se montre intraitable : les jeunes de son diocèse ne doivent pas entretenir des relations avec un organisme protestant. Il en a mesuré les dangers à Québec lorsqu'il a vu une bande de petits scouts tout nus en train de prendre un bain collectif !

C'est pourquoi il a jugé plus sage de fonder à Valleyfield un mouvement bien de chez nous, les Voltigeurs, qui portent le petit costume bleu pâle de l'Immaculée Conception et puisent leur doctrine chez les croisés eucharistiques. L'été, ils sont sous la surveillance des jeunes séminaristes en vacances.

Or les jeunes ont une toute autre idée du mouvement dans lequel ils veulent militer. Coupés des groupes scouts fort populaires dans le reste de la province, ils s'en plaignent à monseigneur Léger. Sans contact avec l'extérieur, sans cours et sans journées d'études, comment peuvent-ils progresser et former des chefs ?

Le curé de la cathédrale plaide leur cause. Après tout, n'a-t-il pas lui-même agi comme aumônier d'une troupe scoute en France ? Monseigneur Langlois proteste : les scouts portent des culottes courtes. Et les guides ? Peut-il songer un seul instant à laisser un aumônier seul avec des jeunes filles dans un camp de vacances ?

Après trois ans d'intercession, profitant d'une absence de l'évêque, monseigneur Léger signe les documents autorisant l'adhésion des scouts de Valleyfield au mouvement qui existe à travers le Québec. La « Première Salaberry » se choisit un chef : Jean-Marie Léger, un jeune professeur de la ville qui prend le nom de « Coq vigilant ». Chez les scouts, monseigneur Léger s'appelle désormais, « l'Élan mystique[9] ».

* * * * * * *

Mais monsieur le curé travaille trop. Ses parents qui ont fini par vendre leur magasin général à Saint-Polycarpe pour s'installer au 5 rue Bergevin, juste à côté de l'évêché de Valleyfield, se font du mauvais sang pour lui. Tard la nuit, Alda Léger regarde par la fenêtre de sa cuisine la lumière allumée dans l'austère bureau de son fils, au deuxième étage. Quand le calme est revenu à l'évêché, celui-ci en profite pour écrire sa chronique hebdomadaire publiée dans *Le Salaberry* et signée « Miles Christi » (le soldat du Christ). Intitulée « Deux minutes avec ton Dieu », la chronique propose le moment de silence, « comme le remède le plus efficace contre le mal de notre époque : la bougeotte ». Le ton est intime, l'appel à la prière, pressant : « Une vie, ça se forge. Mets-toi à l'enclume, retrousse tes manches, plonge ton âme dans le feu de la prière et martelle ton caractère...[10] » Quand Paul-Émile Léger éteint sa lampe, il a les yeux rougis de fatigue.

« Tu grisonnes », remarque un jour Ernest Léger qui trouve que son fils vieillit avant l'âge.

« Faites attention à votre santé », répète à son tour monseigneur Langlois qui voit son curé entrer et sortir à toute heure du jour. « Pensez à votre carrière. »

Même si le mot appartient au vocabulaire ecclésiastique, monseigneur Léger ne peut s'empêcher d'éprouver de l'agacement quand on le lui sert.

Le vieil évêque se fait du souci pour lui quand il le sait au volant de sa voiture sur une route glacée.

« Tiens, c'est vous ? lui lança-t-il surpris de le voir revenir, un jour où le vent bourru tempêtait partout à la fois. Je viens de dire un *De profundis* à votre intention ! »

Sa cécité a fait de monseigneur Langlois un homme solitaire ; il aimerait tant que son jeune curé prenne le temps de s'asseoir pour discuter avec lui, maintenant que sa cathédrale, dont les portes de bronze illustrant la vie de Jésus font l'admiration de tous et dont le coq, symbole de vigilance et de fidélité, se dresse fièrement sur la fine pointe du clocher, ne l'accapare plus.

Quand il a décidé d'honorer les fondateurs de l'Église canadienne dans les verrières de sa cathédrale, l'évêque a pensé aux saints martyrs canadiens, aux évêques et cardinaux qui ont marqué leur temps, depuis monseigneur de Laval jusqu'à monseigneur Bourget. Il n'a pas oublié non plus les fondatrices des communautés religieuses, Marguerite Bourgeoys, Mère d'Youville et les autres. Et il est allé jusqu'à faire une place à son curé, monseigneur Léger, dont la silhouette se détache en effet sur un vitrail, juste au-dessous du frère André. À tout seigneur, tout honneur ! Dans le vitrail suivant qui domine la fresque, l'évêque de Valleyfield s'est placé lui-même aux côtés du cardinal Bégin, l'archevêque de Québec à qui il aurait tant aimé succéder.

Mais monseigneur Léger n'a guère de temps à consacrer à son évêque. Ses journées sont réglées comme un carillon d'église. Tantôt, il préside les cérémonies, tantôt il prononce des conférences aux retraitants, sans oublier les cours de sociologie aux Chevaliers de Colomb, les réunions des Lacordaire et des Jeanne d'Arc, et les invitations des zouaves pontificaux.

Monseigneur Langlois présente son curé comme la doublure de son manteau d'évêque. L'épiscopat québécois du temps travaille ferme à l'implantation de l'Action catholique que l'évêque de Montréal, monseigneur Gauthier, en accord à ce sujet avec monseigneur Léger, considère ni plus ni moins comme un rempart contre le communisme envahissant.

Monseigneur Léger connaît tous les jeunes par leur nom, ce qui facilite son travail d'embrigadement. Le midi, quand sonne la récréation au pensionnat, au séminaire et à l'école normale, qui font pour ainsi dire corps avec l'évêché, on le voit lisant son bréviaire sur la terrasse. Ce qui n'empêche nullement le prêtre d'apostropher les élèves, de badiner avec eux, de leur demander de leurs nouvelles quand ils passent près de lui.

« Le père, propose un jour une étudiante, on a une classe d'algèbre cet après-midi. Venez donc, ça va raccourcir le cours[11] ! »

Sans prévenir, il entre au couvent et se dirige vers la classe des plus vieilles au grand plaisir des élèves qui n'entendent rien aux

Le zèle que monseigneur Léger manifeste à Valleyfield a tôt fait de transformer l'école normale en une véritable pépinière de religieuses.

mathématiques. La complicité qui régnait entre lui et « ses filles » se transforme peu à peu en une telle emprise qu'elles n'osent plus rien décider sans le consulter. Il écoute, conseille, interdit même.

« Ne lisez pas ce livre ! dira-t-il parfois en feuilletant l'ouvrage qu'on lui apporte. Il troublera votre coeur et souillera votre âme. »

Ce zèle de pasteur finit par convertir le couvent de Valleyfield en une véritable pépinière de religieuses. En 1941, par exemple, dix des douze finissantes entrent en communauté. Inutile de préciser que toutes les étudiantes militent dans l'Action catholique. Quand les assises générales des jécistes se tiennent à Québec, le curé accompagne le groupe de Valleyfield. On le voit au volant de sa voiture, son béret noir presque sur les yeux, son col de manteau relevé et ses lunettes sur le bout du nez. S'il se dissimule ainsi, c'est pour ne pas donner prise aux « qu'en dira-t-on ». À cette époque, il n'était pas bon pour un prêtre de monter en voiture avec une bande de jeunes filles, fussent-elles jécistes. En cours de route, on récite le chapelet. À l'arrivée comme au départ, impossible de lui serrer la main : il ne touche personne.

Dans son cahier de notes, à la page réservée aux retraites des adolescentes, il écrit : « Connaître la psychologie des jeunes filles. » Dans la marge, il souligne le mot « prudence ». Lorsque certains problèmes sont de compétence féminine, il les réfère à sa mère.

« Va donc jouer du piano avec ma mère, suggère-t-il parfois à une étudiante d'un ton anodin. Ça va la désennuyer. »

* * * * * * *

Au printemps de 1941, monseigneur Léger prêche le carême à l'église Note-Dame, remplaçant à pied levé le prédicateur français que la guerre a forcé à rester chez lui. C'est tout un défi. Un seul autre prêtre canadien, monseigneur Camille Roy, a prêché avant lui la station quadragésimale du carême à Notre-Dame. C'était aussi durant la guerre, mais celle de 1914-18. Il doit donc préparer son sermon à la sauvette durant la nuit du samedi au dimanche.

L'église Notre-Dame est bondée. Monseigneur Léger doit parfois improviser, mais on le sent à peine, ce qui incite toutefois un commentateur à dire que certains passages lui semblaient obscurs…Mais pour le reste, la presse se montre unanime dans ses commentaires : « Il a conservé son emprise sur son auditoire tout aussi bien que les plus brillants orateurs sacrés venus de France depuis un demi-siècle. » Dans sa série intitulée « Problèmes chrétiens », il a traité de la souffrance « d'abord comme une énigme, puis comme un mystère et enfin comme une vie car en Jésus-Christ, la réalité est devenue une réalité touchante[12] ».

Les journaux ne manquent pas de noter enfin que le prédicateur a profité de la tribune offerte pour faire l'éloge du fondateur des Sulpiciens et remercier la compagnie « qui m'a fait ce que je suis ».

* * * * * * *

15 mai 1941. Monseigneur Léger fait ses courses à Montréal. La veille, il a été généreusement applaudi à la Chambre de Commerce des jeunes. Devant le maire Adhémar Raynault et le ministre des Affaires municipales Paul Dozois, il a tenté d'expliquer que les catholiques peuvent être de parfaits hommes d'affaires, une idée qui surprend à l'époque!

En rentrant au grand séminaire où il loge lors de ses séjours dans la métropole, il reçoit un coup de fil bizarre de son lointain cousin, le docteur Damien Masson. Celui-ci lui transmet des félicitations empressées pour sa nomination comme évêque auxiliaire du diocèse de Montréal! Le curé de Valleyfield écoute sans comprendre puis, après un silence, nie avec fermeté l'information.

« Mais, insiste le docteur Masson, c'est écrit dans *La Patrie* d'aujourd'hui. »

Fort embarrassé, monseigneur Léger balbutie quelques explications plus ou moins vagues et ferme le téléphone, pressé de mettre la main sur un exemplaire du journal. La nouvelle figure bien en page trois, à l'état de rumeur sous le titre « Monseigneur Léger, évêque auxiliaire de Montréal? » La dépêche vient d'Ottawa. Un frisson glacé le parcourt tandis qu'il lit à la hâte:

> ...Il y a longtemps que la nouvelle de la nomination de monseigneur Léger circulait dans les cercles officieux. Notre correspondant nous l'annonce aujourd'hui comme officielle. Nous tenons toutefois à dire que nous publions cette information sous toute réserve[13].

Pendant un bon moment, il reste immobile, comme pétrifié. S'agit-il d'une fausse rumeur ou d'une indiscrétion? Cherche-t-on à lui nuire? Il connaît trop les moeurs ecclésiastiques pour s'illusionner: il ne peut être nommé évêque auxiliaire à Montréal puisqu'aucune nomination n'a de valeur si elle n'est pas d'abord annoncée par Rome.

Monseigneur Carrière, d'Ottawa, l'a déjà appris à ses dépens. Comme il venait d'être nommé officieusement évêque de Mont-Laurier, le délégué apostolique lui avait rappelé la consigne du silence, mais impatient le nouvel élu ne put s'empêcher de confier la nouvelle à sa mère qui la répéta à sa tante, etc. Il n'a jamais été évêque.

Monseigneur Léger avait bel et bien rencontré le délégué apostolique, Ildebrando Antoniutti, à Valleyfield, un mois plus tôt. Monseigneur Langlois se reposant en Californie et ne détenant pas les pouvoirs nécessaires pour autoriser un mariage mixte, le curé Léger avait donc fait appel au délégué. C'est la visite de monseigneur Antoniutti qui devait être à l'origine du canard, se dit-il.

Il s'agit bien en effet d'une fausse nouvelle puisque monseigneur Joseph Charbonneau, qui dirige les destinées du diocèse de Montréal depuis le 31 août 1940, ne lui en a pas touché mot.

Deux postes d'auxiliaires sont vacants : celui que monseigneur Charbonneau a quitté pour accéder au trône épiscopal et celui laissé vacant par le décès de monseigneur Alphonse-Emmanuel Deschamps. Brillant orateur, le curé de Valleyfield est sûrement sur la liste des candidats possibles. D'ailleurs, le nouvel archevêque de Montréal a déjà laissé entendre qu'il avait des vues sur lui. Lors de sa nomination comme curé à Valleyfield, en janvier 1941, on lui avait rapporté que monseigneur Charbonneau avait laissé échapper :

« J'arrive trop tard ! »

Sans faire ni une ni deux, il se précipite donc à l'archevêché pour tirer la chose au clair. Monseigneur Charbonneau le reçoit bien. Lui qui a l'habitude d'inonder ses interlocuteurs de questions, il se contente cette fois d'affirmer :

« Vous êtes victime d'une jalousie maligne. »

La mort dans l'âme, monseigneur Léger reprend la route de Valleyfield. Qui donc lui en veut au point de lui tendre un piège aussi cruel ? La blessure fait mal.

Trois mois plus tard, jour pour jour, les deux nouveaux auxiliaires du diocèses de Montréal sont sacrés évêques à la cathédrale de Montréal. Il s'agit de monseigneur Conrad Chaumont, professeur bien-aimé de monseigneur Charbonneau au séminaire de Sainte-Thérèse et confesseur de monseigneur Léger, et de monseigneur Lawrence Whelan, premier anglophone à accéder à ce poste.

Dans son journal, ce soir-là, monseigneur Léger note :

Je mange seul au buffet du Windsor, après la cérémonie. Amertume de la solitude.

Références — Chapitre X

1. Groulx, abbé Lionel, *Une croisade d'adolescents,* Montréal, Granger Frères, 1939, 2 ième édition.
2. Groulx, chanoine Lionel, *Mes mémoires*, Montréal, Fides, IV, p. 224.
3. Extrait d'un discours prononcé par le cardinal Rodrigue Villeneuve, le 9 février 1941 et publié dans *L'Apostolat*, revue mensuelle de la Province du Canada, Oblats de Marie-Immaculée, vol XII - no 3, mars 1941.
4. Chalout, René, *Mémoires politiques,* Montréal, Les Éditions du Jour, 1969.
5. Groulx, chanoine Lionel, *ibid.*, p. 114.
6. *Le Salaberry de Valleyfield*, 11 octobre 1940.
7. Jean-Marie Léger, historien de Valleyfield.
8. Trudeau, Pierre Elliott, *ibid.*, p. 49.
9. Jean-Marie Léger, historien.
10. Extrait de la chronique de monseigneur Léger, « Deux minutes avec ton Dieu », publiée dans *Le Salaberry,* sous la signature de « Miles Christi », le 23 mars 1944.
11. Soeur Rachel Brassard, supérieure, soeurs des Saints Noms de Marie et de Jésus.
12. *La Presse,* 31 mars 1941.
13. *La Patrie,* le 15 mai 1941, p. 3.

Chapitre XI

Madelon la rouge
et l'homme en noir

« À mort, la Parent ! crient les manifestants. Jetez-la dans le canal ! »

Mille personnes échauffées sont rassemblées sous la pluie en face de l'hôtel de ville de Valleyfield. Ils n'ont qu'une idée en tête : débarrasser la ville du représentant de l'Union internationale du textile, Kent Rowley, et de son organisatrice, Madeleine Parent, qui tentent de syndiquer les employés de la Montreal Cottons, la plus importante filature de la région. Depuis le matin, ce 21 juin 1944, des milliers de circulaires annoncent un grand ralliement syndical. Anthony Valente, de Washington, président international, devait prendre la parole au parc Sauvé, en bordure du canal Beauharnois. Mais la pluie a refoulé l'assemblée à l'hôtel de ville. Au milieu du jour, on prévoyait déjà des désordres ; le technicien chargé d'installer les haut-parleurs a été la cible de projectiles et d'injures. Et le soir venu, le maire suppléant, W. Barette, brillait toujours par son absence.

Le premier orateur s'adresse aux ouvriers de la Montreal Cottons, les seuls admis dans la grande salle municipale. Il tente de les convaincre de se joindre aux rangs du syndicat international.

« Seuls, vous ne pouvez rien », affirme-t-il.

Sa voix est enterrée par les cris des manifestants.

« Vous nous prenez pour des pas capables ! »

Monseigneur Léger, curé de la cathédrale de Valleyfield et vicaire général du diocèse.

Il persiste. Rien à faire, les interruptions se multiplient et les invectives volent. Excédé, l'homme menace la foule de ses poings. La bagarre éclate. L'assemblée est ajournée.

La révolte couvait sous la cendre depuis le début de la semaine précédente. Elle avait été provoquée par un article injurieux paru dans un tract du syndicat international. On y lisait que les Canadiens français n'étaient bons qu'à chanter le *Ô Canada*, qu'ils étaient incapables de se battre contre les Allemands, qu'ils étaient des peureux, etc.[1]

À Valleyfield, l'injure ne passe pas. La guerre est devenue un sujet brûlant depuis que le Premier ministre Mackenzie King, qui avait promis de ne pas imposer la conscription, a fait volte-face. Les Canadiens français ne sont pas des lâches. Jamais ils ne refuseraient de défendre leur patrie, le Canada. Mais aller se battre pour l'Angleterre, c'est autre chose. Ils sont prêts à lui fournir une aide économique, mais de là à servir de chair à canon, jamais !

Chaque fois qu'un homme politique se permet de les insulter, il s'en trouve toujours à Valleyfield pour suggérer qu'on « le sauce dans le canal ». Cette fois-ci, le vase déborde : ce sont des étrangers qui leur crachent au visage. Et en plus, des communistes.

À vrai dire, les gens ont du mal à s'y retrouver. Comment, par exemple, Kent Rowley peut-il endosser les affirmations de sa feuille de chou syndicale ? Ce protestant de vingt-sept ans a été libéré en 1942 après avoir été interné deux ans au camp de Petawawa, avec le maire Camillien Houde de Montréal. Il avait accusé le gouvernement King de trahison à l'égard des Canadiens français dans l'affaire de la participation à la guerre[2].

Madeleine Parent est également suspecte. Son acharnement à dénigrer monseigneur Léger qu'elle a surnommé « l'homme en noir » paraît d'autant plus inquiétant qu'on colporte qu'elle a étudié en Russie. La jeune femme est issue d'une famille montréalaise de milieu moyen. Diplômée de l'université McGill, elle a épousé Val Bjarnason, un jeune homme qu'elle a rencontré dans l'Ouest canadien. Dans la vallée, on l'appelle Vladimir pour donner une consonance russe à son nom, d'origine islandaise en réalité. Et Madeleine, qu'on soupçonne d'espionnage, ne circule jamais sans son certificat de naissance pour infirmer la rumeur voulant qu'elle soit débarquée au pays d'un sous-marin soviétique...[3]

Mais l'entrée en guerre de la Russie aux côtés des alliés confond encore plus les esprits. Qui sont les bons, qui sont les méchants ? Pour la plupart des gens, le communisme est moins une théorie économique qu'une doctrine athée et une ennemie déclarée de la religion catholique. Ils comprennent donc très mal qu'on reproche aux Canadiens français catholiques de ne pas aller se battre dans les mêmes rangs que les communistes soviétiques... d'autant plus qu'il ne se passe pas un seul jour sans que les autorités religieuses ne brandissent le spectre du péril rouge.

L'encyclique de Pie XI a été lue et relue :

> Le communisme est intrinsèquement pervers et l'on ne peut admettre sur aucun terrain la collaboration avec lui de la part de quiconque veut sauver la civilisation chrétienne[4].

L'évêque de Saint-Hyacinthe, monseigneur Arthur Douville n'a pas hésité à affirmer que les unions syndicales internationales sont d'obédience communiste. Et à Rimouski, le coadjuteur, monseigneur Charles-Eugène Parent, a insinué que « le communisme glisse dans leur ombre comme un serpent[5] ». Enfin, en 1937, le gouvernement Duplessis a même voté la loi du cadenas qui interdisait l'accès aux lieux utilisés pour des fins communistes. Et l'archevêque de Montréal du temps, monseigneur Gauthier, a signé une circulaire pour lui accorder son appui.

Depuis un certain temps, monseigneur Léger et les autres curés de Valleyfield s'inquiètent de voir les agitateurs communistes semer la zizanie dans leur ville. Ce dimanche-là, après avoir pris connaissance du torchon syndical, il perd patience. Du haut de la chaire, il montre les dents. Personne ne viendra ici traiter les Canadiens français de *cowards* et de *french-pea-soupers* ! Ça, il ne le tolérera pas. Sa voix, qui résonne dans l'enceinte, a l'accent de la colère. Les enfants en frissonnent.

De leur côté, les militants de l'Internationale ne cachent pas leur mépris pour le curé. Le jour de l'émeute, monseigneur Léger rentre à pied au milieu de l'après-midi. Il passe devant le local du syndicat, rue Nicholson, où un syndiqué lui crache au visage.

Monseigneur Léger n'est pas encore revenu de sa stupeur lorsqu'il pénètre dans le sous-sol de l'église où se tient une réunion de chefs scouts. Il raconte l'incident à l'aumônier qui, scandalisé, le répète aux scouts. Les jeunes bouillonnent de rage et crient à la vengeance[6].

Le soir, avant le ralliement syndical annoncé à grand renfort de publicité, un groupe d'étudiants survoltés du séminaire de Valleyfield fait irruption dans le local syndical. Profitant d'une fausse alerte qui occupe pompiers et policiers à l'autre bout de la ville, ils saccagent les lieux. La vitrine vole en éclats, les clavigraphes atterrissent sur le sol, ensevelis sous les pamphlets et les circulaires. Rien ne résiste à l'explosion de colère des jeunes qui mettent fin à leur saccage quand les agents, revenus à la hâte, menacent d'ouvrir le feu[7]. Puis les étudiants vont rejoindre les manifestants devant l'hôtel de ville.

$$* \quad * \quad * \quad * \quad * \quad * \quad *$$

À minuit, cette même journée, le téléphone sonne à l'évêché. C'est le gérant-administrateur de la ville qui appelle à l'aide. « Venez vite, monseigneur Léger. C'est l'émeute. »

Le curé ne sait trop s'il doit s'en mêler. Monseigneur Langlois est absent. Il assiste au congrès eucharistique de Saint-Hyacinthe. À ce moment précis, il doit commencer à célébrer sa messe de minuit. Quant à l'ancien curé Nepveu, il est mort un mois plus tôt[8]. La décision lui appartient toute entière.

« Mais où est monsieur le maire Cauchon ? demande-t-il enfin.

— Il est à Montebello, à l'assemblée des maires. »

Monseigneur Léger considère que son devoir lui dicte de se rendre sur la place publique. Après tout, monseigneur Langlois ne lui a jamais reproché la lutte qu'il mène aux agitateurs communistes, même si parfois le vicaire général va un peu loin à son goût.

Le col relevé, il remonte à pied la rue Sainte-Cécile. Il veut observer la situation sans être remarqué. Quel spectacle désolant! Il ne reste déjà plus de carreaux au deuxième étage de l'édifice municipal encerclé par une foule hors d'elle-même.

« Le Père, chuchote une de ses paroissiennes, madame Brassard, qui l'aperçoit de son balcon, montez donc. »

Il accepte sans se faire prier. Du balcon, il peut mieux suivre les événements.

« Aie! la rouge, montre-toi, crie un manifestant agressif.

— On va te saucer dans le canal », lance un autre, tandis que les projectiles volent à qui mieux mieux.

« Je descends leur parler, décide le curé après un long silence.

— N'y allez pas, supplie la veuve Brassard.

— Laissez-moi faire, répond-il en se dirigeant vers la sortie. Je les connais : si je n'y vais pas, ils vont lui faire son affaire. »

Les enfants Brassard courent aux fenêtres tandis que le curé descend dans la rue. Il s'arrête sur le parvis de l'hôtel de ville, entre les deux lampadaires. Il étend les mains pour faire taire la foule. Deux ou trois minutes s'écoulent avant que les manifestants ne s'apaisent.

« Écoutez-moi, articule-t-il distinctement. À quoi ça sert de lui vouloir du mal? Si vous répandez le sang, est-ce que ça va régler le problème?

— Dans le canal, rétorque une voix provocante.

— Allons, rentrez chez vous! conseille le curé. Vous n'avez plus rien à faire ici. »

L'agitation diminue puis reprend de plus belle. Au bout d'une demi-heure, monseigneur Léger retourne haranguer les manifestants.

« Bon, je vous le répète, fait-il tranchant. Vous avez démontré que vous n'êtes pas des communistes. Maintenant, ça suffit. Rentrez chez vous. »

Le calme revient enfin. La place se vide vers une heure. De son poste, chez madame Brassard, monseigneur Léger regarde les retardataires quitter les lieux.

« Enfin, soupire-t-il, j'ai eu peur[9]. »

* * * * * * *

Dans le bureau du maire Cauchon à l'hôtel de ville, où se sont réfugiés les chefs syndicaux, Kent Rowley marche comme un lion en cage en écoutant parler le curé.

« Ma parole, il les félicite », persifle-t-il.

L'organisateur fulmine. Il décoche quelques flèches aux policiers de la ville et à leur chef M.J. Vinet qu'il juge trop complaisants vis-à-vis des étudiants subversifs.

« L'affaire a été montée par un groupe de jeunes et la police n'a rien fait pour nous aider[10] », accuse-t-il.

À bout de nerfs, il téléphone au quartier général de la police provinciale, à Montréal, pour réclamer de l'aide. À 1h15, las d'attendre, les chefs syndicaux décident de quitter la ville dans leur voiture... ou ce qu'il en reste : les vitres sont brisées, la carosserie est bosselée, mais heureusement, les pneus et le moteur paraissent intacts. Au moment de démarrer, un fort détachement de policiers coiffés de casques d'acier et armés de bombes lacrymogènes arrive sur les lieux déserts.

« Si vous voulez le vrai criminel, fait Kent Rowley mordant, allez voir Léger !

— Ne répétez jamais une pareille calomnie », gronde un policier[11].

Kent Rowley n'est pas homme à se laisser intimider. Dans une lettre ouverte à *La Presse* au lendemain des incidents, il s'en prend au clergé tout entier. Le hasard a voulu que le jour même de l'émeute, le sénateur Télesphore-Damien Bouchard, anticlérical notoire, prononce un discours dithyrambique dans lequel il rappelait que les sociétés secrètes ont toujours été à l'origine de la plupart des révolutions. Dévoilant l'existence de l'Ordre de Jacques-Cartier, fondé au Québec en 1928, avec la bénédiction du clergé canadien-français, il avait affirmé : « L'Ordre est antisémite, anglophobe et séparatiste[12] ». Le fougueux orateur soulève un tollé et la plupart des hommes politiques le prennent vivement à parti. Kent Rowley, lui, relie plutôt la sortie du sénateur aux événements de Valleyfield :

> Nous avons la preuve de la justesse des remarques du sénateur Bouchard (...) Le groupe de jeunes irresponsables qui ont saboté la réunion internationale se composait de jeunes étudiants des collèges, membres de la jeunesse ouvrière catholique, etc., ainsi que les zouaves qui malheureusement se servent du sous-sol de la cathédrale comme lieu d'assemblée et de ralliement... Il faut absolument qu'ils soient éliminés[13].

*   *   *   *   *   *   *

La bonne société a beau jouer à la vierge offensée, le sénateur Bouchard a touché à une corde sensible. Non seulement l'Ordre de Jacques Cartier existe-t-il, mais il est même en pleine expansion.

À Valleyfield, la commanderie Jean de la Lande se réunit une fois par mois depuis 1930... au-dessus de la sacristie de la cathédrale. Sur la porte d'entrée, le carton indique « réunion de la société Saint-Jean-Baptiste », mais l'on sait pertinemment que c'est le local de « la patente ». Et Maxime Raymond, chef du Bloc populaire et député fédéral du comté, peut bien affirmer que le discours de T.D. Bouchard est « un tissu de mensonges et de calomnies[14] », il est lui-même l'un des piliers du mouvement et l'ami intime de celui qu'on considère comme le fondateur de l'Ordre, le chanoine Lionel Groulx.

Depuis sa fondation en 1874, la Montreal Cottons, une industrie de textile fort prospère, a été le théâtre de conflits syndicaux répétés dont les principaux ont eu lieu en 1900 et en 1937. Comme la filature employait 2500 travailleurs de Valleyfield, le climat syndical difficile incita les nationalistes de « la patente » et du Bloc populaire à lutter sur deux fronts : contre la Montreal Cottons et ses employeurs anglophones qui avaient succédé au fondateur britannique, William Hobbs, et contre l'Union internationale accusée de propager des idées communistes.

Les tisserands de Valleyfield ont une longue histoire de résistance. Leur première lutte remonte à 1880 ; les trois cents employés de la jeune Montreal Cottons Limited gagnaient alors 100 dollars par année, salaire nettement au-dessous de la moyenne de l'époque. Au tournant du siècle, la ville comptait 10 000 citoyens et montrait des signes de prospérité. Mais les 2500 travailleurs du textile gagnaient toujours des salaires de famine. La compagnie trompait ses ouvriers en augmentant leur somme de travail à leur insu. Ils débrayèrent. La Montreal Cottons fit appel à l'armée. Baïonnettes au poing, les militaires dispersèrent les manifestants[15].

Étienne Léger, le grand-père de Paul-Émile, forgeron comme nous l'avons vu, fonda alors la première union ouvrière de Valleyfield. Échevin et commissaire d'école, il tenait ses réunions dans le sous-sol de l'église. Quand la situation devint intenable à l'usine, il prit le train d'Ottawa, résolu à exposer au ministre du Travail les conditions faites à ses concitoyens. *Le Progrès* le définit comme un « homme de paix et de conciliation ». D'allure respectable, monsieur Léger, âgé de cinquante-sept ans, fut bien reçu dans la capitale fédérale où, comme on dit, il avait ses entrées. Dans son comté, il travaillait pour le Premier ministre Wilfrid Laurier qui le consultait à l'occasion. À la suite de son intervention, le gouvernement dépêcha sur les lieux un conciliateur, Mackenzie King, jeune fonctionnaire prometteur. Celui-ci négocia une entente qui fut considérée comme la première victoire des ouvriers du textile.

Étienne Léger était à couteaux tirés avec le curé Pelletier, trop occupé à construire sa basilique pour s'apercevoir de l'état de servitude dans laquelle la Montreal Cottons maintenait ses paroissiens. Ceux-ci n'ont jamais oublié le « sacrilège » qu'il commit lorsqu'à la demande de la compagnie, il avertit ses ouailles que la grève « est un acte tout à fait contraire au bon ordre, à la religion et en particulier aux plus chers intérêts de ceux qui y prennent part ». Ce dimanche-là, trente-trois ouvriers quittèrent l'église au milieu de la messe.

« Le curé n'a pas à gagner son pain à la sueur de son front, maugréaient-ils. Il n'a jamais mis les pieds dans une fabrique pour se permettre de nous juger[16]. »

De cette époque date une certaine méfiance des tisserands face au clergé. Méfiance qui s'accrut en 1937 quand le cardinal Villeneuve offrit sa médiation dans le conflit qui sévissait alors. L'aumônier du syndicat catholique de Valleyfield appuyait la cause qu'il qualifia de « guerre de religion ». Les griefs étaient de taille : 3000 ouvriers s'engouffraient quotidiennement dans un sinistre moulin construit à l'image d'une forteresse médiévale. Le travail était dangereux, l'équipement désuet et le bruit infernal. De plus, l'air était propice à la tuberculose tandis que l'humidité favorisait les rhumatismes.

Hélas ! le cardinal Villeneuve régla le conflit au détriment des grévistes qui furent forcés de rentrer au travail sans avoir obtenu l'assurance d'une convention collective. D'ailleurs le contrat signé plus tard ne fut jamais respecté par la compagnie[17]. Le gouvernement Duplessis s'empressa de son côté d'imposer sa loi du salaire raisonnable[18] qui ramenait les travailleurs épuisés par une longue grève au point de départ.

Même si monseigneur Langlois avait appuyé les grévistes et les avait bénis dans sa cathédrale, ce fut la fin du syndicat catholique.

*   *   *   *   *   *   *

Lors du conflit de 1937, les conditions de travail des ouvriers étaient encore franchement moyenâgeuses. Maxime Raymond avait alors préconisé l'expropriation de la Montreal Cottons par le gouvernement provincial, si elle ne s'amendait pas. Huit ans plus tard, des hommes, des femmes et des enfants de treize ans peinent toujours jusqu'à soixante-quinze heures par semaine et ne gagnent que 21 à 30 cents l'heure. Le premier juin 1946, ils déclenchent la grève. Maxime Raymond interroge le ministre fédéral du Travail.

« Le ministre se propose-t-il d'intervenir en vue d'obtenir un règlement satisfaisant pour les grévistes ?

— Tous les différends intéressant l'industrie du textile de la province de Québec relèvent des lois de la province, répond Humphrey Mitchell. Le gouvernement du Québec n'a pas demandé l'aide de mon ministère[19]. »

Or le gouvernement de monsieur Duplessis juge cette grève illégale : « C'est une manoeuvre communiste déguisée », affirme le Premier ministre[20]. Son ministre du Travail, Antonio Barrette, écrit au maire Cauchon pour l'avertir qu'il ne peut intervenir tant que les ouvriers ne seront pas rentrés au travail : « Remarquez bien que je ne me suis pas prononcé sur la légitimité des revendications, mais seulement sur l'illégalité de la procédure employée[21]. »

Monseigneur Langlois est fort embêté par cette affaire. Il reconnaît le bien-fondé des revendications ouvrières. Il a, lui aussi, appuyé les syndiqués catholiques lors du conflit de 1937 : « La grève, avait-il dit, assurera le triomphe du droit car le bon Dieu ne peut pas ne pas vouloir que les biens soient équitablement distribués...[22] »

En 1946, la situation lui apparaît fort différente. Le syndicat catholique n'existe plus. Les ouvriers peuvent toujours compter sur sa sympathie, mais il ne peut pas appuyer une lutte menée par l'Union internationale d'allégeance communiste. Madeleine Parent, qui rôde toujours dans les parages, ne semble pas avoir compris la leçon que la population locale lui a servie en 1944. En janvier 1946, elle a affirmé à l'université Queen's de Kingston en Ontario que les Canadiens français étaient des illettrés et que le clergé canadien-français tenait le peuple dans l'esclavage avec le concours des trusts...[23]

L'évêque de Valleyfield doit se soucier de ses bonnes relations avec le Premier ministre de la province. Il ne manque jamais de lui écrire, pour le remercier d'avoir « placé un de ses protégés[24] » ou de lui avoir accordé un octroi pour le séminaire[25]. Dernièrement encore, le 12 avril, il lui a rappelé la nécessité de construire un pont « qui relierait les deux parties de son diocèse[26] ».

Ce pont, Valleyfield avait bien failli l'obtenir deux ans plus tôt. Le ministre du Travail du temps avait donné l'assurance au député Delpha Sauvé que les travaux allaient commencer dès l'automne. Mais le vent tourna lors des élections du mois d'août. Delpha Sauvé avait été battu précisément à cause des liens du Premier ministre Duplessis avec les grands patrons de la Montreal Cottons. Son adversaire Paul Lemieux du Bloc populaire faisait circuler le slogan : « Un vote pour Delpha Sauvé est un vote pour la Montreal Cottons[27]. » Et depuis, on n'entendit plus parler de la construction du pont[28].

En somme, monseigneur Langlois a de bonnes raisons de vouloir garder ses distances vis-à-vis ce conflit. Si les grévistes adhéraient à un syndicat catholique, son attitude serait différente.

* * * * * * *

Nul ne saura jamais si c'est dans le local de « la patente », au-dessus de la sacristie, qu'est née l'idée de ressusciter le syndicat catholique du textile, mort depuis 1938. Le 8 août 1946, après huit mois de grève, *Le Progrès*, hebdomadaire de Valleyfield, annonce la création de l'Association des Employés du Textile de Salaberry de Valleyfield :

> Cette union, nouvellement formée et qui remplacera certainement l'Union internationale pour de meilleurs résultats... sera administrée par des ouvriers du textile de chez nous.

La nouvelle surprend d'autant plus que *Le Progrès* l'enveloppe de mystère :

> ...Elle n'est pas le refuge des lâches, des traîtres et des renégats. Elle n'est pas vendue à la Montreal Cottons... Toutefois, il nous est impossible avant quelque temps de dévoiler le nom des organisateurs et des chefs.

Vendu ou pas à la Montreal Cottons, le nouveau syndicat arrive en tout cas à point nommé pour prêter main forte à la compagnie qui ne ménage aucun effort pour anéantir l'Union internationale. L'association en voie de formation paraît donc suspecte aux yeux des 2900 grévistes. L'arrêt de travail fait mal. Ils ont déjà perdu 850 000 dollars et 350 familles sont dans le besoin. 700 travailleurs ont quitté la ville[29]. En fait, ils ne sont plus sûrs de rien ni de personne. Bon nombre adhèrent maintenant à l'Union internationale, mais il arrive à certains de déchirer leur carte de membre, par crainte de désobéir à l'ultimatum du clergé et du gouvernement. Monseigneur Langlois a donné des directives formelles à ses curés. Du haut de leurs chaires, ils enjoignent les travailleurs de mettre fin à la grève et de se rallier sous la bannière de la nouvelle association.

L'agitation se fait surtout sentir dans la paroisse ouvrière du Sacré-Coeur dont le curé est monseigneur Herménégilde Julien. Il y a moins de remous à la paroisse du curé Léger, composée surtout de commerçants, de boutiquiers et de retraités.

*   *   *   *   *   *   *

Tous les ouvriers n'obéissent pas docilement à la consigne de l'évêque.

Au cours des années 40, lorsque Kent Rowley et Madeleine Parent ratissent la ville et les environs, le souvenir de la trahison du cardinal Villeneuve, en 1937, hante encore les esprits. Certaines familles vont jusqu'à défier les prêtres de la paroisse en affichant au mur, sous le crucifix ou la statue de la sainte Vierge, une photographie des deux organisateurs internationaux.

L'un des vieux ouvriers de la place, Trefflé Leduc, a la mémoire longue. À l'emploi de la Montreal Cottons depuis son plus jeune âge, il a été témoin de tous les conflits. À soixante ans, il ose pénétrer dans le local du syndicat international, mais avant d'ouvrir la bouche, il fait l'inventaire de la pièce.

« Que cherchez-vous ? demande Kent Rowley, intrigué.

— Des «chats noirs», répond Trefflé Leduc après avoir tiré sur sa pipe. Si jamais j'en vois un seul dans les parages, je déchire ma carte de membre[30]. »

Trefflé Leduc devient le premier président local. Il frappe à toutes les portes et organise des réunions de cuisine. En trois ans, l'union internationale affirme avoir recruté la plupart des employés de la Montreal Cottons.

Foutaise! répètent les opposants: la pétition de 1800 noms que Kent Rowley a fait circuler est truffée de fausses signatures et contient le nom de personnes qui n'ont jamais travaillé à l'usine. Pour faire taire les rumeurs et ranimer la confiance en leur union, les syndicalistes remettent leurs 1432 cartes de membres au ministre du Travail pour examen. La commission d'enquête présidée par le juge Alfred Savard accorde le certificat d'accréditation au local 100[31]. L'Union internationale commence à faire des gains.

Mais en 1946, malgré l'accréditation du syndicat, la Montreal Cottons refuse toujours de négocier. Elle menace les ouvriers syndiqués de représailles. Pour toute réponse, ceux-ci lancent des tomates et des oeufs pourris et entament la grève. *Le Salaberry* publie alors dans ses pages un placard non signé qui dit:

Vous avez très mal agi. Votre cause ne peut être bénie de Dieu[32].

Encouragés à rentrer au travail par les curés des quatre paroisses du diocèse, sept cents ouvriers décident de mettre fin à l'impasse en retournant à leurs machines. Les troupes de Kent Rowley décident d'aller attendre les «scabs» à la sortie de l'usine. Le mot fait le tour de la ville. Cinq mille personnes encerclent l'édifice. Ils montent des barricades avec des branches d'arbres. Les policiers déclenchent les hostilités en utilisant le gaz lacrymogène et les manifestants répliquent par une salve de pierres. La bagarre se poursuit sans répit jusqu'à 18 heures[33].

Duplessis fait arrêter Kent Rowley. Mais la compagnie sent que le vent a tourné. Elle accepte de négocier en y mettant une condition: les employés doivent choisir par vote secret le syndicat qui les représentera. Le 9 septembre, le dépouillement du scrutin a lieu au palais de justice sous la supervision des fonctionnaires du ministère du Travail. Les ouvriers choisissent en grosse majorité le local 100 du Syndicat international (UTWA). La compagnie négocie et le contrat de travail est signé le 6 décembre 1946.

*　*　*　*　*　*　*

Un moment secouée, la population retourne à sa routine. Valleyfield redevient sage. L'automne a décliné. Bientôt l'hiver s'installe. « Madelon la rouge » a porté son combat sous d'autres cieux.

Mais rien n'est plus pareil. Un climat de gêne et peut-être aussi de rancune se fait sentir. Monseigneur Langlois se réfugie dans le silence. Son curé, monseigneur Léger, que d'aucuns ont surnommé « la garde paroissiale »[34] cache sa sensibilité blessée sous l'ironie ou la froideur. Les sept années passées dans la vallée l'ont usé. Il n'a pas de difficulté à convaincre son évêque de lui accorder quelques mois de repos. Il a trop travaillé et doit maintenant se changer les idées. Mais surtout, il a grand-hâte de voir l'Europe d'après la guerre.

L'occasion est unique. Jules quitte son poste à l'ambassade de Santiago, au Chili, pour se joindre à la légation de Londres. Monseigneur Léger fera la traversée avec son frère, sa femme et leurs deux filles, Francine et Hélène.

Références — Chapitre XI

1. *La Presse*, le 22 juin 1944.
2. En réalité, Kent Rowley ne s'opposa pas à la participation du Canada à la guerre outre-mer. Dès la déclaration du conflit mondial, il s'enrôla pour aller combattre le fascisme. L'armée le renvoya pour raison de santé. Plus tard, sa dénonciation du gouvernement King lui valut l'internement.
3. Salutin, Rick, *Kent Rowley, the organizer*, James Lorimar & Company publishers, Toronto, 1980, p. 41.
4. *Relations*, octobre 1946.
5. Trudeau, P. Elliott, *La grève de l'amiante*, Montréal, les éditions Cité libre, 1956, p. 68.
6. Jean-Marie Léger, historien de Valleyfield.
7. *La Presse*, le 22 juin 1944.
8. Monseigneur Delphis Nepveu est mort à l'Hôtel-Dieu de Valleyfield, le 8 mai 1944.
9. Rachel Brassard, provinciale des Soeurs des Saints Noms de Jésus et de Marie. Des témoins interrogés par Jean-Marie Léger, historien.
10. *La Patrie*, le 22 juin 1944.
11. Salutin, Rick, *op. cit.*, p. 42.
12. Black, Conrad, *Duplessis*, Montréal, Les Éditions de l'Homme, 1977, Vol. 1, p. 450-1.
13. *Le Devoir*, le 23 juin 1944.
14. *Ibid.*
15. Larivière, Claude, *op. cit.*, pp. 19 à 23.
16. *Ibid.*
17. Pépin, Marcel, *Monographie syndicale de la fédération nationale catholique du textile*, thèse présentée pour la maîtrise à la Faculté des sciences sociales de l'université Laval, le 20 mai 1949, p. 80.
18. Dion, Gérard, *La grève de l'amiante*, Montréal, Les Éditions Cité libre, 1956, p. 241.
19. *Le Salaberry* de Valleyfield, le 26 juin 1946.
20. Salutin, Rick, *op. cit.*, p. 47.
21. *Le Progrès*, le 9 août 1946.
22. Larivière, Claude, *Histoire des travailleurs de Beauharnois et Valleyfield*, Montréal, l'Agence de presse libre du Québec, 1974, p. 30.
23. *Le Salaberry* de Valleyfield, le 26 janvier 1946.

24. Rumilly, Robert, *Maurice Duplessis et son temps*, tome 2, Fides, Montréal, 1973, p. 91.
25. *Ibid.*, p. 142.
26. *Ibid.*, p. 126.
27. Le pont sera finalement construit en 1957.
28. Rumilly, Robert, *Maurice Duplessis et son temps*, Tome 1, Montréal, Fides, 1973, vol. 1, p. 677.
29. *Le Progrès*, 22 août 1946.
30. Salutin, Rick, *op. cit.*, p. 39.
31. Ledit, Joseph H. S. J., *Relations*, octobre 1946.
32. *Le Salaberry* de Valleyfield, le 16 août 1946.
33. *Le Progrès*, 22 août 1946.
34. Léo Roback, professeur à la retraite de l'Université de Montréal, ancien permanent syndical de Madeleine Parent.

Chapitre XII

La vie romaine

« Mes amis, l'Italie est à feu et à sang ! » annonce monseigneur Philippe Desranleau dans un geste théâtral.

Le 17 janvier 1947, l'évêque de Sherbrooke arrive d'Europe et raconte aux prêtres réunis chez les pères du Saint-Sacrement à New York les scènes horrifiantes qui l'ont bouleversé : des trous béants au milieu de la route, des ponts à moitié engloutis dans l'eau, des maisons rasées. Il décrit les mendiants qui tendent une main tandis que de l'autre ils serrent très fort celle d'un enfant infirme.

« À propos, enchaîne-t-il, vous vous souvenez sans doute du terrain vague à côté du Collège canadien. Eh bien ! des familles entières y vivent dans les espèces de grottes creusées par les trous d'obus. »

Dire que la guerre est finie depuis deux ans ! Monseigneur Desranleau hoche la tête. Tout près de lui, monseigneur Léger suit attentivement son récit. Demain, il prendra la mer à bord du *Queen Elizabeth* qui vient justement de ramener l'évêque de Sherbrooke. Il verra de ses yeux l'hécatombe.

Les questions fusent de toutes parts. Que reste-t-il de la Rome antique ? Des palais cardinalices ? Va-t-on reconstruire ? Et qu'advient-il du Collège canadien, cette maison sulpicienne qui accueillait avant la guerre les jeunes prêtres étudiant à Rome ?

« Il a été réquisitionné par l'armée italienne, précise l'un des voyageurs.

— Nous allons le réorganiser, coupe monseigneur Desranleau de sa voix autoritaire.

— Mais les militaires l'occupent toujours.

— Eh bien! nous convaincrons le gouvernement de le faire évacuer», rétorque l'évêque en frappant son poing sur la table.

Puis, se tournant vers le curé de Valleyfield, il ajoute:

« Et vous serez nommé recteur. »

Monseigneur Léger sursaute. Il aimerait bien connaître tous les détails de ce projet dont il a entendu parler entre les branches. Cependant il s'oblige au silence. En 1939, en rentrant du Japon, le poste lui avait été confié, mais la déclaration de la guerre avait annulé sa nomination. Les années ont passé depuis, et aujourd'hui, il y a fort à parier que les Sulpiciens ne confieront pas leur maison romaine à un transfuge. En quittant la compagnie, sept ans plus tôt, pour devenir curé à Valleyfield, il a scellé son avenir.

La veille, juste avant de prendre le train pour New York, il est passé par l'archevêché de Montréal pour en toucher un mot à monseigneur Charbonneau. Rien de définitif n'est sorti de cette rencontre. Néanmoins, il sent qu'il doit s'armer de patience et peut-être aussi éviter d'entretenir trop d'espoir.

Monseigneur Desranleau devine le doute sur son visage. Il aime bien ce grand garçon audacieux, quelquefois provocant comme lui. C'est toujours un plaisir de discuter avec lui lorsqu'il passe la soirée à Valleyfield chez son ami, monseigneur Langlois. Fidèle défenseur des syndicats catholiques, l'évêque de Sherbrooke a tout de suite sympathisé avec les efforts de monseigneur Léger pour mettre sur pied une association ouvrière confessionnelle dans sa région. Lui-même, n'a-t-il pas appuyé les grévistes du syndicat catholique de Marine Industries alors qu'il était curé de Saint-Pierre de Sorel?

Maintenant, croit-il, il est grand temps que ce prêtre de talent assume de nouvelles responsabilités. « Je me charge de cette affaire », tranche-t-il.

Monseigneur Desranleau, évêque de Sherbrooke, est bien déterminé à faire nommer monseigneur Léger recteur du collège canadien.

L'archevêque de Sherbrooke n'en dit pas plus. D'ailleurs, les convives achèvent leur repas en vitesse. Plusieurs prêtres doivent rentrer d'urgence au Québec car on vient de leur annoncer une nouvelle bouleversante : le cardinal Villeneuve est mort !

Depuis un certain temps, la santé de l'archevêque de Québec déclinait. Il ne s'était jamais remis de la crise cardiaque qui l'avait terrassé à Saint-Boniface, six mois plus tôt. Il faut dire aussi qu'il souffrait moralement, le peuple ne lui pardonnant pas de s'être affiché sans retenue en faveur de la guerre. Ses anciens amis se montraient froids à son égard. Après une convalescence à sa maison de Neuville, il prit la route de New York pour s'y faire soigner et alla finir ses jours en Californie où une thrombose coronarienne lui fut fatale. Il avait soixante-quatre ans[1].

Monseigneur Léger ne pense plus qu'à l'archevêque de Québec maintenant couché dans la mort. Il avait été surpris lorsque monseigneur Desranleau avait insinué que le poste de recteur du Collège canadien pourrait bien lui être confié : il ignorait que le départ prématuré du cardinal Villeneuve lui enlevait peut-être son principal défenseur. Quelques semaines plus tôt, l'archevêque de Québec avait écrit à monseigneur Langlois pour lui parler du projet romain...

* * * * * * *

Pendant que le *Queen Elizabeth* vogue sur l'Atlantique, à Montréal, monseigneur Desranleau convainc facilement les Sulpiciens de rouvrir leur collège pour permettre aux jeunes prêtres de parfaire leurs études dans les universités romaines. Mais pour ce qui est de la nomination de monsieur Léger, le supérieur, monsieur Eugène Moreau, se montre évasif. Seul le Conseil peut prendre la décision à Paris. Puis, en une phrase, il règle le sort du jeune curé : « Regardez ailleurs », lui suggère-t-il.

La décision du conseil sulpicien de Paris va dans le même sens que la réponse des Sulpiciens montréalais : nomination refusée.

Quand monseigneur Léger passe rue du Regard à Paris, à la maison mère de la Compagnie, quelques jours avant de partir pour Rome, monsieur Boisard lui communique la nouvelle.

« On m'avait dit que je n'avais pas que des amis parmi les Sulpiciens montréalais, fait monseigneur Léger en hochant la tête. Je commence à le croire.

— Dans les circonstances, suggère monsieur Boisard, je pense qu'il serait préférable que vous retourniez à votre travail à Valleyfield. »

Monseigneur Léger note dans son carnet personnel:
C'est l'un des jours les plus douloureux de ma vie.

L'avis de monsieur Boisard est sans doute sage. Mais quel accueil lui réservera-t-on là-bas? Une lettre anonyme, oblitérée à Valleyfield, l'accuse d'ambitionner le poste d'évêque auxiliaire du diocèse. Il a écrit à monseigneur Langlois pour rétablir les faits. Mais, qu'en pensent ses paroissiens? Il pose la question à ses parents:
Croyez-vous qu'ils désirent mon retour?

Il prend l'avion pour se rendre à Rome. C'est son baptême de l'air. Il rencontre Pie XII seul et assez longuement. Ensuite, il reçoit la visite du délégué apostolique du Canada. Monseigneur Antoniutti, qui effectue son premier séjour en Italie depuis la guerre, décide de relancer le projet du Collège canadien dont il a abondamment parlé avec monseigneur Desranleau. Monseigneur Léger reprend espoir: le délégué, c'est bien connu, a l'oreille de la plupart des évêques canadiens. Dès son retour au Canada, il réussit à convaincre ceux-ci de donner sa chance au jeune curé. Avant que la nouvelle ne se répande, monseigneur Léger met ses parents dans le secret: « Je m'attends donc à la nomination officielle d'ici à quelques jours. »

La veille de Pâques, le curé de Valleyfield entre à l'évêché à pas feutrés. Le chauffeur de taxi qui le reconduit lui trouve l'air fatigué, amaigri. Le lendemain, jour de la Résurrection, il monte en chaire, vêtu de ses habits de prélat, pour décrire l'Angleterre en ruine, la Normandie et le Pas-de-Calais dévastés, « comme écrasés au marteau pilon », et l'Italie, démolie et spoliée. Après la messe, il remet à chaque famille l'une des deux mille médailles de sainte Cécile, patronne de la paroisse, qu'il a dénichées dans une boutique du Vatican. Mais il ne souffle mot de son départ définitif, sa nomination à Rome n'étant pas encore officielle.

Le 23 avril, le télégramme tant attendu arrive: « Sacrée Congrégation Séminaires Universités vous nomme Recteur Collège Canadien. » Signé: Antoniutti, délégué apostolique. Quatre jours plus tard, il quitte Valleyfield sans tambour ni trompettes. Il n'y a pas de fête d'adieu, à peine quelques au revoir émus, lancés de la chaire dans une église bondée plus qu'à l'accoutumée. Ses « filles » pleurent sans retenue.

Au cours des mois suivants, en repassant dans sa mémoire les événements qui l'ont conduit à quitter la ville, il oscillera entre les remords et la raison. Il écrira à ses parents :

... J'ai peut-être été égoïste. Et pourtant cette nomination à Rome tient presque du miracle.

*   *   *   *   *   *   *

À Montréal, les Sulpiciens ne le reçoivent pas à bras ouverts. Tout au plus lui cèdent-ils, pour l'été, une chambre au dernier étage du vieux séminaire de la Place d'Armes.

Monseigneur Léger ne s'en offusque pas. Il a trop à faire, occupé qu'il est à convaincre les évêques du Québec d'envoyer leurs meilleurs sujets étudier à Rome. Il doit aussi recueillir des uns et des autres les fonds nécessaires au fonctionnement du collège car Saint-Sulpice n'octroie pas un sou.

Le 25 septembre, il s'embarque sur le *Vulcania* avec les quatre candidats du diocèse de Montréal choisis par monseigneur Charbonneau : messieurs les abbés Louis Aucoin, Jacques Laramée, Charles Lussier et Théodore Mooney. Durant la traversée, le nouveau recteur a l'âme à la poésie :

J'ai vu les falaises orgueilleuses se dresser devant les flots...
J'ai vu Gibraltar avec ses formes de contes de mille et une nuits...
J'ai vu Naples, alors que le soleil se levait comme une boule de feu qui sortait du Vésuve. La ville reposait mollement sur le flanc de la colline comme une déesse qui se serait endormie... Elle ne s'est jamais éveillée... Et c'est tant mieux car elle découvrirait ce que les hommes ont fait...

Monseigneur Desranleau n'a pas exagéré. Tout n'est que désolation dans le port de Naples où les cadavres de bateaux gisent à demi ensevelis. Le spectacle est triste à voir. Ironie du sort, les explosifs qui ont éventré l'Italie ont été fabriqués dans les usines de Valleyfield !

*   *   *   *   *   *   *

Après sept années passées à Valleyfield, monseigneur Léger retourne en Italie.

À Rome, l'économe, Omer Tanguay, un petit homme au front dégarni qui a devancé les premiers arrivants de quelques semaines, est démoralisé. Trois cents fonctionnaires de l'armée italienne habitent toujours le 117 viale Quattro Fontane où ils s'affairent à classer les dossiers d'un million de prisonniers de guerre. L'ambassadeur du Canada, Jean Désy, doit intervenir auprès du gouvernement italien qui ordonne bientôt aux militaires d'évacuer les lieux. Le 18 octobre, dix jours avant l'entrée officielle des prêtres-étudiants, l'édifice est enfin libre.

C'est une vieille maison ravissante mais dans un état de délabrement avancé. Elle a été construite en février 1887 par les Sulpiciens canadiens, à la demande du cardinal Taschereau, pour répondre au souhait du pape. En effet, Léon XIII désirait que chaque nation établisse une maison destinée à recevoir les prêtres qui étudiaient dans les facultés ecclésiastiques comme l'Institut biblique, la Grégorienne, l'Apollinaire, l'Angélique ou l'Institut oriental[2].

Les travaux de réfection et le grand ménage commencent aussitôt. Il faut d'abord exterminer les rats, puis aménager la cuisine. Quant au réfectoire, soutenu par de belles colonnes de marbre et orné de mosaïques représentant la vie de saint Jean-Baptiste, il commande lui aussi quelques aménagements.

Malgré la disette qui sévit en Italie, la nourriture est convenable. Quelque six cents boîtes de nourriture sont arrivées du Québec après un S.O.S. lancé par le nouveau recteur. À l'exception de quelques pots de confiture et de trois ou quatre boîtes de sirop de maïs qui ont coulé, tout est intact. Cependant le menu quotidien est des plus frugal : jamais de lait, un petit carré de beurre le matin et le sucre à la mesure. Jamais de dessert et toujours du pain brun. Le mazout pour le chauffage pose un problème. Aussi le recteur se hâte-t-il d'aller présenter ses hommages au grand économe du Vatican, le cardinal Canali, qui promet de ravitailler le collège en mazout. Ce qui est fait le 8 décembre. Le régime de vie est austère au Collège canadien. Une vraie vie de séminariste ! Pie XI a demandé que ces pensions soient aussi des lieux où les prêtres reçoivent un supplément de formation cléricale dans un climat de recueillement. À cette fin, monseigneur Léger s'adresse à ses pensionnaires trois fois par semaine. Ceux-ci sont impressionnés par ce jeune prélat d'une maigreur étonnante. Son regard profond, ses sourcils en bataille font penser au curé d'Ars. Pendant la récréation, il se mêle aux jeunes prêtres. On le sent disponible, toujours prêt à effectuer une démarche ou à rendre un service.

Le soir, quand sonne l'angélus, les portes du collège se ferment et les étudiants regagnent leurs quartiers au troisième et quatrième étage. Personne ne sort après 18 heures. La règle est la même pour la plupart des vingt mille ecclésiastiques qui séjournent à Rome. Dans le passé, on a assisté à certains abus qu'on s'efforce de ne pas répéter. Le recteur s'enferme alors dans son bureau qui lui sert aussi de chambre à coucher, en haut de l'escalier. Il étudie l'italien et prépare sa journée du lendemain.

*   *   *   *   *   *   *

Tout autour du réfectoire, les tables sont dressées comme dans un cloître. Adossés au mur, les étudiants achèvent leur petit déjeuner. À la table d'honneur, monseigneur Léger, qui partage son repas avec l'économe, monsieur Tanguay, et un vieux Sulpicien français à la retraite, monsieur Victor Robin, avale une dernière gorgée de café noir avant de disparaître en coup de vent. Chaque matin, c'est le même rituel. Il traverse le pont qui enjambe le Tibre, débouche sur la place Saint-Pierre avant de s'engouffrer dans les labyrinthes du Vatican, le plus petit État du monde. Bientôt, la Secrétairerie d'État, la Propagande et la Consistoriale n'ont plus de secret pour lui. Il circule d'une antichambre à l'autre, sympathise avec les « minutanti » et s'assure que les portes des diverses congrégations lui seront désormais ouvertes. Il repère les personnages les plus influents de la Curie romaine, les éminences grises et les confidents du pape. Lentement, il se fraye un chemin jusqu'aux Montini, Tardini et Pizzardo.

Véritable ambassadeur auprès du Saint-Siège, le recteur du Collège canadien achemine les requêtes des religieux et laïcs du Québec. Il y a bien un ambassadeur canadien en Italie, Jean Désy, mais il ne doit pas s'immiscer dans les affaires du Vatican. C'est donc à monseigneur Léger qu'incombe la tâche de solliciter les audiences papales au nom des touristes ou dignitaires canadiens et québécois de passage.

Son nom figure bientôt sur toutes les listes d'invitation. « Je suis un véritable ministre des Affaires extérieures », écrit-il à ses parents, entre deux dîners mondains, l'un pris en compagnie de sir Mallet, haut fonctionnaire britannique, l'autre, à la table de Jacques Maritain, ambassadeur de France. Un jour, monseigneur Léger y rencontre aussi Paul Claudel qui expose une thèse étrange sur le communisme devant les diplomates ahuris. Selon lui, le communisme n'est rien d'autre qu'un rouleau compresseur dont se sert la Providence pour écraser toutes les religions afin de laisser le terrain libre pour que l'Église y construise le règne de Dieu.

Vision apocalyptique et certainement utopique de l'histoire, se dit en l'écoutant monseigneur Léger qui reconnaît cependant aux poètes le droit à ces extrapolations étonnantes.

Le Collège canadien devient vite le lieu de nombreuses réceptions fort courues. La table n'est pas dédaignée par les prélats car la cuisine des soeurs canadiennes est savoureuse compte tenu du rationnement de l'après-guerre. Le recteur tient à jour son carnet d'invitations. Mardi, dîner à l'ambassade d'Écosse. Mercredi, réception à la procure Saint-Sulpice. Jeudi, l'archevêque de Paris vient déjeuner au Collège et dimanche, le recteur du Collège américain sera son hôte.

Chaque semaine ou presque, l'ambassadeur du Canada, Jean Désy, le prie d'assister à ses réceptions diplomatiques où il côtoie des figures internationales comme la princesse d'Angleterre, Margaret. Monseigneur Léger apprécie monsieur Désy qui a tout fait pour faciliter son intégration à la vie romaine, plaçant même à sa disposition une voiture diplomatique pour simplifier ses multiples déplacements. Le recteur a lui aussi des attentions toutes particulières pour l'ambassadeur. N'a-t-il pas apporté à ses enfants de la tire de la Sainte-Catherine, faite par les soeurs avec de la mélasse de chez nous ?

Cette vie astreignante pèse parfois au mystique épris de solitude et de recueillement. Mais le diplomate qui dort aussi en lui s'accommode fort bien de la situation. Il s'en amuse même, dans une lettre à ses parents :

> Nous recevrons les cardinaux Tedeschini, Pizzardo et Tisserand. Je le fais par devoir. Je tâche de ne pas faire trop de sottises, mais j'aimerais autant être vicaire au « Red Light », à Saint-Jacques ou à Notre-Dame...

Mais Rome comble ses besoins spirituels. À la veille de l'Année sainte, il ne se passe pas une semaine sans que de grandioses cérémonies ne prennent place dans l'une ou l'autre des somptueuses basiliques de la cité du Vatican : Sainte-Marie Majeure, Saint-Jean-de-Latran, Saint-Paul-hors-les murs et, bien sûr, Saint-Pierre-de-Rome.

*   *   *   *   *   *   *

La chapelle Sixtine est fermée aux visiteurs. Seuls les prélats et dignitaires munis d'un laissez-passer sont invités à assister le 2 mars à la messe d'anniversaire de Pie XII qui célèbre aussi ce jour-là son élection au trône pontifical.

Agenouillé à la gauche de l'autel, juste en face du trône inoccupé, monseigneur Léger se laisse éblouir par le génie de Michel-Ange qui a peint l'histoire de la Création sur la voûte. C'est le pape Jules II qui, en 1508, a demandé au sculpteur florentin de réaliser ces fresques. À trente-sept ans, l'artiste montrait peu d'enthousiasme pour la peinture. Il se mit néanmoins à l'oeuvre et compléta son chef d'oeuvre en vingt mois. Les yeux du jeune monseigneur délaissent la figure de Jonas qui surgit au-dessus de l'autel et détaillent les traits du Créateur tirant l'homme du néant. Plus loin, le péché originel, Adam et Eve chassés du paradis, l'ivresse de Noé et enfin, la scène douloureuse de la barque, remplie de malheureux, qui s'enfonce dans les eaux.

Tiré de sa contemplation par les voix de la chorale de la Sixtine qui entonne le *Tu es Petrus*, monseigneur Léger regarde Pie XII, enveloppé dans sa chape lamée d'argent qui s'avance lentement sur la sédia. Il porte la tiare royale. Son visage d'ascète, émacié, presque translucide, traduit une grande fatigue. Depuis quelques mois, la santé du pape suscite de vives inquiétudes et ses collaborateurs ne cachent pas leur émoi.

« Très Saint-Père, vous devriez vous reposer, lui répètent-ils tour à tour.

— Je me reposerai une minute après ma mort », répond-il comme un leitmotiv.

Ses médecins ont vainement essayé de lui prescrire le repos. Tout au plus, le souverain pontife a-t-il consenti à ajouter deux heures aux cinq heures de sommeil qu'il s'alloue quotidiennement. Tard la nuit, quand Rome est plongée dans le silence, les promeneurs attardés montrent du doigt la fenêtre éclairée de sa bibliothèque.

Monseigneur Léger suit difficilement la célébration de la messe tant il est troublé par la présence du Saint-Père assis en face de lui.

Le recteur a toujours vénéré les évêques et les cardinaux qu'il a côtoyés durant sa vie. Il a trouvé un protecteur en la personne du cardinal Rouleau et un maître à penser chez le cardinal Verdier. Il a cultivé l'affection de ces hommes qui lui ont procuré de grandes joies. Mais aucune n'a jamais égalé celle qu'il éprouve maintenant devant le Saint-Père. Dès leurs premières rencontres, il a senti peser sur lui le regard du père sur son fils.

Dès qu'une cérémonie religieuse est présidée par le pape, le jeune monseigneur est aux premiers rangs. Cette année-là, il arrive bien avant l'heure à la béatification de mère Delanoue et aux funérailles du cardinal di Belmonte, doyen du Sacré Collège, pour voir Pie XII escorté de la garde noble et porté dans Saint-Pierre sous les projecteurs au son des trompettes d'argent. Une centaine d'ambassadeurs assistent à la cérémonie funèbre. Vingt cardinaux, des évêques, « et j'étais là tout à côté du Vicaire du Christ », note-t-il au retour.

Tout ce que dit le pape prend une importance capitale à ses yeux. Déjà, en 1942, monseigneur Léger, alors curé à Valleyfield, a

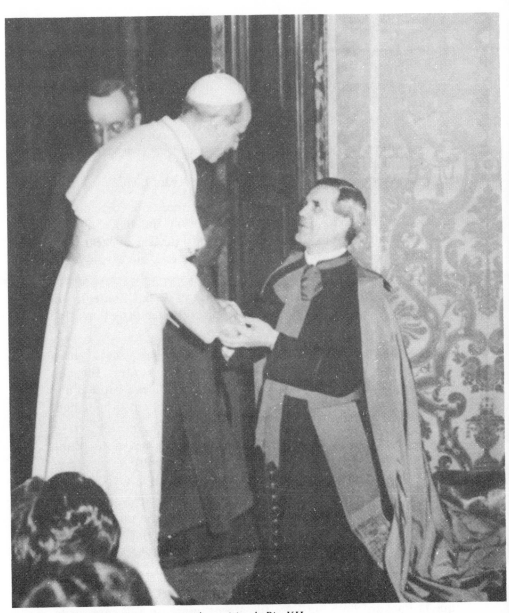

Monseigneur Léger et son père spirituel, Pie XII.

compris que la vision du monde de Pie XII coïncidait avec sa propre conception de la démocratie. Dans son message de Noël, le Pape s'était penché sur le sort des individus, victimes de leur nationalité et de leur race :

> L'Église, écrivit-il, a condamné les divers systèmes du socialisme marxiste et elle les condamne encore aujourd'hui. (...) Elle ne peut ignorer ou ne pas voir que l'ouvrier, dans son effort pour améliorer sa situation, se heurte à tout un système qui, loin d'être conforme à la nature, est en opposition avec l'ordre de Dieu et avec la fin qu'il a assignée aux biens terrestres...
> Le silence serait coupable et inexcusable devant Dieu[3].

Comme Pie XII, il craint le communisme, cette force du mal qui menace la paix. Au lendemain des élections italiennes, il paraît troublé : huit millions d'Italiens ont manifesté leur allégeance au communisme. Il exhorte à la prière, seule capable d'enrayer la gangrène.

« Il est évident, pense-t-il que les prières de la Chrétienté ont sauvé l'Italie et l'Europe de la catastrophe imminente de l'invasion rouge. »

Communion d'idées avec le Saint-Père mais aussi ressemblance frappante dans leurs destinées. Enfant, Eugenio Pacelli a, lui aussi, interrompu ses études collégiales à cause d'une santé fragile. Comme Paul-Émile Léger, il en a été profondément blessé.

Sensibles jusqu'aux larmes, travailleurs acharnés, dotés d'une mémoire prodigieuse, les deux hommes se montrent aussi peu enclins à déléguer leurs pouvoirs. Fort cultivés, ils nourrissent une admiration commune envers l'écrivain français Paul Claudel.

En public, toute leur timidité disparaît et l'un et l'autre orateurs électrisent la foule. Le mot de Pie XI décrivant les talents de son successeur, peut être appliqué à monseigneur Léger : « Pacelli, disait-il, ne récite pas ses discours, il les donne[4]. »

Que dire enfin de l'attrait qu'exerce sur eux la vitesse ? Tandis que la Packard du Saint-Père file à cent quarante à l'heure sur la via Appia des catacombes de Saint-Calixte jusqu'à Castelgandolfo, monseigneur Léger, au volant de sa Chevrolet 1947, zigzague à vive allure dans les rues étroites et sinueuses du Transtevere. Les deux hommes n'ont qu'un désir : gagner du temps.

*   *   *   *   *   *   *

Monseigneur Léger vient de garer sa voiture dans le stationnement réservé aux prélats. Il sourit en passant devant le vendeur qui déballe ses chapelets multicolores sur un comptoir de fortune, à deux pas de la porte grillagée. Malgré l'heure hâtive, les touristes envahissent déjà la place Saint-Pierre. Le recteur a rendez-vous à la bibliothèque du Vatican. Il s'écarte de sa route pour frapper à la porte du bureau de monseigneur Jean-Baptiste Montini, substitut de la Secrétairerie d'État aux affaires ordinaires. Quoique surchargé de travail, monseigneur Montini le reçoit néanmoins tout de suite et l'écoute comme un curé toujours prêt à recueillir les confidences de son vicaire.

« J'apporte une boîte de linge d'autel que le cercle missionnaire de Sainte-Thérèse de Valleyfield a confectionné pour le pape », dit le prélat canadien.

Monseigneur Montini promet de remettre le tout au Saint-Père et le remercie en son nom. En se retirant, le recteur espère que ce nouveau présent le maintiendra dans les bonnes grâces du pape. Il a déjà tant reçu de lui en moins d'un an. Ses attentions, ô combien discrètes, lui vont droit au coeur. Jamais il n'oubliera l'inquiétude manifestée par le pape pour sa santé aux premiers jours de l'hiver, alors qu'une vilaine grippe l'a cloué au lit pendant dix-sept jours avec 39 degrés Celsius de fièvre. Mais plus que tout, il a apprécié la touchante pensée du pape pour sa propre mère à qui il a envoyé une médaille bénie par l'entremise d'une pèlerine de Valleyfield. Pour le remercier, madame Léger lui a fait parvenir une boîte de son fameux sucre à la crème.

À l'approche de *l'Année sainte* de 1950, les visiteurs se font de plus en plus nombreux à Rome et monseigneur Léger, qui sollicite les audiences papales, ne manque pas de les accompagner dans la salle Clémentine. Ignorant que Pie XII est affublé d'un léger bégaiement qui n'est perceptible que dans l'intimité, il devine

213

Monseigneur Léger, au volant de la Chevrolet 1948 prêtée par l'ambassadeur du Canada, Jean Désy, pour lui permettre de véhiculer les dignitaires canadiens.

cependant son extrême timidité. Aussi, s'efforce-t-il de détendre le climat en préparant soigneusement les audiences. Il prend délicatement le bras du Saint-Père sous le coude, s'avance lentement avec lui entre les rangs des pèlerins émus qu'il présente chacun par son nom, en prenant soin de mentionner son occupation ou ses centres d'intérêt.

« Très Saint-Père, voici le président du Conseil exécutif de la Ville de Montréal, monsieur Joseph-Marie Savignac, dit-il un jour au pape.

— Je demande à Dieu de bénir votre travail, dit le pape en français.

— Merci, votre Saint-Siège », fait le président.

Pie XII esquisse un sourire complice à l'intention du recteur, tandis que le gaffeur, dans son trouble, ne s'aperçoit de rien. Les visiteurs les plus audacieux s'adressent directement au Saint-Père.

« Je suis un Canadien pure laine », lui lance un jour l'un d'entre eux.

Intrigué, le Pape se tourne vers monseigneur Léger qui s'empresse d'expliquer,

« *Santo Padre, è senzaltro uno vero canadese.* »

Il arrive aussi que le Saint-Père rie de bon coeur comme le jour où une femme de quatre-vingts ans, au comble de l'énervement, se présente en chaise roulante :

« Très Saint-Père, balbutie-t-elle d'une voix chevrotante, j'ai vu Pie X, Benoit XV et Pie XI. Je ne veux pas mourir avant d'avoir obtenu votre bénédiction.

— Ma chère dame, je suis le pire des quatre, répond Pie XII qui ignore que la vieille femme est sourde.

— Ah ! oui, très Saint-Père », acquiesce-t-elle gravement.

À la fin des audiences, le Saint-Père disparaît par la porte dérobée de la salle Clémentine qui est reliée à sa bibliothèque personnelle.

* * * * * * *

Mais ce matin-là, avant de se retirer, Pie XII invite monseigneur Léger à le suivre dans ses appartements. Il s'informe du Collège canadien et bénit les études de ses pensionnaires.

Le pape a le regard triste de l'homme soucieux. Monseigneur Léger devine le trouble qui l'habite. Depuis la fin de la guerre, tous les pays d'Europe sollicitent son aide : les populations ont faim et froid. La maladie atteint des proportions épidémiques. Grâce aux dons américains, il a pu répondre aux besoins les plus pressants.

« Mais aujourd'hui, confie-t-il, les réserves sont épuisées et les entrepôts sont vides.

— Très Saint-Père, je vous promet de remplir vos magasins », assure le recteur du Collège canadien, qui a son plan.

Les vacances de l'été 1948 arrivent et monseigneur Léger compte employer son séjour au Québec à lancer sa croisade à l'intention des oeuvres de charité papales. Il profite des retraites sacerdotales qu'il prêche et des conférences qu'il donne à droite et à gauche au Québec pour lancer son appel. Il frappe à toutes les portes, même celles des évêques[5].

À Sherbrooke, Québec et Ottawa, la réponse est généreuse, mais à Montréal, monseigneur Charbonneau se montre plus réticent. Le denier de Saint-Pierre fonctionne déjà dans son diocèse et l'archevêque ne voit pas pourquoi on multiplierait par deux les quêtes. Aussi monseigneur Léger se fait-il plus discret dans la métropole. Invité à parler devant un groupe restreint de membres de la Société Saint-Jean-Baptiste de Montréal réunis pour un dîner au Club Canadien, il évite d'aborder directement le sujet.

« Mais, insiste l'un des convives, pourquoi n'organisez-vous pas de collectes dans les paroisses de Montréal ? »

Monseigneur Léger baisse les yeux et répond simplement :

« L'archevêque de Montréal ne me l'a pas permis[6]. »

La réserve de l'archevêque de Montréal ne l'empêche cependant pas de remettre au recteur du Collège canadien, avant son départ, une bourse de 50 000 dollars destinée aux oeuvres du pape.

* * * * * * *

En 1948, toute la chrétienté s'interroge sur les récentes découvertes archéologiques qu'on vient de faire dans les cryptes qui s'étendent sous la basilique Saint-Pierre-de-Rome. A-t-on enfin percé le secret du tombeau de Pierre, vingt siècles après sa mort ?

Le recteur du Collège canadien rapporte de Rome des nouvelles fraîches à ce sujet. Il se sert habilement de ce sujet à la mode pour pénétrer dans tous les milieux en attirant l'attention sur le Saint-Père, mais sans laisser derrière lui l'image du prédicateur qui n'a que le mot aumône à la bouche.

En l'an 64, Rome flamba pendant six jours et six nuits. Pour écarter les soupçons qui planaient sur lui, Néron pourchassa les chrétiens et les fit supplicier dans le cirque de Caligula. Parmi eux, deux apôtres : Paul, qui fut décapité et Pierre, crucifié la tête en bas. La tradition rapporte que l'empereur Constantin fit construire sa basilique sur le lieu même du martyre. Au seizième siècle, le pape Jules II démolit cette basilique pour construire le temple actuel. Cent ans plus tard, le bruit courut que le cercueil de Pierre avait été retrouvé. Le pape Clément VIII ordonna qu'on gardât le silence, craignant que la colère de Dieu ne s'abatte sur ceux qui oseraient troubler la paix de la sépulture.

À la mort de Pie XI, en 1941, il fallut rabaisser le niveau de la crypte pour y faire entrer le volumineux mausolée du pape défunt. C'est alors que les chercheurs découvrirent une nécropole d'une richesse extraordinaire. Pie XII confirma la nouvelle à Radio-Vatican. Dès lors, une question fut sur toutes les lèvres : les restes de saint Pierre étaient-ils toujours dans l'un des tombeaux ?

Un journaliste du *New York Times*, monsieur Cianfarra, affirma que les ossements de Pierre se trouvaient dans une urne en terre cuite, trouvée au milieu de monnaies de l'époque. Il prétendit que Pie XII conservait l'urne dans sa chapelle privée. Invité à commenter, le Vatican garda le silence.

Monseigneur Léger affirme le contraire :

« Les archéologues du Vatican, rectifie-t-il au cours d'une conférence, n'ont pas trouvé le tombeau proprement dit de Pierre ni ses ossements puisqu'il n'en reste plus rien, mais ils ont repéré tous les indices qui permettent d'affirmer quand même que le Prince des Apôtres a bien été enterré sous la crypte de la basilique élevée en son nom[7]. »

Dans l'assistance, monseigneur Langlois qui a fait le voyage de Valleyfield à Montréal expressément pour entendre son ancien curé paraît impressionné.

« Voilà, mes chers amis, où en sont les fouilles qui se poursuivent dans les grottes romaines », conclut monseigneur Léger qui reprend sa place dans un tonnerre d'applaudissements.

Monseigneur Langlois s'avance vers lui.

« Votre récit est captivant, affirme-t-il. Pourquoi ne viendriez-vous pas le répéter à Valleyfield devant nos prêtres en retraite ? »

Monseigneur Léger accepte cette invitation qui le touche profondément. Le 18 août 1948, il parle pour la première fois dans sa cathédrale de Valleyfield après un an d'absence. Avec toute la fougue dont il est capable, il rappelle les efforts de Pie XII pour faciliter les travaux des archéologues. Une fois son exposé terminé, il s'avance vers le sanctuaire et s'agenouille à la balustrade. Pendant ce temps, l'évêque de Valleyfield s'approche de l'autel pour annoncer à ses prêtres une grande nouvelle : Rome a enfin choisi l'évêque qu'il sollicite depuis longtemps pour l'assister.

Monseigneur Léger retient son souffle. Certes, il connaît les démarches entreprises par son ancien évêque pour obtenir un coadjuteur qui lui succédera automatiquement. Monseigneur Langlois n'est plus très jeune et les besoins du diocèse vont grandissant. Au fond de lui-même, l'ancien curé est convaincu que son nom figure sur la liste des trois candidats soumis à Rome, comme c'est la règle. Il garde le souvenir amer de la lettre anonyme l'accusant de tirer des ficelles dans la Ville éternelle pour mousser sa can-

Les vivres en provenance du Canada français sont tout de suite acheminés vers les villes européennes qui ont été les plus frappées par la disette.

didature. Mais pourquoi choisir le jour de son passage à Valleyfield pour dévoiler la nomination?

Monseigneur Langlois annonce le nom de l'élu: le chanoine Percival Caza, supérieur du séminaire de Sainte-Thérèse[8]. L'ancien curé de la cathédrale ne bronche pas en apprenant que son ami d'enfance, celui-là même qui lui a enseigné les rudiments du latin, portera bientôt la mitre.

*   *   *   *   *   *   *

"Le casse del Canada sono delle case!" *lance un ouvrier en regardant l'une des grosses malles remplies de vivres et de vêtements provenant du Canada français.*

Monseigneur Langlois se rend à l'aéroport de Dorval pour faire ses adieux au recteur du Collège canadien. L'été s'achève et ce dernier repart satisfait. En moins de trois mois, il a recueilli cinq mille caisses de nourriture, de vêtements usagés et de médicaments. Pendant que son avion vole au-dessus du Labrador, les provisions voguent lentement dans la cale d'un cargo transatlantique.

Huit jours après l'arrivée du recteur à Rome, les colis enveloppés de papier brun et les boîtes de bois adressés à Sa

Sainteté le Pape Pie XII remplissent l'entrepôt vitré de la gare du Vatican. Au loin derrière le wagon, sur le quai de déchargement, le dôme de Saint-Pierre scintille.

« *Le casse del Canada sono delle case* ! » lance un ouvrier en soulevant une grosse caisse[9].

Monseigneur Léger sourit au jeu de mots. Oui, ces caisses sont presque des maisons et il en est fier. Quand il est arrivé pour assister à l'inventaire, cinq wagons étaient déjà vides. Les *san-piétrini*, ou « ouvriers de Saint-Pierre », transportaient les boîtes à bout de bras jusqu'aux camions qui les conduiraient aux magasins du pape.

« Et ce n'est que le début », songe-t-il en pensant aux prochains arrivages en provenance de Québec et d'Ottawa.

Vingt mille boîtes ont été emballées par des écoliers. Elles contiennent des livres et articles scolaires. Les jeunes ont signé : « Les enfants du Canada vous envoient ces colis et nous espérons que nous n'aurons plus jamais la guerre[10]. »

« Si ma demande d'huile de foie de morue est entendue, je vais avoir une vraie réputation dans le pays », écrit monseigneur Léger à ses parents.

La réaction de Pie XII ne se fait pas attendre. Le lendemain, 11 octobre, monseigneur Léger reçoit de Castelgandolfo, une lettre écrite de la main du pape :

À notre cher fils, Paul-Émile Léger (...)
Nous ne saurions vous dire combien nous sommes émus de ce nouveau trait de l'exquise générosité de nos fils du Canada (...)
Nous constatons avec joie une fois de plus qu'il a suffi d'un appel dont vous avez eu la filiale idée, pour que se manifestât (...) leur sens profond de l'unité de l'Église[11].

Au pays, la lettre manuscrite du Pape fait la manchette des journaux. Pour stimuler la générosité de ses concitoyens, monseigneur Léger envoie des photos à *La Presse*, à *La Patrie* et à la *Gazette*, par l'entremise de mademoiselle Hélène Lamy, la cheville ouvrière de l'oeuvre. À sa demande, les articles qui les ac-

*Derrière la gare de triage où monseigneur Léger vérifie les arrivages de médi-
caments, de vêtements et de nourriture, on aperçoit le dôme de Saint-Pierre.*

compagnent sont révisés par monseigneur Desranleau. L'oeuvre de la Croix d'Or est lancée.

Les cent cinquante barils d'huile de foie de morue finissent aussi par arriver! Ils prennent le chemin de l'Allemagne où, affirme-t-on, quatre-vingt-dix-sept pour cent des enfants de la guerre sont menacés de tuberculose. La cargaison d'Ottawa suit: plus de 10 000 dollars d'huile de foie de morue et sept cents caisses de vivres et de vêtements. Cette fois, c'est le substitut, monseigneur Montini, qui adresse les remerciements aux donateurs de la capitale fédérale:

> Les catholiques canadiens ont voulu manifester une fois de plus, à l'appel du zélé recteur du Collège canadien à Rome, monseigneur Paul-Émile Léger, leur attachement au Saint-Père...[12]

L'Église canadienne-française ne passe pas inaperçue. Pour la première fois, la générosité des Canadiens français n'est pas assimilée aux contributions du reste du Canada et des États-Unis. Le prestige qui en rejaillit sur monseigneur Léger enveloppe le Collège canadien tout entier qui fête ses soixante ans d'existence le 21 novembre 1948. À cette occasion, le cardinal Federico Tedeschini, archiprêtre de Saint-Pierre et dataire de Sa Sainteté, prend officiellement possession du Collège à titre de protecteur.

Toute la colonie canadienne à Rome s'est rendue à l'invitation du recteur qui reçoit dans son imposant salon orné de fougères, de bustes de marbre et de fauteuils de velours. À gauche du trône surélevé, les ambassadeurs de France, d'Angleterre, d'Irlande et d'Écosse entourent monsieur Désy du Canada et quelque cinquante archevêques et évêques. En face, deux cents prêtres et religieux canadiens suivent la cérémonie.

Au trône, le cardinal Tedeschini, dans son costume d'apparat, reçoit les hommages de monseigneur Léger qui réaffirme l'indéfectible attachement du Canada au siège de Pierre, depuis le premier évêque de Québec, monseigneur Montmorency de Laval, jusqu'à ce jour où l'Église canadienne toute entière manifeste sa générosité au pape[13].

Après le renouvellement des promesses cléricales, une coutume sulpicienne en la fête de la Présentation de Marie, les convives passent à la somptueuse salle à manger ornée de tableaux représentant les principales phases de la vie de saint Jean-Baptiste, patron des Canadiens français. Un banquet pour fins gourmets suit. Les soeurs se sont surpassées aux fourneaux. Le repas s'étire jusqu'à 23 heures. Tout s'est passé comme prévu, pense monsieur Tanguay, l'économe, en s'épongeant le front au sortir de table.

Références — Chapitre XII

1. Groulx, chanoine Lionel, *Mes mémoires 4*, Fides, Montréal, 1974, p. 233.
2. Lussier, chanoine Charles, entrevue et article qu'il a signé dans *Le Devoir* du 29 novembre 1947.
3. Chaigne, Louis, *Portrait et vie de Pie XII*, les éditions Saint-Augustin, Paris, 1966, p. 139.
4. *Ibid.*, p. 68.
5. Laporte, Pierre, *Le Devoir*, 19 avril 1954.
6. René Paré.
7. *Le Devoir*, 13 mars 1952.
8. *La cathédrale de Salaberry-de-Valleyfield*, brochure publiée en 1963, p. 54.
9. *La Patrie*, 13 mars 1949.
10. *La Presse*, 30 octobre 1948.
11. *La Patrie*, 13 mars 1949.
12. Lettre circulaire au clergé paroissial du diocèse d'Ottawa, le 20 décembre 1948.
13. *La Patrie*, 6 février 1949.

Chapitre XIII
L'énigmatique affaire Charbonneau

Cette journée du 15 février 1949 commence mal pour monseigneur Léger. Parti de bon matin pour accueillir l'archevêque de Montréal à sa descente de bateau, à Naples, il en revient bredouille. Monseigneur Joseph Charbonneau est bel et bien arrivé, mais il a décidé de filer vers Rome dans la voiture mise à sa disposition par l'agence de voyages Hone. Les deux prélats ont dû se croiser quelque part dans la campagne italienne.

Même si l'archevêque de Montréal n'avait pas cru bon de prévenir personnellement le Collège canadien de son arrivée, une dépêche émanant de son archevêché laissait néanmoins clairement entendre qu'il débarquerait à Naples le 15 février. Aussi le recteur n'a-t-il pas hésité à se rendre au quai de débarquement comme il le fait toujours lorsqu'un évêque canadien arrive. C'est la première fois qu'un tel malentendu survient. Pourtant, Dieu sait à quel rythme les prélats défilent dans Rome en cette année 1949.

L'habitude veut que les archevêques et évêques de tous les pays du monde effectuent un voyage *ad limina* une fois tous les cinq ans pour rendre compte de leur administration au pape et faire un pèlerinage aux tombeaux des apôtres. La guerre a interrompu cette coutume qui reprend de plus belle à la veille de l'Année sainte.

À l'automne, c'est le majestueux cardinal James McGuigan de Toronto, drapé dans son manteau de pourpre, qui est venu voir le premier le Saint-Père qui se reposait à sa résidence de Castelgandolfo. En janvier, le timide monseigneur Anastase Forget de Saint-

227

Monseigneur Léger conduit les prélats canadiens en audience chez le Saint-Père. Cette fois, c'est le majestueux cardinal MacGuigan de Toronto, qui sera reçu en audience.

Jean est reparti déçu par la brièveté de l'audience. Pie XII n'est pas disert. Aussi, monseigneur Léger avertit-il toujours les évêques de remettre un document écrit au pape qui s'en inspire pour mener le dialogue.

L'archevêque de Québec, monseigneur Maurice Roy, était débarqué du *Vulcania* le 16 janvier, avec son confrère de Saint-Jean. Mais contrairement à ce dernier, il prolonge son séjour et le recteur lui a cédé sa chambre. L'arrivée de monseigneur Charbonneau porte à huit le nombre des visiteurs de marque qui séjournent au Collège canadien.

Monseigneur Léger joue au cicérone escortant les ecclésiastiques avec une aisance étonnante à travers les labyrinthes de la cité vaticane. Véritable chaperon, il les conduit lui-même jusqu'à la salle d'audience où Pie XII les reçoit. Après son tête-à-tête avec l'évêque canadien, le Saint-Père, qui ne cache pas sa sympathie pour le recteur du Collège, lui fait l'honneur de le recevoir dans sa bibliothèque pour le combler de ses bénédictions. Ce traitement de faveur impressionne les visiteurs du Canada.

Ignorant tout de la procédure romaine, les évêques remettent volontiers leurs requêtes personnelles entre les mains de monseigneur Léger qui les porte lui-même au Saint-Office, à la Propagande, à la Consistoriale ou aux autres congrégations.

« À propos, demande un jour un brave évêque en passant devant la Consistoriale, qu'est-ce qu'ils font dans cette boutique ?

— Monseigneur, répond le recteur, c'est cette boutique qui vous a fait évêque. »

Parfois, monseigneur Léger intervient lui-même auprès du pape pour faire avancer une cause. Monseigneur Georges Mélançon de Chicoutimi l'a bien vu, lui qui se préparait à rentrer au pays sans avoir obtenu gain de cause. Sa demande était complexe : il sollicitait la permission de remettre à ses chanoines les insignes auxquels leur rang leur donnait droit : *cappa magna,* bague, etc. Or, à la même époque, le délégué apostolique, monseigneur Antoniutti, faisait justement campagne pour mettre fin à ces privilèges.

« Lors des cérémonies, mes chanoines seront humiliés à côté de ceux des autres diocèses, s'était plaint monseigneur Mélançon.

— Remettez-moi vos documents sur le sujet, fit alors monseigneur Léger. Je vais voir ce que je peux faire. »

Malgré un horaire très chargé, Pie XII accepta de recevoir le recteur qui lui exposa le problème de l'évêque de Chicoutimi. Sans faire ni une ni deux, le pape approuva sa requête en apposant sa signature au bas du document. Monseigneur Mélançon repartit soulagé et, ce jour-là, le recteur se fit un ami à vie.

Monseigneur Léger conduit aussi un jour auprès du Saint-Père l'évêque de Nicolet, monseigneur Albini Lafortune, qui souffre d'un cancer. La maladie est déjà fort avançée et malgré toute la prévoyance dont son hôte l'entoure, le malade déploie des efforts héroïques.

*   *   *   *   *   *   *

Même s'ils se sont manqués le matin à Naples, le recteur et monseigneur Charbonneau se retrouvent le soir au dîner. Durant l'après-midi, monseigneur Léger a insisté pour que les étudiants de son diocèse aillent lui souhaiter la bienvenue à sa chambre.

L'archevêque de Montréal paraît bien nerveux. Il faut dire que depuis un certain temps, ses relations avec les évêques du Québec se sont nettement détériorées. Il connaît les sentiments de ses pairs et se sent seul. Certains des évêques qui séjournent au Collège jugent nécessaire d'obtenir sa démission et en discutent même dans le petit salon vert où, d'ailleurs, le recteur n'est pas admis et qu'évite monseigneur Charbonneau. « L'archevêque de Montréal est-il venu à Rome pour défendre sa cause auprès des autorités ecclésiastiques ? » L'on pose la question à mots couverts.

En ces années d'après-guerre, le climat des assemblées épiscopales du Québec est loin d'être au beau fixe. Il faut remonter à la réunion du 27 février 1946, tenue à Montréal à la demande expresse de monseigneur Charbonneau, pour découvrir l'origine du malaise. Les évêques discutaient du projet de loi présenté à l'Assemblée législative qui devait permettre aux infirmières québécoises de se regrouper en une corporation non confessionnelle. Opposés à la neutralité religieuse même en matière syndicale, ils optèrent plutôt pour la création de deux corporations autonomes d'infirmières, l'une catholique et l'autre neutre. Mais monseigneur Charbonneau, un Franco-Ontarien ayant vécu toute sa vie dans une province dominée par les syndicats internationaux, voyait les choses d'un autre oeil. Pour lui, la liberté de choix était sacrée :

« Je veux la justice pour mon peuple », s'écria-t-il durant la discussion en frappant la table violemment de son poing.

Les évêques, à qui Duplessis avait promis de faire voter leur projet de loi à la condition qu'ils soient tous d'accord, confièrent à leur confrère dissident le mandat de communiquer aux infirmières leurs idées sur la question. Mais l'association des gardes-malades et sa présidente, Eileen Flanagan, refusèrent d'envisager la division de leurs membres sur une base confessionnelle et ce, avec la bénédiction de monseigneur Charbonneau[1].

La même année, le cardinal Villeneuve, président de l'Assemblée des évêques, se rendit à Rome où il mit le pape Pie XII au courant de la formule syndicale confessionnelle, telle que pratiquée au Québec. Il lui demanda s'il y avait lieu de se montrer moins intransigeant sur le principe.

« Gardez vos syndicats catholiques », avait répondu Pie XII.

Désormais entre le cardinal Villeneuve et monseigneur Charbonneau, rien n'alla plus. Le second n'avait d'ailleurs jamais pardonné au premier de s'être mis au service de la propagande de guerre en se laissant photographier, tout souriant, au volant d'un char d'assaut[2].

À vrai dire, monseigneur Charbonneau a des problèmes avec tout l'épiscopat. On lui reproche, par exemple, de ne pas se donner la peine de répondre à son courrier. Certains prêtres de son diocèse qui n'ont plus aucun respect pour lui, l'appellent le « Grand Jos »[3]. Son grand vicaire, monseigneur Philippe Perrier, a confié au chanoine Groulx que l'archevêque a reçu en plaisantant deux avertissements de la Curie romaine.

« Il apprendra peut-être, a-t-il ajouté, qu'on ne se moque pas impunément des *monitum* de la Curie romaine[4].

À cette époque, les sautes d'humeur de l'archevêque de Montréal aux réunions épiscopales sont légendaires. À tel point que monseigneur Langlois qui n'est pas particulièrement bagarreur décide un jour de ne plus assister aux assemblées qui le bouleversent. Il explique pourquoi à son ami Lionel Groulx :

Entre nous, nous discutons parfois très fortement ; monseigneur Desranleau y va vigoureusement, mais toujours en gentilhomme. L'autre nous injurie si grossièrement que je sors de là énervé, malade[5].

À un moment donné, monseigneur Charbonneau décida de ne plus assister aux réunions de l'épiscopat. Chargé de le mettre au courant des décisions prises en son absence, monseigneur Arthur Douville, de Saint-Hyacinthe, se désiste. Le plus agressif de tous, monseigneur Courchesne, est révolté de le voir tolérer et même encourager le port du clergyman dans son archidiocèse et se demande à haute voix si son confrère a la foi...[6]

S'il arrive que monseigneur Léger entre par inadvertance dans le salon vert du Collège canadien au moment où les évêques discutent de la conduite de monseigneur Charbonneau, l'on s'empresse de changer de sujet. Il pressent le malaise. Vivant en dehors du Québec depuis bientôt trois ans, il garde de monseigneur Charbonneau le souvenir d'un homme accueillant, chaleureux même. Leur première rencontre remonte à 1937 quand il était encore missionnaire au Japon. Il s'était arrêté à l'archevêché d'Ottawa où monseigneur Charbonneau, le vicaire général du diocèse, l'avait reçu. Au cours du dîner qu'ils prirent en tête-à-tête, la conversation alla bon train et le vicaire général n'en finissait pas d'interroger le missionnaire sur ses activités au Japon.

Plus tard, à l'époque où il était curé de la cathédrale de Valleyfield, monseigneur Léger eut à nouveau l'occasion de mesurer la sympathie que lui portait monseigneur Charbonneau lorsqu'il accourut à l'archevêché pour lui parler de la fausse rumeur qui circulait et qui faisait de lui le prochain évêque auxiliaire de Montréal.

Depuis qu'il est à Rome, le recteur du Collège canadien ne manque pas, quand il revient à Montréal pour ses vacances d'été, de s'arrêter à l'archevêché pour rendre compte de la conduite des prêtres québécois en séjour à Rome à leur archevêque. Ce dernier l'accueille chez lui avec sympathie. En 1948, il lui a même demandé de prêcher la retraite sacerdotale dans son archidiocèse. Avant son départ pour Rome, il lui a remis une somme d'argent à offrir au pape, don de ses fidèles et destinée à la célébration de cinquante mille messes.

Lors de leurs rencontres, monseigneur Charbonneau s'est parfois plaint au recteur de l'incompréhension de l'épiscopat du

Québec face à l'évolution de la question sociale. Marqués par l'encyclique de Pie XI sur le communisme, publiée en 1937, et par la position adoptée par Pie X sur la confessionnalité des associations, les évêques, aux dires de l'archevêque de Montréal, refusaient l'évolution de la société. Il lui arrivait même de s'emporter lorsqu'il abordait ces questions:

« Ah! ces petites mitres de province, je m'en moque!» laissait-il échapper.

L'archevêque aimait répéter qu'il était l'épine dans le pied des évêques. Il ne détestait pas provoquer ses interlocuteurs. C'était dans sa nature volcanique, mais sans doute aussi cultivait-il au fond de son coeur un reste de rancune. Le Franco-Ontarien n'avait jamais oublié la réception glaciale qu'on lui avait réservée le jour de son arrivée à Montréal le 18 mai 1940 comme évêque coadjuteur. Personne n'était venu l'accueillir. Il remit sa valise au portier à qui il demanda où était la chambre du coadjuteur.

« Pourquoi? interrogea le portier.

— Parce que c'est moi », répondit-il[7].

*   *   *   *   *   *   *

Ce n'était que le début de ses déboires. Aux yeux de certains, sa plus grande erreur fut de nommer le 31 août 1940 un évêque auxiliaire de langue anglaise, monseigneur Lawrence Whelan, pour représenter les cent mille anglophones de la métropole.

On lui reprochait encore d'avoir appuyé le projet de non-confessionnalité des coopératives, mis de l'avant en décembre 1945 par le doyen de la Faculté des Sciences sociales de l'université Laval, le Père Georges-Henri Lévesque, dans la revue *Ensemble* du Conseil supérieur de la coopération. Même si le dominicain y faisait une distinction entre la non-confessionnalité, qui est l'acceptation de la foi sans manifestation extérieure, et la neutralité, qui est le refus de la foi, sa thèse fut immédiatement contestée par certains évêques qui

233

craignaient de la voir appliquer non seulement aux coopératives mais aussi aux syndicats.

Ces évêques reçurent l'appui du cardinal Villeneuve qui, le 10 février 1946, alors qu'il voguait vers l'Italie à bord du *Queen Elizabeth,* signa une mise au point claire et précise. Lui qui avait toujours appuyé le doyen de la Faculté des Sciences sociales, il lui servait une remontrance qui donnait raison aux critiques du Père Lévesque lui reprochant de s'ingérer dans les affaires concernant l'épiscopat. Il écrivait notamment :

Les Évêques de notre Province ont toujours recommandé, conformément aux principes et en raison de l'apostolat social de l'Église, que les groupements sociaux et les organisations même d'ordre économique chez les nôtres se fassent ordinairement entre catholiques. Jusqu'à nouvel ordre, on doit s'en tenir à ces directives[8].

D'autre part, le Père Lévesque eut aussi maille à partir avec les Jésuites de l'École sociale populaire de Montréal. Le provincial des Dominicains, le Père Pie-Marie Gaudrault, d'Ottawa, se porta à sa défense :

Ce religieux est mon religieux. J'ai le devoir, il me semble, de le défendre, au moins d'essayer d'empêcher qu'on jette l'odieux sur lui...

Le Père Gaudrault s'efforça donc de justifier la thèse du Père Lévesque :

Il y a des incroyants, des indifférents, des catholiques à « gros grain » dont la foi est tout juste suffisante pour les pousser à la messe le dimanche. Ce sont des neutres d'esprit et de pratique...Il y a aussi des catholiques et des protestants qui tiennent à leur religion respective mais, en compagnie, ils produisent du beurre, vendent des patates...et leurs organisations ne sont pas officiellement catholiques. Ce sont des non-confessionnels[9].

Le 29 mars 1946, à peine un mois après la mise au point du cardinal Villeneuve, monseigneur Charbonneau le défia en autorisant la publication de cette brochure du Père Gaudrault.

Ce geste ne pouvait qu'indisposer le cardinal Villeneuve. Il y a fort à parier que le testament spirituel (rédigé à New York en 1946) qu'il adressa au Saint-Père avant de mourir eut une influence sur le cours des événements[10]. Monseigneur Langlois fut l'un des seuls évêques à en prendre connaissance, mais jamais il n'en parla avec monseigneur Léger même si celui-ci était le curé de sa cathédrale. L'ancien secrétaire du cardinal Villeneuve, monseigneur Paul Bernier, connaissait lui aussi la teneur de ce grave mémoire sur la situation religieuse du pays. À Rome, où il occupe un poste à la Secrétairerie d'État au moment où monseigneur Léger est recteur du Collège canadien, il n'aborde jamais directement le problème Charbonneau avec celui-ci. Mais il lui pose tant de questions que le recteur en vient à croire que l'ancien secrétaire est dans le secret des dieux...

À Rome, monseigneur Charbonneau ne cherche pas querelle à ses confrères qu'il évite sauf monseigneur Roy avec qui il visite les champs de bataille. La plupart du temps, il circule dans Rome en compagnie de Charles-Auguste Demers, jeune prêtre d'Ottawa qui pensionne au Collège canadien.

L'archevêque de Montréal a bien connu la Ville éternelle avant la guerre, lorsqu'il était lui-même étudiant et qu'il logeait au Collège canadien. Mais alors, il avait choisi pour compagnon de promenade Percival Caza, l'ami d'enfance de Paul-Émile Léger, devenu en 1949 évêque auxiliaire de Valleyfield.

Le 22 février, une semaine après son arrivée, monseigneur Léger le conduit enfin auprès du pape. L'audience dure une demi-heure. L'archevêque doit subir un interrogatoire sérieux, comme il le confie à un des élèves du Collège. Pourtant, il sort de la salle en souriant :

« J'ai raconté des histoires drôles au Saint-Père et il a bien ri », commente-t-il[11].

Mais sa bonne humeur sonne faux. Monseigneur Léger n'est pas dupe, lui qui commence à connaître l'archevêque de Montréal suffisamment pour savoir qu'il cache ses sentiments les plus déchirants derrière un éclat de rire.

En février 1949, monseigneur Joseph Charbonneau, archevêque de Montréal, se rend auprès du Saint-Père. À Rome, d'aucuns croient qu'il vient défendre sa cause.

Photo tirée de *L'histoire bouleversante de Monseigneur Charbonneau* de Renaude Lapointe, Éditions du Jour, 1962.

Le pape lui suggéra-t-il alors de démissionner? Il semble que oui, si l'on en croit un confident à qui Pie XII affirma plus tard que cette éventualité avait été envisagée. (Ce personnage l'apprendra lui-même à monseigneur Léger, quelques années après, alors qu'il sera archevêque de Montréal.)

En reconduisant monseigneur Charbonneau au Collège canadien, après son audience, le recteur garde le silence. Le pape ne lui a pas fait de confidences. Ce n'est que beaucoup plus tard qu'il pourra mettre en place les morceaux de ce casse-tête chinois.

En entrant dans le hall du Collège, l'imprévisible archevêque lance:

« J'ai vu les colonnes du temple et elles ne se sont pas effondrées[12]. »

Le lendemain de cette audience, un émissaire du pape frappe à la porte du Collège et demande à parler à monseigneur Charbonneau.

« Le Saint-Père vous prie de vous présenter au Saint-Office », dit le *monsignor.*

Monseigneur Charbonneau le remercie, mais contre toute attente, décide de passer outre à la requête du souverain pontife.

« Monseigneur, suggère un ami, pourquoi n'y allez-vous pas ? Vous pourriez rencontrer les cardinaux et expliquer votre point de vue.

— À quoi bon ? répond-il l'air absent.

— Méfiez-vous, l'avertit le supérieur d'une congrégation religieuse. Si j'étais à votre place, je resterais. Je cultiverais quelques sous-ordres pour me faire montrer les dossiers[13]. »

Mais monseigneur Charbonneau s'entête. Le 23 mars 1949, il s'embarque sur le *Vulcania* sans avoir effectué aucune démarche. Monsieur Robin qui raconte au recteur Léger les tentatives infructueuses de plusieurs religieux pour convaincre l'archevêque de Montréal de se défendre, ajoute en hochant la tête :

« Celui-là s'attire des bosses ! »

Après son départ, la ronde des visites épiscopales continue. Monseigneur Desranleau déambule dans les corridors du Vatican tel le maître des lieux pendant que monseigneur Langlois s'émerveille de voir les liens personnels qui unissent son protégé au Saint-Père. Monseigneur Alexandre Vachon, d'Ottawa, passerait, lui, pour un grand seigneur, ne fût-ce du gonflement exagéré des poches de sa soutane, toujours bourrées de chapelets à bénir. En décembre 1949, les derniers prélats du Québec arrivent pour assister aux cérémonies d'ouverture de l'Année sainte. Il y a Arthur Douville de Saint-Hyacinthe, Napoléon-Alexandre Labrie, premier évêque du golfe Saint-Laurent et enfin l'influent Georges Courchesne, de Rimouski.

Le recteur du Collège canadien n'a plus une minute à lui, mais il aime cette vie essoufflante. Il écrit à ses parents :

> C'est un beau métier que de servir les chefs de l'Église.

* * * * * * *

L'audience de monseigneur Courchesne avec le souverain pontife se déroule merveilleusement bien. Le grand et mince vieillard a la sympathie du pape qui lui réserve toujours de longs entretiens dont les Rimouskois tirent orgueil. L'évêque de Rimouski lui a remis une volumineuse documentation sur la situation douloureuse de l'Église canadienne-française. À sa sortie des appartements papaux, ses yeux brillent de malice tandis qu'il traverse le long corridor orné de fresques de Raphaël.

Mission accomplie ! Cette visite au pape met un terme à une série de conciliabules et de démarches plus ou moins officielles qui durent depuis six ans et dont le but avoué est de mettre un point final à ce qu'on appelle au sein de l'épiscopat québécois « le problème social ».

Or ce fameux « problème social » est sujet à diverses interprétations. Certains affirment qu'il s'agit d'une façon allégorique de désigner l'affaire Charbonneau. D'ailleurs, l'évêque de Rimouski n'a jamais caché son intention d'obtenir la démission de l'archevêque de Montréal et a affirmé à son ami le chanoine Groulx que c'était là la seule solution.

> Il n'y aura qu'un moyen peut-être d'empêcher ton archevêque de nous faire tout le mal qu'il est en train de nous faire et ce sera d'obtenir sa déposition[14].

Le « mal » dont parle monseigneur Courchesne, ce sont les idées de gauche de son confrère de Montréal. Quand on pense que ce dernier s'est permis d'affirmer devant un groupe de prêtres que le communisme avait évolué, qu'il s'était orienté vers un régime plus humain et plus adapté au monde moderne, voire qu'il s'était mué en un capitalisme réformé, mitigé, nullement à craindre[15] !

Et que dire aussi de cette apologie du Parti socialiste (C.C.F.) qu'il a faite pendant les retraites sacerdotales ? C'était là faire fi de

Monseigneur Courchesne de Rimouski passe toujours de longs moments en compagnie de Pie XII, lors de ses voyages à Rome. Les Rimouskois en tirent orgueil.

Photo gracieusement prêtée par l'Archevêché de Rimouski.

la lettre pastorale de son prédécesseur, monseigneur Georges Gauthier, qui, en 1934, avait cru bon de prévenir tous les fidèles contre les enseignements subversifs qui menaçaient de les ébranler dans leur foi. Rappelant l'avertissement de Pie XI qui écrivait que «personne ne peut être en même temps bon catholique et vrai socialiste», l'évêque coadjuteur de Montréal dénonçait les trois erreurs du socialisme : la suppression de la propriété privée, la lutte des classes et une conception matérialiste de l'ordre social[16].

Avant de s'embarquer pour l'Italie, monseigneur Courchesne a exposé le «problème social» à son ami, le délégué apostolique. À chacune des visites à Rimouski de monseigneur Antoniutti, qui aime respirer l'air vivifiant du golfe Saint-Laurent, il revient sur le sujet. Un jour, au cours d'une promenade dans les jardins de son palais, monseigneur Courchesne s'étonne de voir que le pape n'a pas encore apporté aucune solution.

«Rome ne nous aime pas», soupire-t-il en repoussant la mèche de cheveux qui retombe sur son front.

Monseigneur Antoniutti cache son propre agacement derrière un visage impassible. Il en a assez, lui aussi, de l'attitude vexante de l'archevêque de Montréal. Le délégué admire le courage de monseigneur Charbonneau qui, lors de la grève d'Asbestos, a pris la défense des travailleurs, mais il est contrarié par sa piètre administration de l'archidiocèse de Montréal. En le nommant, il avait cru mettre fin à cinquante années de gouvernement difficile dues aux maladies des évêques Bruchési et Gauthier. Neuf ans plus tard, la situation est loin d'être redressée.

«Mon suprême remords, c'est de l'avoir promu à Montréal, confie-t-il alors, et c'est un remords que j'emporterai dans la tombe[17]!»

*   *   *   *   *   *   *

La veille de son départ pour Rome, monseigneur Courchesne va dîner chez son ami le chanoine Groulx. Mais à aucun moment, le nom de monseigneur Charbonneau n'est prononcé. L'évêque de Rimouski demande néanmoins :

« Penses-tu que cela en vaudrait la peine que le petit évêque de Rimouski cherchât quelques entrevues à propos de nos affaires avec les grands personnages de la Curie romaine ?

— Si nos évêques ne s'occupent pas de nos affaires, je me demande qui va s'en occuper », répond le chanoine[18].

(Monseigneur Courchesne était certainement préoccupé par le comportement de l'archevêque de Montréal. Pourtant, après cette dernière rencontre, le chanoine Groulx qui le connaissait depuis ses années de jeunesse demeura convaincu que son ami n'était nullement parti avec le dessein net d'obtenir la tête de monseigneur Charbonneau. Si tel avait été son projet, il lui en aurait certainement parlé, écrira-t-il plus tard dans ses mémoires[19].)

L'évêque de Rimouski était également hanté par l'attitude que l'Église du Québec devait prendre face aux conflits syndicaux qui pullulaient et dont le plus douloureux, la grève de l'amiante à Asbestos, venait de se terminer. Car le problème social, c'était aussi cela. Le dossier qu'il tenait sous le bras tandis que monseigneur Léger le conduisait auprès du pape prenait la forme d'un document de trente-cinq mille mots rédigé par l'épiscopat du Québec et consacré au problème ouvrier. Ce code social, qui tentait d'ajuster la pensée sociale de l'Église à l'industrialisation de la société et à ses conséquences, allait obtenir l'appui de tous les évêques, y compris celui de monseigneur Charbonneau qui y travailla d'arrache-pied.

Là-dessus, au moins, les deux hommes se rencontraient même s'il n'était pas toujours facile pour monseigneur Courchesne qui n'était plus très jeune de s'adapter à l'évolution du monde ouvrier. Pourtant, aux jours sombres de la grève d'Asbestos, en 1949, c'est à lui, le doyen des évêques, que ses pairs avaient demandé d'intervenir auprès du Premier ministre de la province dont il était l'ami. Les deux évêques dont les diocèses étaient concernés par le conflit, monseigneur Desranleau, de Sherbrooke, et monseigneur Roy, de Québec, étaient alors en voyage à Rome et l'évêque de

Rimouski accepta de prendre position en écrivant à Maurice Duplessis.

Dans sa première lettre, datée du 1er avril 1949, monseigneur Courchesne rappelait au Premier ministre que ses collègues étaient inquiets des événements et unanimes à souhaiter qu'une solution fût au plus tôt trouvée à la crise ouvrière des Cantons de l'Est, grève « illégale mais juste ». Il ajoutait :

Quand la légalité ne sert pas au bien commun, elle perd sa valeur morale et fait plus de mal que de bien. La loi doit être mise à l'ordre de la raison, promulguée pour le bien commun...[20]

Dix-huit jours plus tard, le vieil évêque revenait à la charge en soulignant à Duplessis « qu'il n'y aurait plus qu'à obtenir de la compagnie deux sous de plus que ce qui a été accordé aux ouvriers sortis de la grève ».

Monseigneur Courchesne profita de ces échanges épistolaires pour prévenir le Premier ministre qu'une lettre pastorale des évêques sur « Le Travail et ses conditions » était en préparation. En fait tous les évêques étaient impliqués. Tandis que monseigneur Roy jouait le rôle de médiateur entre les parties et que monseigneur Charbonneau lançait son fameux cri dans l'église Notre-Dame, en frappant le parquet de sa crosse : « La classe ouvrière...est victime d'une conspiration qui veut son écrasement, et quand il y a conspiration pour écraser la classe ouvrière, c'est le devoir de l'Église d'intervenir...[21] », les autres prélats souscrivaient à la suggestion du chanoine Groulx de lancer une collecte publique dans tous les diocèses en faveur des grévistes. Le conflit syndical se termina en juin 1949, mais l'épiscopat continua à préparer sa lettre pastorale.

Le 14 juillet de la même année, après avoir lu la première version, monseigneur Courchesne écrivit quelques pages d'observations personnelles qui furent substantiellement incorporées à la deuxième version du message. L'évêque de Rimouski était déjà à Rome lorsqu'il en reçut la copie finale et en discuta avec Pie XII au cours de son audience du mois de décembre.

*   *   *   *   *   *   *

Assis sur la banquette de la voiture à côté de l'évêque de Rimouski, monseigneur Léger lui trouve la mine radieuse. Le vieux prélat avait l'habitude de dire aux cultivateurs de son diocèse : « Occupez-vous de vos affaires...mais occupez-vous-en ! » C'était précisément ce qu'il venait de faire. L'automobile de monseigneur Léger débouche sur la place Saint-Pierre, file vers le pont et quitte le Vatican. Monseigneur Courchesne se tourne alors vers son chauffeur et, avec tout le pittoresque dont il est capable, lance :

« Mon petit, on est sorti du village, on peut fumer. »

Le 5 décembre, dans sa chambre du Collège canadien, le vieil évêque écrit à monseigneur Charles-Omer Garant, le secrétaire de l'Assemblée des évêques du Québec chargé de réviser le texte de la lettre pastorale. Le « vieux maître d'école », comme il s'appelle lui-même, veut encore apporter quelques nuances au texte. Mais il en est satisfait :

C'est un document qui ira loin et qui doit être au-dessus de tout reproche. Je le trouve propre à mettre de l'huile sur les flots...
J'ai dit au Saint-Père que nous attendions beaucoup de bien et d'apaisement chez les patrons de cette Lettre collective...[22]

L'avant-veille du jour de l'an, Monseigneur Courchesne quitte l'Italie par un temps si maussade que monseigneur Léger décide de l'accompagner jusqu'à son bateau.

L'évêque de Rimouski paraît fort satisfait de son séjour. Il a été particulièrement ravi de constater que l'Église du Canada français est de mieux en mieux connue à Rome et surtout qu'on ne la confond plus avec celle du Canada anglais ou des États-Unis. Cette reconnaissance est largement due aux efforts du recteur du Collège canadien qui a fait connaître au pape l'impressionnante générosité de ses compatriotes.

Monseigneur Léger confie le vieil évêque aux bons soins de monseigneur Napoléon-Alexandre Labrie qui fait la traversée avec lui. Puis il quitte Naples en vitesse, malgré la tempête, car le lendemain, il doit accompagner deux ministres du cabinet de Duplessis, messieurs Albini Paquette et Antonio Barrette, qui seront reçus en audience par le Saint-Père. Il doit en outre voir à ce que les deux

Le recteur du collège canadien consacre tout son temps à piloter dans Rome les évêques canadiens: "C'est un beau métier que de servir les chefs de l'Église", écrit-il à ses parents.

représentants du gouvernement québécois rencontrent le pro-secrétaire d'État, monseigneur Montini. Pour le recteur, l'Année sainte commence à pleine vapeur. Celle qui s'achève a pourtant été fertile en émotions, intrigues et mystères. En cette fin de décembre 1949, monseigneur Léger n'arrive pas à chasser de son esprit ces quelques mots tirés d'une lettre de monseigneur Langlois : « De gros nuages s'amoncellent au-dessus de Montréal. »

* * * * * * *

Deux semaines plus tard, le 16 janvier 1950, l'ambassadeur du Canada en Italie, Jean Désy, se présente au Collège canadien où monseigneur Léger l'accueille. Le diplomate vient de recevoir une lettre de monseigneur Charbonneau qui lui apprend que Rome lui ordonne de démissionner et qui implore son aide.

« Lisez, dit-il, en tendant la missive au recteur.

— Brûlez-la, mettez-la aux archives secrètes, mais ne la gardez pas. Vous n'avez pas le droit de vous présenter au Vatican avec cette lettre », lui conseille monseigneur Léger qui craint que l'in-discrétion ne se retourne contre l'archevêque de Montréal.

Monsieur Désy acquiesce d'autant plus que la règle diplomati-que interdit à l'ambassadeur du Canada au Quirinal d'intervenir dans les affaires du Vatican.

« Il n'aurait jamais dû vous écrire », reprend le recteur.

Bouleversé par ce qu'il vient d'apprendre, monseigneur Léger se rend au bureau du cardinal Pizzardo qui l'a fait demander. Le prélat italien a, lui aussi, reçu une lettre de l'archevêque de Mont-réal : « Que se passe-t-il à Rome, écrit celui-ci. Pourquoi ? Drôle de manière d'administrer la justice qui laisse un Canadien abasour-di ! Aidez-moi dans ma solitude effroyable. »

Tandis qu'il retourne au Collège canadien, les mots, la suppli-que de monseigneur Charbonneau tournent dans la tête du recteur. Il s'enferme dans son bureau avec son terrible secret. Il cherche à comprendre pourquoi l'archevêque désespéré a frappé à toutes les portes sauf à la sienne. « Je lui aurais dit où aller, songe-t-il. Pourquoi ne m'a-t-il pas fait confiance? Il aurait dû m'écrire. J'aurais pu intervenir auprès du cardinal Ottaviani et peut-être éviter la catastrophe. »

Monseigneur Charbonneau avait préféré appeler à l'aide les cardinaux Cushing de Boston et Spellman de New York. Mais il était trop tard. Il avait réservé un billet d'avion pour venir plaider sa cause auprès de Pie XII[23]. Inutile. On lui avait fait comprendre que la sentence était sans appel. Il était bel et bien démis de son titre.

Le cas n'est pas unique dans les annales québécoises. En 1846, monseigneur Ignace Bourget, évêque auxiliaire de Montréal, avait remis un mémoire au Pape Pie IX dans lequel il le suppliait d'intervenir pour obtenir la démission de monseigneur Joseph Signay, archevêque de Québec qu'il jugeait incapable d'occuper son poste. Il se rendit même à Rome pour défendre son point. « Vous n'êtes pas le seul à me faire cette demande », avait répondu Pie IX après avoir pris connaissance du mémoire.

Averti par monseigneur Bourget lui-même des démarches entreprises à Rome pour le destituer, monseigneur Signay était furieux. Néanmoins, le pape finit par donner raison à monseigneur Bourget en réclamant la démission de l'archevêque de Québec et en nommant le 10 novembre 1849 monseigneur Pierre Flavien Turgeon, administrateur du diocèse. L'année suivante, monseigneur Signay mourait.

Janvier passe. À Rome, monseigneur Léger s'efforce de ne rien laisser paraître de ses préoccupations, se mettant tout entier au service des dignitaires et diplomates venus assister aux nombreuses béatifications de l'Année sainte. Il doit ignorer les sous-entendus à peine voilés des huit évêques canadiens séjournant au Collège. Surtout, ne pas les interroger quand ils échangent des regards complices avant de laisser échapper en chuchotant : « Vous allez être rappelé... »

« Ils n'ont pas le droit de me dire cela », se répète le recteur angoissé. Ses amis du Québec lui écrivent pour lui annoncer qu'il va succéder à monseigneur Charbonneau alors que sa démission n'est pas encore connue. Sa situation est intenable. Il en sait trop et pas assez.

S'il s'écoutait, il irait confier son désarroi au pape. Mais Pie XII étudie le dossier et s'immiscer dans le problème serait tout compromettre. À Rome, il faut attendre d'être interrogé pour donner sa version d'une affaire.

D'ailleurs, le pape a ses propres soucis. La propagande de *L'Action française*, qui l'accuse d'être germanophile, lui reproche d'avoir soutenu Hitler durant la guerre. « Il souffre, cet homme sensible comme une corde de violon », pense le recteur.

Aux cérémonies d'ouverture de la Porte sainte, aux premiers jours de janvier 1950, le Saint-Père se trouvait à un mètre de lui à peine lorsqu'il a frappé les trois coups avec le marteau. Le prélat canadien a été sidéré par son regard rongé par l'inquiétude.

Pendant ces quelques semaines, monseigneur Léger se contraint au silence même avec sa famille : « Il n'y a rien d'extraordinaire depuis le début de l'année », écrit-il à ses parents. 10 février, nouveau développement. Monsieur Maximilien Lacombe, provincial des Sulpiciens lui écrit. Il mentionne les événements qui se déroulent à Montréal et l'avertit que le délégué apostolique a confié à l'économe du Collège canadien, monsieur Tanguay, le mandat de trouver un nouveau recteur.

Monseigneur Léger est bouleversé. Il se précipite chez le cardinal Tedeschini. Malgré ses allures de prélat de la Renaissance, le protecteur du Collège l'a toujours conseillé prudemment. Le cardinal l'écoute. Puis les deux hommes se quittent sur des paroles vagues, à peine réconfortantes. Le recteur rentre au Collège canadien. À 21 heures, la porte sonne. C'est le cardinal Tedeschini qui s'arrête en revenant de chez le cardinal Piazza, préfet de la Consistoriale. « Soyez tranquille. Demain, une solution sera apportée ! » dit-il sans dévoiler le contenu de sa conversation avec le cardinal Piazza.

Le lendemain, le recteur travaille dans son bureau dont la porte est restée entrebâillée. Tout à coup, il entend des voix au rez-de-chaussée.

« C'est écoeurant ! s'exclame l'abbé Charles-Auguste Demers.

— Qu'est-ce qui est écoeurant, demande-t-il du haut de l'escalier ? »

Le prêtre étudiant lit à haute voix la manchette de l'*Osservatore romano* du 11 février qui annonce la démission de monseigneur Charbonneau, « pour raison de santé ». Tout le Collège est en émoi.

« Malade ? Lui ? Mais il est fort comme un boeuf, lance l'un.

— Il a dû faire quelque chose de grave, enchaîne un autre.

— C'est impossible ! c'est impossible ! répète un jeune prêtre qui éclate en sanglot.

— Il brûle pourtant de justice sociale », dit enfin l'abbé Charles-Auguste Demers qui entend encore monseigneur Charbonneau lui répéter de sa voix saccadée : « Ce que je vous dis là, dans vingt-cinq ans, vous verrez, on l'admettra[24]. »

Ce que l'Histoire confirmera.

*   *   *   *   *   *   *

Le lundi suivant, monseigneur Léger est convoqué à la Propagande. Monseigneur Constantini lui demande, sous le sceau du secret, son curriculum vitae afin, précise-t-il, de compléter un volumineux dossier.

Le recteur se perd en conjectures. Qu'est-ce qui se trame maintenant ? La Propagande nomme les prélats envoyés dans différents pays pour occuper les postes de délégués apostoliques ou de nonces. Rome aurait-elle décidé de le nommer évêque et diplomate comme Pie XII qui fut jadis envoyé en poste en Allemagne ? Monseigneur Léger pense aussi à son ami et voisin du Collège pontifical belge, monseigneur de Furstenberg, qui l'année précédente est venu lui demander conseil à la suite de sa nomination comme nonce au Japon.

De toute évidence, il portera bientôt le chapeau de l'évêque. Son nom circule au Canada depuis deux ou trois ans à chaque fois qu'un diocèse se libère. Il est ce qu'on appelle dans le jargon ecclésiastique, épiscopable. Le recteur entend encore le pauvre monseigneur Charbonneau lui répéter pendant les vacances d'été : « Vous allez revenir, tous les évêques du Québec le souhaitent. » Depuis quelques semaines, les élèves du Collège reçoivent des lettres du clergé de leurs diocèses prédisant son retour prochain.

Mais où ira-t-il ? Le diocèse de Valleyfield lui revenait. Mais monseigneur Caza, ce grand aristocrate pince-sans-rire, occupe le poste d'auxiliaire avec succession. La rumeur court selon laquelle de grands changements sont prévisibles dans plusieurs villes du Québec. Et le départ de monseigneur Charbonneau ouvre la porte à toutes les suppositions. Mais contrairement à ce que certains soutiennent, l'archidiocèse de Montréal est hors de sa portée. De cela, monseigneur Léger est convaincu. À quarante-cinq ans, il est trop jeune pour accéder à un poste de cette envergure. Aussi souhaite-t-il un simple titre d'évêque, pourvu qu'on le confirme dans son poste de recteur du Collège canadien, selon le plan initial de monseigneur Desranleau.

Mais un autre son de cloche lui arrive de la résidence des Sœurs Grises, dans le centre de Montréal, où vivent maintenant ses parents. Ceux-ci entendent dire de tous côtés que leur fils s'en revient au pays. Le recteur les met en garde : « Les hommes s'occupent beaucoup de moi en ce moment, leur écrit-il. Ces potins et ces ragots n'ont rien de bien intéressant. »

De ces racontars auxquels il fait allusion, certains sont blessants. Des lettres anonymes l'accusent d'être responsable de la destitution de monseigneur Charbonneau, qui a maintenant définitivement abandonné la partie, toutes ses démarches ayant avorté. L'évêque destitué fait face à un mur de silence. Le cardinal Pizzardo, pourtant bien au fait du dossier, l'a assuré dans une lettre qu'il n'était pas au courant du problème. Monseigneur Montini, bras droit de Pie XII, n'a même pas accusé réception de sa lettre, se contentant de confier à l'archevêque de Québec, monseigneur Roy, un message anodin à son intention. Enfin, le délégué apostolique Antoniutti a affirmé avoir exécuté l'ordre reçu du pape qui a agi seul « motu proprio »[25].

À bout de ressources, l'archevêque de Montréal a remis sa démission. « Je n'ai plus la confiance du pape. Je ne resterai pas où je ne suis pas désiré », déclare-t-il en s'envolant le 30 janvier 1950 vers Victoria, en Colombie-Britannique, après avoir rédigé son testament[26]. L'affaire Charbonneau paraît définitivement close. Plus que tout, plus même que l'hostilité déclarée du gouvernement Duplessis, ce sont les idées sociales avancées de monseigneur Charbonneau, auxquelles l'épiscopat québécois ne pouvait souscrire, qui ont fini par avoir raison de lui.

Au sein du clergé, on sait que monseigneur Léger entretient des relations presque filiales avec trois des prélats les plus influents du Québec, les évêques Courchesne, Desranleau et Langlois. On le dit aussi dans les bonnes grâces de tout l'épiscopat québécois. Enfin, l'amitié qui le lie au Saint-Père n'a échappé à personne. C'est sans doute pourquoi certains prétendent que le secrétaire d'État, qui n'est autre que le pape, lui a confié à l'été 1949 la mission d'enquêter discrètement sur toute l'affaire Charbonneau. « C'est bien mal connaître la procédure ecclésiastique, soupire le recteur en entendant pareilles balivernes. Jamais le Saint-Père ne passerait par-dessus la tête de son délégué apostolique qui a la responsabilité de régler ce genre de litige. »

*　　*　　*　　*　　*　　*　　*

Quelques jours après le départ en exil de monseigneur Charbonneau, le recteur du Collège canadien se présente au matin à la banque du Vatican. Il n'est pas dans son assiette et l'économe général des Jésuites, le Père Romulus Durocher, qui se fait un plaisir de l'attendre à la porte chaque matin pour faire un brin de conversation, lui en fait la remarque. Incapable de se retenir, monseigneur Léger éclate en sanglots et se vide le coeur. Tout y passe : ragots anonymes, sous-entendus, silences, accusations. C'est un homme accablé qui parle.

«Allons, monseigneur, fait le Jésuite, vous savez bien que l'archevêque de Montréal a tissé la toile dans laquelle il s'est pris. »

Le Père Romulus Durocher reproche à monseigneur Charbonneau ses trop nombreuses contradictions. Comment expliquer, par exemple, qu'en moins d'un an, il ait à la fois condamné et cautionné la même cause ?

En mars 1948, il a limogé le Père Jean-d'Auteuil Richard, directeur de la revue des Jésuites, *Relations*. Ce dernier avait commis l'erreur de publier l'article de Burton LeDoux sur la silicose qui dénonçait l'incurie du gouvernement et la négligence des propriétaires des deux usines de Saint-Rémi d'Amherst. En juillet de la même année, *Relations* titrait *La silicose, rectification* et confiait la revue à un directeur intérimaire[27]. Or en janvier 1949, le même journaliste signa un reportage vitriolique sur l'amiantose à East Broughton, « un village de 13 000 âmes qui étouffe dans la poussière[28] ».

L'article, publié dans *Le Devoir*, où l'archevêque de Montréal détenait cinquante et un pour cent des obligations et avait donc son mot à dire, ne fut l'objet d'aucune censure et passa in extenso !

Mais le Père Durocher a beau s'évertuer à remonter le moral du recteur, ses arguments tombent à plat.

« Venez, nous allons arrêter saluer la Mère Pasqualina », lui suggère-t-il à bout de ressources.

Le Père Durocher qui est depuis une dizaine d'années à Rome a pris l'habitude de faire halte au magasin du pape situé à côté de la banque vaticane et que dirige Mère Pasqualina, surnommée *madre*. Lorsque les caisses de victuailles du Canada français ont commencé à inonder la place, deux ans plus tôt, le Jésuite en a profité pour présenter à Mère Pasqualina son ami, monseigneur Léger. Une confiance mutuelle a pris naissance entre le recteur et la religieuse qui est au service du pape depuis l'âge de dix-neuf ans.

Ce jour-là, la *madre* sent que ça ne tourne pas rond, car son visiteur, habituellement jovial, ne desserre pas les dents. Après son départ, elle interroge le Père Durocher qui lui explique le drame à

Plus que l'hostilité déclarée du Premier ministre Duplessis, ce sont les idées sociales avancées de monseigneur Charbonneau qui ont finalement eu raison de lui.

Photo tirée de *L'histoire bouleversante de Monseigneur Charbonneau* de Renaude Lapointe, Éditions du Jour, 1962.

demi-mots. Elle saisit vite la situation car elle a, elle aussi, sa part de vexations : on lui attribue en effet une influence abusive sur le Saint-Père.

Jeune religieuse bavaroise, Mère Pasqualina a connu le pape qui n'était alors que monseigneur Eugène Pacelli, en 1914 alors qu'il prenait quelques jours de repos à l'abbaye Stella Maris, à Einsiedeln, en Suisse. Sa supérieure l'avait chargée de s'occuper de la santé du prélat. Elle s'acquitta si bien de sa tâche que lorsque monseigneur Pacelli fut nommé nonce à Munich, en 1917, il la réclama auprès de lui comme gouvernante. En 1939, lorsqu'il fut élu pape, elle le suivit au Vatican et, depuis trente-trois ans, s'occupe de lui sans relâche. La religieuse voit à sa garde-robe, le soigne, désinfecte ses mains après les audiences où de nombreux pèlerins baisent son anneau, et s'occupe de son alimentation, lui qui souffre de troubles stomacaux depuis son jeune âge. Tout cela, elle le fait avec un dévouement et une vénération de chaque instant. Aussi souffre-t-elle lorsque les méchantes langues répètent que cette autoritaire Allemande de cinquante-six ans outrepasse ses fonctions et influence les décisions de Pie XII.

Mère Pasqualina sait que monseigneur Léger a pris sa défense plus d'une fois. Sans doute aujourd'hui peut-elle le réconforter en racontant au pape le sort qui est fait au jeune recteur.

Le soir même, le téléphone sonne dans la chambre de monseigneur Léger. Un *monsignor* italien lui transmet un court message du Saint-Père : « *Sta benissimo et tranquillo* ».

Le recteur est touché par ce geste. Il s'en ouvre à ses parents :

Il est difficile de se mettre complètement au-dessus de ces commérages et la situation actuelle me fait souffrir. Ma consolation est de savoir que le Saint-Père m'aime beaucoup et que les choses désobligeantes qui pourraient être dites sur mon compte ne l'impressionnent pas.

Mais son réconfort est de courte durée. On fait le vide et le silence autour de lui. Habitué à la bienveillance des cardinaux et de leurs *minutanti* dans les différentes congrégations romaines, il s'étonne de voir qu'on lui ferme maintenant les portes. On feint de ne pas le voir dans les corridors ou alors on le salue froidement. Que se passe-t-il? Il ne dort plus, prie mal et s'impatiente au travail.

Le 13 mars, il frappe à nouveau à la porte du cardinal Tedeschini.

« Éminence, lui confie-t-il, ces accusations me bouleversent. Je vis des heures d'agonie.

— Il faut avoir confiance, dit le protecteur. Surtout, soyez fort dans l'épreuve. Vous savez, j'ai eu moi aussi à souffrir des humiliations lorsque j'étais nonce à Madrid. »

Le cardinal lui raconte comment Pie XI l'avait laissé en Espagne pendant une dizaine d'années alors que son prédécesseur, Benoît XV, avait promis de le rappeler après deux ans. Tout cela à cause de pressions exercées par un cardinal espagnol. « Dire que j'avais appuyé la candidature de mon ennemi juré ! » conclut-il.

Le lendemain, à l'ambassade d'Espagne, pour un déjeuner officiel, c'est au tour de monseigneur Montini de lui prodiguer ses conseils :

« Ne parlez pas de ces rumeurs, recommande-t-il. N'y faites jamais allusion. Dans de telles circonstances, la prudence est du côté de l'intérêt. »

Après le repas, il rentre au Collège canadien, décidé à mettre sa correspondance à jour. L'inspiration ne vient pas. Après quelques lignes écrites à ses parents, il conclut :

Voilà les nouvelles. Quant aux idées, elles sont passées par la fenêtre. Il fait trop beau pour rester en chambre.

Il dépose sa plume et sort marcher dans Rome où le printemps, cette année, est étonnamment hâtif. Déjà, en mars, les bourgeons fleurissent. Sa promenade l'apaise. Bientôt, dans trois mois, il sera de retour au pays, auprès de ses parents, se dit-il. En vacances...

Références — Chapitre XIII

1. Flanagan, Eileen, Giroux, Suzanne et Desjardins, docteur Edouard, *Histoire de la profession infirmière au Québec,* p. 201.
   Groulx, chanoine Lionel, *Mes mémoires 4, op. cit.* ,pp 264 -265.
2. Groulx, chanoine Lionel, *op. cit.*, p. 274.
3. Le Père Émile Legault.
4. Groulx, chanoine Lionel, *op. cit.*, p. 275.
5. *Ibid.*, p. 258.
6. Lapointe, Renaude, *L'histoire bouleversante de monseigneur Charbonneau,* Montréal, Les Éditions du Jour, 1962, p. 65.
7. *Ibid.*, p. 51.
8. Lettre pastorale du cardinal Rodrigue Villeneuve, « Neutralité religieuse », publiée dans la *Semaine religieuse de Québec,* 21 février 1946, 58 ième année, no 25.
9. Gaudrault, Élie (Pie-Marie), *Neutralité, non-confessionnalité et l'École sociale populaire,* brochure publiée par les éditions du Lévrier, Ottawa, Montréal, 1946, (*imprimatur*, Joseph Charbonneau, le 29 mars 1946).
10. Groulx, chanoine Lionel, *op. cit.*, p. 275.
11. Lapointe, Renaude, *op. cit.*, p. 31.
12. Le Père Émile Legault.
13. Lapointe, Renaude, *op. cit.*, p. 31.
14. Groulx, chanoine Lionel, *op. cit.*, p. 271.
15. *Ibid.*, pp 266 - 267.
16. Lettre pastorale de monseigneur Georges Gauthier, « La doctrine sociale de l'Église et la C.C.F. », École sociale populaire, mars 1934, no 242.
17. Groulx, chanoine Lionel, *op. cit.*, p. 260.
18. *Ibid.*, p. 272.
19. Groulx, chanoine Lionel, *op. cit.*, p. 272.
   Dans *Maurice Duplessis,* Conrad Black mentionne ce voyage de monseigneur Courchesne en Italie. Tandis que ce dernier se préparait à partir, le chanoine Cyrille Labrecque, de Québec, écrivait à Maurice Duplessis pour lui fournir certains détails sur le séjour qu'il entendait lui-même effectuer à Rome en compagnie de l'évêque de Rimouski :

   > J'ai été l'hôte de Mgr Courchesne, et nous avons discuté pendant vingt-quatre heures du problème qui nous préoccupe...Je lui ai confié mon projet de remettre au Saint-Père un rapport sur le problème social au Canada. Non seule-

ment a-t-il approuvé, mais nous avons convenu de le présenter éventuellement à Rome conjointement. Je dois le précéder au Vatican, y préparer quelques «complicités» en vue de nous assurer la collaboration de certains cardinaux. Ainsi le Pape serait informé non seulement d'un seul côté, mais de plusieurs à la fois, et le problème prendrait de l'importance...Comme convenu, je prends l'avion le 12, c'est-à-dire mercredi, sans compagnon de voyage, monseigneur Courchesne me rejoignant à la fin de la deuxième semaine de novembre...

(Black, Conrad, *Maurice Duplessis,* Montréal, Les Éditions de l'Homme, tome II, 1977, p. 351.)
20. Cousineau, Jacques, *L'Église d'ici et le social 1940-1960,* Bellarmin, 1980, Montréal, p. 95.
21. *Ibid.*, p. 101.
22. *Ibid.*, p. 196.
23. Lapointe, Renaude, *op. cit.*, p. 61.
24. Monseigneur Charles-Auguste Demers, *in « Joseph Charbonneau »,* série d'émissions de télévision produite et réalisée par Pierre Valcourt, Ciné-Mundo inc.
25. Bruchési, Jean, *Souvenirs à vaincre,* Montréal, Hurtubise-HMH, 1974, tome I, p. 129.
26. Lapointe, Renaude, *op. cit.*, p.33.
27. Rumilly, Robert, *Maurice Duplessis et son temps,* Montréal, Fides, 1973, tome II, pp 218-219. - *Relations,* juillet 1948.
28. Rumilly, Robert, *ibid.*, p. 240.

Chapitre XIV
Un homme sur la ligne de feu

Ce soir-là, monseigneur Léger s'endort à 21 heures et sursaute vingt minutes plus tard au son du téléphone. C'est monseigneur Ferreto qui est à l'appareil :

« Venez demain, à midi à la Consistoriale, dit-il simplement.

— Bien, j'y serai », répond le recteur.

Midi. L'angélus sonne. Le va-et-vient habituel règne dans l'antichambre de la congrégation responsable de l'organisation des diocèses et du choix des évêques. Le cardinal Adeodato Piazza le reçoit en souriant. Il lui remet le *biglietto* pontifical : monseigneur Léger est alors désigné archevêque de Montréal. Il tombe à genoux et dit :

« *Fiat mihi secundum verbum*[1]. »

La règle l'oblige cependant à taire la nouvelle pendant quatre jours. Ce silence lui pèse d'autant plus que depuis le départ de monseigneur Charbonneau, et dans l'attente de la nomination de son successeur, les paris vont bon train à Rome : qui sera le prochain archevêque de Montréal ?

« Je n'en sais rien, répond monseigneur Léger quand on l'interroge.

— Vous avez bien un nom en tête ? insiste un étudiant du Collège.

— Peut-être monseigneur Douville, suggère alors le recteur. Il a de bonnes chances car sa pensée sociale est fort appréciée.

— Pourquoi pas l'évêque auxiliaire, monseigneur Chaumont ? demande un autre.

— Il est trop âgé, répond monseigneur Léger. Il a été sacré à soixante-sept ans, cela fera bientôt dix ans. Il doit avoir près de soixante-dix sept ans. »

Pas un geste, pas une parole ne le trahit. Mais il est au supplice. Le vendredi soir, 24 mars, peu avant vingt-deux heures, monseigneur Feretto le demande au téléphone.

« Demain, l'archange Raphaël passera au Collège canadien », annonce-t-il.

Enfin ! soupire le recteur. Tous connaîtront bientôt la nouvelle. Finis les énigmes, les conciliabules et le mystère ! Il se demande quels sont les évêques canadiens qui ont soumis son nom au pape, car celui-ci, selon la procédure, a dû consulter de Vancouver à Halifax avant de prendre sa décision. S'ils l'ont délibérément tenu à l'écart de l'affaire Charbonneau, en faisant silence autour de lui, c'est donc parce qu'ils voyaient déjà en lui son successeur ? Il devait avoir les mains blanches et surtout ne pas être considéré comme celui qui avait planté le dernier clou dans le cercueil de monseigneur Charbonneau.

Monseigneur Léger éprouve tout à coup un sentiment de peur : « Je m'en vais dans un guêpier », se dit-il.

Tandis que là-haut, dans sa chambre, le nouvel évêque de Montréal tente de mettre bout à bout les pièces de son casse-tête, au rez-de-chaussée, l'envoyé du pape interroge monsieur Robin, l'ancien économe du Collège :

« Monseigneur Léger a-t-il laissé entendre de quelque façon qu'il allait être nommé archevêque de Montréal ?

— Non, répond le vieux Sulpicien.

— A-t-il eu des regards qui auraient pu le trahir ? » insiste l'enquêteur.

L'ancien économe est catégorique. Monseigneur Léger est au-dessus de tout soupçon. À 11 heures, le lendemain, le petit portier du cardinal Piazza lui apporte le billet de nomination, quelques instants à peine après la réception d'un télégramme de félicitations du délégué Antoniutti. Mais le suspense ne s'achève véritablement qu'à 16 heures quand son ami, monseigneur Glorieux, évêque français attaché à la Secrétairerie d'État, l'appelle pour lui dire qu'il vient de lire la nouvelle de sa nomination à Montréal dans l'*Osservatore Romano*.

« Je vous remercie, répond-il. Vous me déliez du secret. »

Ayant appris la nouvelle, surexcités, les élèves du Collège grimpent les marches de l'escalier et envahissent sa chambre en l'acclamant. Le cardinal Tedeschini, puis l'ambassadeur Désy viennent tour à tour lui offrir leurs félicitations. Les télégrammes de la Ville de Montréal, de la Société Saint-Jean-Baptiste, des Chevaliers de Colomb, du Conseil législatif de Québec suivent celui du Premier ministre Duplessis. Le nouvel archevêque s'empresse de répondre à ce dernier :

> Le métier de chef n'est pas de tout repos en ces heures difficiles...
> Au carrefour du spirituel et du temporel, Nous aurons à traiter avec
> vous de problèmes communs. Nous savons que vous y manifesterez
> toujours un grand esprit de foi. Et nous nous en réjouissons[2].

En fin de journée, il descend dîner tout de rouge vêtu. L'atmosphère est aux réjouissances, rue Quattro Fontane. Quand le calme revient, tard dans la soirée, monseigneur Léger s'asseoit devant sa table de travail. Ses premières pensées vont à ses parents à qui il adresse un mot :

> Ce soir, écrit-il, le monde entier sait que votre petit Paul est devenu
> un successeur des apôtres et qu'il aura la terrible responsabilité de
> diriger l'un des plus grands diocèses du monde. L'émotion des
> premières heures et la multiplicité des sentiments qui passent en
> rafale dans mon âme ne me permettent pas de soupeser la réalité. Je
> suis comme un homme qui prend son rêve pour la réalité.
>
> Paul-Émile
> Archevêque élu de Montréal

Le lendemain matin, il se rend au Vatican pour vaquer à ses affaires habituelles. Devant la statue de saint Pierre, dans la basilique, il s'impose la calotte de l'évêque. Un souvenir l'envahit. En ce même lieu, à la fin du mois de juin 1936, une voix, la même que celle qu'il avait entendue au cours d'une nuit de Noël dans son enfance, lui avait dit : « Tu seras évêque. » Et voilà, aujourd'hui, il l'était.

« Quel mystère dans ma pauvre vie ! » pense-t-il.

Ce jour-là, il circule au volant de sa voiture coiffé de sa calotte rouge d'évêque. Mais à Rome, tout finit par se savoir et des curieux ne manquent pas de répéter ce qu'ils ont vu... Son geste un peu prématuré n'est guère apprécié en haut lieu.

$$* \quad * \quad * \quad * \quad * \quad * \quad *$$

Selon l'usage, l'évêque élu rend une visite de politesse aux cardinaux en poste à Rome. Monseigneur Léger s'en réjouit. Tous ont retrouvé leurs sourires et l'accueil est chaleureux. L'énigmatique cardinal Pizzardo lui réserve une autre révélation stupéfiante. Après les salutations d'usage, le secrétaire du Saint-Office se lève en trottinant comme une vieille femme et ramasse un volumineux dossier posé sur un coin de son bureau. Sur la chemise, on peut lire « Confidentiel ».

« Savez-vous ce que sont ces rapports ? demande le cardinal. Ils m'ont été apportés par un certain Paul Évrard de Rougemont. Le connaissez-vous ?

— Non, répond le nouvel archevêque de plus en plus intrigué. Je n'ai jamais rencontré ce monsieur. »

L'auteur du rapport que le cardinal Pizzardo tient dans ses mains vit pourtant à Rome. Il est à la solde de Duplessis qui l'a chargé d'enquêter sur les relations entre l'Église, le gouvernement et les syndicats. C'est un personnage qui ne semble pas priser les hommes de gauche comme monseigneur Charbonneau. Pour ses services, il a déjà reçu 30 000 dollars de Lewis Brown, président de la Canadian Johns Manville Corporation, la compagnie impliquée dans la grève d'Asbestos, qui, l'année précédente, a opposé le Premier ministre Duplessis à l'archevêque de Montréal. Depuis ce temps, l'hostilité qui régnait entre les deux hommes était si ouverte

Le nouvel archevêque de Montréal, peu avant de quitter le Vatican pour occuper ses nouvelles fonctions.

que les relations entre les autorités civiles et religieuses en étaient tendues[3]. Le document de de Rougemont n'est rien d'autre qu'un procès en règle contre monseigneur Charbonneau. A-t-il influencé le Saint-Père dans sa décision? Devinant la pensée de son visiteur, le cardinal Pizzardo le rassure:

« Ces documents ne sont jamais allés plus loin que le coin de mon bureau, affirme-t-il sans ambages. Vous savez, Rome ne tient aucun compte des rapports qu'elle reçoit sans les avoir sollicités[4]. »

Voilà pourquoi la montagne de documents rédigés par Paul Évrard de Rougemont ne fut pas transférée au Secrétariat d'État, avec ce qui concernait monseigneur Charbonneau, ni portée à la connaissance de Pie XII.

* * * * * * *

Ponctuel comme pas un, l'honorable Paul Sauvé, ministre de la Famille et du Bien-Être social, quitte le Grand Hôtel de bonne heure, pour se rendre à l'église Santa Maria degli Angeli où doit se dérouler la consécration de monseigneur Léger. La journée est splendide. Arrivé à Rome la veille, il est allé tout de suite présenter les voeux de Maurice Duplessis et de son gouvernement au nouvel archevêque qu'il a connu jadis au séminaire de Sainte-Thérèse. Renvoyé du collège en belles-lettres[5], après avoir été surpris dans la chambre d'un professeur en train de lire un journal politique, il n'a jamais revu Paul-Émile Léger depuis.

À 8 heures, il est déjà assis avec sa femme, aux tout premiers rangs de l'église aménagée par Michel-Ange sur les ruines des thermes de Dioclétien. Les pèlerins canadiens ont pris place dans le sanctuaire qui emprunte la forme d'une croix grecque et que supportent huit énormes colonnes de granit rose. Le notaire Joseph-Marie Savignac, doyen du Conseil de la Ville de Montréal, remplace le maire Camillien Houde. Il y a aussi le frère du nouvel évêque, Jules Léger, qui représente la famille, ses parents n'ayant pu faire le voyage à cause de leur grand âge. On remarque enfin l'homme d'affaires montréalais Marc Carrière qui jouera plus tard un rôle important auprès de l'archevêque de Montréal.

Entouré de ses deux coconsécrateurs, messeigneurs Roy de Québec et Weber de Strasbourg, en France, monseigneur Léger entre dans Saint-Pierre de Rome pour y être consacré archevêque de Montréal. Au premier plan, l'ambassadeur du Canada, Jean Désy, et son épouse.

Le groupe de l'Action catholique, dirigé par monseigneur Albert Valois, fait irruption dans la basilique tandis que la chorale de Saint-Jean-de-Latran répète. En fait, la colonie canadienne toute entière est là. On note aussi la présence de quatre cardinaux et treize évêques et archevêques.

Revêtu d'une chasuble brodée d'or et portant la mitre, le cardinal Piazza officie la cérémonie qui fera de monseigneur Léger le cinquième archevêque de Montréal. Avant lui, un seul autre Sulpicien, monseigneur Jean-Jacques Lartigue, a dirigé les destinées spirituelles de la métropole canadienne. À quarante-six ans, il devient aussi le plus jeune archevêque de l'Église catholique romaine.

Comme Pie XII, couronné pape le 2 mars, jour de sa naissance, Paul-Émile Léger est sacré évêque le jour même de son anniversaire. Pour assister le cardinal Piazza, il a choisi deux co-consécrateurs qui lui sont chers : monseigneur Julien Weber, son ancien supérieur d'Issy-les-Moulineaux, en France, devenu évêque de Strasbourg et monseigneur Maurice Roy, archevêque de Québec.

Monseigneur Weber s'adresse en latin au cardinal Piazza :

« L'Église catholique, notre mère, demande que ce prêtre soit élevé à la dignité d'évêque.

— Avez-vous un mandement papal ? s'enquiert le cardinal.

— Nous l'avons, répond l'évêque de Strasbourg.

— Alors, qu'il soit lu. »

Après la lecture de la bulle papale proclamant la nomination de Paul-Émile Léger au poste d'archevêque de Montréal, le consécrateur lui demande :

« Est-ce que tu veux, mon frère bien-aimé, accomplir la mission qui te sera confiée jusqu'à la mort ? »

Monseigneur Léger se lève et répond : « Oui, je le veux. » Puis, sous la Vierge de Perugio, il s'avance vers l'autel et s'agenouille pour prononcer le serment de loyauté à l'Église :

Je, Paul-Émile Léger, maintenant et toujours, demeurerai fidèle à l'Église catholique romaine, à Notre Saint-Père le pape et ses successeurs légitimes...

Ensuite, il s'approche de l'autel où le cardinal Piazza pose ses mains sur sa tête pour symboliser le transfert de l'autorité épiscopale héritée de saint Pierre, le chef des apôtres, doté des clefs de l'Église.

« Recevez le Saint-Esprit... », récite le cardinal selon le rite.

Un linge blanc est ensuite posé sur sa tête. Ses mains et sa tonsure sont ointes d'huile sainte. Puis, il reçoit la crosse, symbole de sa dignité, l'agneau épiscopal et, enfin, l'Évangile.

Des acolytes essuient alors le saint chrême avec de la mie de pain et peignent ses cheveux avec un peigne d'ivoire ; ils lavent ses mains avec l'eau contenue dans un vase d'argent. Une fois la mitre et les gants présentés au nouvel archevêque, la messe commence[5].

La cérémonie dure trois heures. En sortant de l'église, Jules Léger se fraye un passage jusqu'à son frère aîné et lui dit :

« Je ne pourrai plus admirer Talleyrand. »

Monseigneur Léger lui sourit. Il connaît l'admiration de son frère pour le grand diplomate français qui encourut les foudres du pape comme schismatique.

Une réception intime suit alors au Collège canadien. Y assistent les cardinaux Tedeschini et Tisserant et quelques ambassadeurs et hommes politiques. Il n'y a pas de discours. Après un vin d'honneur, les invités passent à table. Au menu : vol au vent aux crevettes, crème de légumes, galantine de poulet, asperges au beurre, pigeonneaux farcis, salade, fromages et charlotte à l'orange. Avant de quitter le Collège, les invités s'arrêtent devant les imposants portraits des cardinaux canadiens McGuigan, Rouleau, Bégin et Taschereau et celui du fondateur britannique de l'institution, le cardinal Howard, qui ornent les murs du corridor.

Monseigneur Léger reçoit ensuite les hommages des pèlerins canadiens qui se présentent au 117, Quattro Fontane.

« Pourquoi avez-vous choisi d'être sacré à la basilique Notre-Dame-des-Anges, lui demande l'un d'eux ?

— Cette basilique a été le titre cardinalice du regretté cardinal Villeneuve, archevêque de Québec, répond monseigneur Léger dont la voix vibre d'émotion. De plus, elle nous relie aux temps héroïques du christianisme[6]. »

À la tombée du jour, enfin seul, l'archevêque de Montréal réalise combien la grandeur et la majesté de la cérémonie de consécration l'ont impressionné. Entré dans Sainte-Marie-des-Anges à 7h30, il n'a relevé les yeux qu'à 10h40. Il note ses impressions pourtant déjà gravées à jamais dans sa mémoire :

(...) Le contact physique avec la grâce a eu lieu à l'instant où le consécrateur étendit le saint chrême sur ma tête. Le frisson parcourt tout mon corps. Cette grâce sensible devait demeurer durant la longue imposition de l'Évangile sur les épaules... Puis, la communion, l'union plus parfaite au souverain prêtre et probablement à la victime. Enfin le triomphe final, l'Église qui affirme son pouvoir divin à travers l'homme choisi entre les hommes pour être l'ambassadeur de Dieu.

* * * * * * *

Avant de rentrer au Québec, le recteur du Collège canadien accompagne encore le 28 avril quatre-vingts pèlerins à l'audience que leur réserve Pie XII. Depuis le premier janvier, il n'en a conduit pas moins de huit cents aux pieds du souverain pontife.

Rejoignant les différents groupes qui attendent sur la place Saint-Pierre, le nouvel évêque franchit avec eux la porte de bronze, traverse le corridor Bernini et la cour Saint-Damase, avant d'entrer à la Secrétairerie d'État. Monseigneur Léger laisse alors les pèlerins à la salle du palais apostolique et se rend seul dans la bibliothèque personnelle du Saint-Père pour lui faire ses adieux et lui dire quelques mots des problèmes qu'il devra affronter à Montréal.

Une conversation qu'il a eue avec monseigneur Lawrence Whelan, l'auxiliaire délégué par l'Église de Montréal à son sacre, a confirmé les appréhensions qui sont les siennes et qu'il a d'ailleurs exposées au pape dans une lettre :

Très Saint-Père, vous me confiez une mission excessivement difficile et délicate.

Ce dernier n'aborde jamais les problèmes de façon concrète ; il cherche plutôt à en dégager des considérations spirituelles. Cette fois, il consent néanmoins à le guider dans ses rapports avec les prêtres de son archidiocèse.

« Il ne faut jamais froisser une âme. Ni blesser par impatience. Pour cela, la vie intérieure doit être féconde. »

De nombreux Canadiens ont tenu à faire le voyage à Rome pour assister à la consécration de monseigneur Léger.

Après une demi-heure d'entrevue, le Saint-Père retire de son doigt l'anneau fabriqué avec une boucle d'oreilles ayant appartenu à sa mère et l'offre à monseigneur Léger. Ensemble, ils se dirigent ensuite vers la salle d'audience. Quand s'ouvre la porte, les pèlerins impressionnés aperçoivent la fine silhouette du pape qui s'avance vers eux. Sa figure ascétique émeut. Paul Sauvé se tient à la tête du groupe et Pie XII s'arrête devant lui.

« Très Saint-Père, dit monseigneur Léger, monsieur Sauvé est le ministre de la Santé et du Bien-Être social de la province de Québec. »

— Comment vont les oeuvres de votre ministère », demande le pape ?

En avril 1950, monseigneur Léger avait déjà accompagné plus de huit cents pèlerins en audience auprès du Saint-Père depuis le début de l'année. On voit ici un groupe de prêtres du diocèse de Sherbrooke.

Le ministre répond brièvement tandis que Pie XII bénit son travail et sa famille, et passe au suivant. Il donne son anneau à baiser et réserve un bon mot à chacun[7].

Les pèlerins s'agenouillent ensuite pour recevoir la bénédiction générale. D'une voix émue, le pape leur confie l'amitié qui le lie à monseigneur Léger :

> C'est un grand deuil pour nous de voir partir monseigneur Léger car il faisait très bien à Rome. C'est une grande douleur, vraiment, une douleur profonde. Mais nous sommes heureux de faire ce don à votre diocèse[8].

À genoux comme les autres devant le Saint-Père, l'évêque de Montréal porte les mains à sa figure et éclate en sanglots. Pie XII l'entoure de ses bras et l'aide à se relever. Puis, il dépose deux baisers sur ses joues. Les pèlerins retiennent leur souffle tant l'émotion est intense. En sortant de la salle, l'un d'eux chuchote à son voisin :

« Même si je vis cent ans, je n'oublierai jamais ça[9]. »

Quelle minute romaine mémorable ! De retour au Collège, au milieu de l'après-midi, monseigneur Léger note ses impressions :

> Si au jour de ma consécration, j'ai reçu la plénitude de sacerdoce, c'est quand Pie XII m'étreignit dans ses bras, que j'ai senti sur mes joues la caresse de ses lèvres augustes, que j'ai reçu la plénitude de la dilection[10] (...) peu importe ce que l'avenir me réserve, il y avait assez d'amour en ce moment passé avec le Saint-Père pour me soutenir jusqu'au jour final.

La scène a également bouleversé Paul Sauvé. Dans une lettre au Premier ministre écrite la veille de son départ, il raconte ce qu'il a vu :

> Bonjour Chef !
>
> Ma mission officielle est maintenant terminée et je viens vous en rendre un compte sommaire. ...Après nous avoir bénis, il s'est penché sur monseigneur qu'il a pris dans ses bras et qu'il a embrassé avec une émotion dont la sincérité était prenante. Je n'ai jamais vu pareil tableau. Cette scène confirme ce que tout le monde dit ici : la nomination de monseigneur Léger est une décision personnelle du Saint-Père et il est évident qu'en plus, il jouit dans tous les milieux à Rome d'un très grand prestige...
>
> Loyalement, Paul.

*　　*　　*　　*　　*　　*　　*

L'heure des adieux sonne. « La rencontre est le début de la séparation », dit un proverbe japonais dont s'est souvent rappelé monseigneur Léger. Le voilà une fois de plus à la croisée des chemins. Avant de quitter l'Italie, il inaugure son ministère épiscopal en confirmant des enfants du quartier pauvre de Torpignatara, en banlieue de Rome.

L'heure des adieux a sonné. Le recteur du collège canadien écoute les dernières recommandations de monsieur Robin, le vieux Sulpicien à la retraite, avec qui il s'est lié d'amitié pendant son séjour à Rome.

La veille de son départ, il déjeune à l'ambassade de France, chez les d'Ormesson, où il s'entretient longuement avec Paul Claudel, puis rentre au Collège pour participer à une fête en son honneur. Une réunion de famille, empreinte de simplicité qui lui permet de montrer à tous les cadeaux qu'il a reçus. D'abord, la croix pectorale offerte par le pape : puis celle que lui a donnée la colonie canadienne de Rome, une création d'un orfèvre romain réputé, monsieur Brandizzi, ainsi qu'un anneau, hommage de la famille de l'ambassadeur Désy. Une autre croix, choisie par les étudiants du Collège, lui est remise en même temps qu'une crosse dénichée à Rome par monsieur Tanguay, l'économe.

Le 3 mai 1950, à 8 heures du matin, les quarante-cinq prêtres du Collège l'accompagnent à la gare. Monsieur Robin est triste et monsieur Tanguay pleure. Le recteur du Collège a lui aussi peine à contenir son chagrin. Fatigue des dernières semaines, déchirement de la séparation, mais aussi certitude de s'enfoncer dans un bourbier. Brusquement, une crainte incontrôlable l'envahit.

« Soyez prudent, lance un ami qui devine son désarroi.

— Si je succombe, il s'en trouvera bien un autre pour me remplacer », fait monseigneur Léger, fataliste[12].

De la fenêtre de son compartiment, il agite la main en direction de ses amis restés sur le quai tandis que le train se met en branle. Et l'on n'entend plus que le crachement répétitif de la locomotive.

*   *   *   *   *   *   *

Au Canada, c'est Jules Léger qui, le premier, apprend la nomination de son frère, le 24 mars 1950. Le diplomate et sa femme, Gaby, lisent et bavardent dans leur salon d'Ottawa, en ce vendredi soir tandis que leurs deux petites filles dorment paisiblement dans la chambre d'enfants. Le téléphone sonne. Jules Léger se lève pour répondre. C'est le délégué apostolique :

« Un très grand bonheur est fait à la famille Léger, lui annonce-t-il. Je ne peux pas vous en dire davantage. La nouvelle sera officielle à minuit. Je vous offre mes plus sincères félicitations et je tiens à vous dire combien je suis heureux de ce qui arrive. »

Jules Léger remet le téléphone en place et s'écrie :

« Il arrive quelque chose de formidable à Paul-Émile ! »

Puis il se jette dans les bras de sa femme. Leur excitation est grande : Paul-Émile est-il nommé à Montréal ? Ailleurs, peut-être ? Ils se perdent en conjectures. Mais quand, à minuit, la radio annonce sa nomination à Montréal, ils pleurent pour de bon. Ils discutent jusque tard dans la nuit, se répétant toutes les trois phrases : « Paul-Émile est seul pour pleurer et aussi pour se réjouir. Il est seul... » À 4 heures du matin, ils s'endorment enfin, mais leur sommeil sera bref car le téléphone, qui ne dérougira pas de toute la journée, commence à sonner très tôt. Entre deux appels, Gaby Léger trouve le temps d'écrire à son beau-frère sur le papier du Cabinet du Premier ministre dont son mari dispose à titre de secrétaire particulier de Saint-Laurent :

> Je ne suis pas surprise car tous les honneurs semblent naturels chez les frères Léger... Je souhaite de tout mon coeur que vous ne soyez pas trop prisonnier dans cette grande caserne en face de la gare. J'espère que vous pourrez vous enfuir au volant d'une petite bagnole, le béret basque bien ancré sur la tête, j'espère que vous viendrez vous reposer chez nous de temps en temps...

*　　*　　*　　*　　*　　*　　*

Le 25 mars à 6 heures du matin, une vieille dame s'avance en boitillant jusqu'au premier banc de la chapelle du couvent des Soeurs Grises, rue Saint-Mathieu, à Montréal. Sans se soucier de la messe en cours, elle se penche vers Alda Léger et lui chuchote à l'oreille :

« Madame Léger, votre fils, Paul-Émile, vient d'être nommé archevêque de Montréal. J'ai entendu la nouvelle à la radio.

— Mon pauvre enfant ! » soupire Alda Léger en se tournant vers son mari.

Dans leur petit appartement de la rue Saint-Mathieu, monsieur et madame Léger répondent aux questions des journalistes qui veulent tout savoir sur l'enfance du nouvel archevêque de Montréal.

Celui-ci a tout entendu. Saisi, il garde le silence... Toute sa vie il a su dissimuler ses sentiments. Seule sa femme remarque que son visage s'est rembruni. Elle cherche nerveusement un mouchoir pour sécher ses larmes. Ernest Léger se lève et l'escorte jusqu'à leur appartement sans attendre la fin de la messe.

*   *   *   *   *   *   *

Dans la métropole, le froid est à l'image des soubresauts de l'actualité en cette fin d'hiver particulièrement rigoureuse. Depuis la démission subite de leur archevêque, en janvier, les Montréalais sont restés confus. La nouvelle qui prend par surprise les parents de monseigneur Léger, malgré les rumeurs qui circulaient, envahit les ondes radiophoniques et fait la une des journaux du jour. *Le Devoir* n'est pas surpris : « Il y a des années qu'on mentionnait son nom chaque fois qu'un siège épiscopal devenait vacant[13]. » Le *Herald* de Montréal affirme le contraire : le nom de monseigneur Léger n'a jamais fait l'objet de spéculation[14]. Le journaliste du *Droit* prétend avoir prédit cette nomination alors qu'il était en visite à Rome, le 14 février précédent. En entendant sa prophétie, monseigneur Léger aurait souri[15] ! Le fait est que plusieurs quotidiens ont tout de même été pris de court, incapables de dénicher la plus petite photographie de l'élu.

C'est l'agence *France-presse* qui diffuse le premier message du nouvel évêque directement de la cité vaticane :

Les petits, les humbles, les affligés, les pauvres, les malades, les travailleurs seront la partie choisie de notre troupeau.

Les journaux publient le texte intégral en l'accompagnant d'un concert d'éloges : « *The archidiocese is fortunate* », écrit le *Montreal Star*[16]. Tous vantent sa culture peu commune, son haut savoir et ses dons oratoires fort remarqués lors de sa prédication du carême de 1940 et de ses mémorables conférences sur Claudel. *Le Nouvelliste* de Trois-Rivières le compare à Bossuet, l'Aigle de Meaux, et au cardinal Newman : « À l'entendre, on comprend la puissance du verbe au service de l'intelligence supérieure et d'un jugement sans défaillance[17]. »

L'Action catholique de Québec présente sa devise, *Apostolus Jesu Christi*, et décrit son blason qui portera les paroles de saint Bernard : « Si Marie te guide, jamais tu ne sentiras la fatigue[18]. » Enfin, *La Presse* cite un extrait tiré du journal *Le Monde* qui fait l'éloge du nouvel archevêque. Dans son article, le quotidien français le décrit comme un homme qui « abordera son poste avec la fraîcheur d'impression que confère un long séjour à l'étranger et avec le prestige du Vatican[19] ». L'article fait allusion à « la démission inattendue de monseigneur Charbonneau » qui, le même jour, a été nommé assistant au trône pontifical et comte romain. De sa retraite, à Victoria, l'archevêque démissionnaire a laissé échapper amèrement : « Je n'ai pas besoin de sucre pour avaler ma pilule[20]. »

Un commentaire fait l'unanimité : il s'agit d'une nomination personnelle de Pie XII[21]. Dans les milieux de l'Action catholique, où l'on trouve que monseigneur Léger paraît de prime abord raide et autoritaire, on le soupçonne d'avoir été chargé par Rome d'un mandat pour remettre les choses en place[22].

Au fil des jours, pendant qu'à Rome leur fils accomplit ses dernières missions au Vatican, Alda et Ernest Léger découpent les articles des journaux et les collent dans un album. Ils sont sur les épines. Quel énorme fardeau va reposer désormais sur les épaules de leur fils ! Bénissant le va-et-vient qui a envahi l'hospice, ils trompent leur inquiétude avec les nombreux appels, les visites de parents et amis et la relecture des dernières lettres de Paul-Émile. Malgré leurs réticences, ils doivent tout de même recevoir les journalistes qui veulent tout savoir sur la vie du nouvel archevêque.

Assis bien droits dans le salon vieillot, ils répondent de bon coeur au reporter de *La Patrie* qui s'est présenté chez eux, ce vendredi matin. Ils se prêtent de bon gré au jeu des questions qui les ramènent trente ans en arrière, lorsque, exilé à Sainte-Thérèse, leur Ti-Paul faisait l'apprentissage de la vie au séminaire.

« Quand il est tombé malade, à l'âge de douze ans, j'ai regretté de l'avoir envoyé si loin pour ses études, avoue Ernest Léger. Comme il a dû s'ennuyer parfois, lui si sensible ! »

Le journaliste les aide par ses questions à se retremper dans le passé. Ils racontent la naissance de la vocation de Paul-Émile, la messe qu'il célébrait dans sa chambre d'enfant, son départ pour la France, peu après l'ordination...

« Lorsque j'ai appris qu'il partait pour le Japon, intervient madame Léger, je me suis dit qu'il ne reviendrait jamais... qu'il lui faudrait des années pour apprendre le japonais, mais il a eu le temps encore d'apprendre l'italien. »

Madame Léger sourit, croise ses mains sur sa robe mauve et ajoute sur le ton de la confidence :

« Il ne pourra même plus se payer le plaisir de partir, seul, au volant de sa voiture pour une randonnée sans but...[23]. »

* * * * * * *

Le 26 avril 1950, à midi, jour de la consécration du nouvel évêque, les carillons de toutes les églises de Montréal sonnent en choeur. « Encore trois semaines », soupirent Ernest et Alda Léger qui ne tiennent plus en place dans l'attente de son retour.

Mais, paradoxalement, le temps court trop vite au gré de monseigneur Léger qui n'a pas assez de vingt-quatre heures par jour pour boucler ses valises, prodiguer ses recommandations et faire ses adieux. Sur le *Queen Elizabeth*, qui quitte Cherbourg le 10 mai, il peut enfin se détendre en compagnie de son ami, l'abbé Irénée Lussier. Plus souvent qu'autrement, il s'enferme dans sa cabine pendant que son compagnon de voyage joue au ping-pong dans la salle des loisirs du transatlantique. Il épluche les récentes lettres pastorales des évêques du Québec, parcourt les comptes rendus des réunions épiscopales et se familiarise avec les travaux du chapitre diocésain.

Dans la solitude de sa minuscule cabine, il s'inspire des réflexions qui lui sont venues pendant sa retraite préparatoire au sacre pour jeter sur papier les grandes lignes de sa première lettre pastorale qui sera publiée la veille de l'Ascension :

> Nos très chers frères, c'est dans cette vision du ciel, au jour de l'Ascension que Nous sommes arrivés au milieu de vous. Nous serions peut-être tenté, comme les premiers apôtres, de demeurer dans cette contemplation, les yeux fixés sur le Christ Glorieux et Immortel. Non ! Nous écouterons la voix de l'ange et Nous descendrons de la montagne sainte pour combattre avec vous les forces du mal[24].

Le 15 mai au matin, à 6 heures, le bateau entre en rade de New York. Deux voitures de l'archevêché l'attendent sur le quai. Au moment où il va monter dans celle du chanoine Drouin, l'économe de l'archidiocèse, un journaliste l'interpelle.

« Je regrette, coupe monseigneur Léger, mais je ne peux faire aucune déclaration officielle avant mon intronisation.

— Êtes-vous d'accord avec la récente lettre pastorale publiée à Québec et dans laquelle les évêques recommandent des réformes dans les lois régissant le monde ouvrier ? » insiste néanmoins le reporter.

Monseigneur Léger a pris connaissance de cette lettre, écrite peu après la grève d'Asbestos et dans laquelle les évêques abordent le délicat problème des relations ouvrières alors débattu à l'Assemblée nationale.

« Oui, vous pouvez écrire que je suis d'accord avec les principes de cette lettre[25]. »

Arrivé à Montréal à 22h30, le lendemain, monseigneur Léger passe la nuit chez les Soeurs Grises, boulevard Dorchester, où l'attendent ses parents. Les religieuses ménagent un accueil princier à l'archevêque de Montréal qui est aussi le neveu de deux des leurs, soeur Laberge et soeur Beauvais.

La journée du lendemain est d'une exquise fraîcheur. Vers deux heures, l'automobile officielle s'avance discrètement dans la cour de l'archevêché, rue de la Cathédrale. À la demande même de monseigneur Léger, aucune manifestation n'a été organisée pour souligner son arrivée. Dans les circonstances, la discrétion lui paraît indiquée.

En costume de voyage, monseigneur Léger entre enfin dans sa maison. Il passe devant les somptueux tableaux accrochés au mur du corridor et représentant ses prédécesseurs. Que sait-on d'eux au juste ? Deux ou trois choses transmises par l'histoire parfois orale et souvent incomplète. Mais de leurs inquiétudes, rien ou presque.

La dynastie des évêques de Montréal a pourtant connu des jours tumultueux. Le premier, monseigneur Jean-Jacques Lartigue, a inauguré un siècle de rivalité entre Québec et Montréal.

Il n'a été durant presque tout son règne qu'évêque auxiliaire de Québec, en fonction à Montréal, sous la tutelle de l'archevêque de la vieille capitale. C'est seulement à la fin de sa vie qu'il a pu agir comme un évêque en titre. Son successeur, monseigneur Ignace Bourget, poussa plus loin la querelle fraternelle en multipliant les pressions politiques pour doter Montréal d'une université, privilège alors réservé à Québec.

Le pacifique monseigneur Édouard-Charles Fabre, qui le suivit, tenta pendant vingt ans d'apaiser les esprits. Hélas! son successeur, monseigneur Paul Bruchési, perdit la raison. Pendant vingt ans, il s'enferma dans sa chambre, convaincu que toutes les ordinations qu'il avait présidées étaient nulles. Avec lui disparaissait l'espoir de voir enfin le chapeau cardinalice sur la tête de l'archevêque de Montréal. On avait cru à tort que ses origines italiennes et son amitié avec Benoît XV, qui datait de leurs années d'études, vaincraient la tradition. L'administration du diocèse fut confiée à son auxiliaire et successeur, monseigneur Georges Gauthier, qui, s'il détenait tous les pouvoirs et toutes les responsabilités, n'eut pas droit aux honneurs. Quand il les obtint enfin, à la mort de monseigneur Bruchési, ce fut pour suivre ce dernier dans la tombe neuf mois plus tard.

Vint alors celui qu'on appelait « l'étranger ». Le Franco-Ontarien Joseph Charbonneau que le clergé canadien-français accueillit avec réserve parce qu'il venait d'ailleurs et aussi, faut-il le souligner, parce qu'il n'avait pas froid aux yeux et défendait des idées trop avancées pour son temps. Même depuis qu'il est parti en exil, il s'en trouve pour répandre encore des bruits et le discréditer : « Il est parti avec la caisse », chuchote l'un. « Il est parti avec une femme », insinue l'autre[26]. L'affaire Charbonneau, que les médias mettent en évidence, reste comme une tache sur la conscience de plusieurs évêques du Québec.

La Ville de Montréal et son maire, Camillien Houde, invitent le nouvel archevêque à signer le livre d'or. Le père et la mère de monseigneur Léger l'accompagnent.

Quelle terrible succession que la sienne! Monseigneur Léger en est conscient. À son arrivée au palais épiscopal, il se laisse conduire à ses appartements. Ceux-ci se trouvent dans l'aile neuve qu'a fait construire monseigneur Gauthier pour s'y installer sans déloger l'archevêque en titre, monseigneur Bruchési, qui était malade.

«Qu'est-ce que je vais faire? se demande-t-il. Un homme sur la ligne de feu, voilà ce que je suis!»

Le soleil décline et sa chambre s'obscurcit peu à peu alors que le nouvel archevêque arrête sa décision : ses premières paroles à ses diocésains porteront sur son prédécesseur, monseigneur Charbonneau.

*   *   *   *   *   *   *

Dix-sept heures. Les chanoines du chapitre diocésain sont réunis pour le rencontrer. Monseigneur Léger scrute les sourires amicaux dont on l'entoure. L'accueil est plutôt chaleureux. Durant les jours qui suivront, il rencontrera son clergé. À quoi doit-il s'attendre ? Après la remise des bulles aux chanoines, il se dirige vers la salle où sont réunis les journalistes de la métropole pour sa première conférence de presse.

Il leur tend d'abord son anneau à baiser. Puis, le cercle se referme autour de lui. Allant au devant de leurs questions, l'évêque les remercie pour toutes les choses agréables qu'ils ont écrites sur son compte.

« J'arrive avec une âme neuve, avec un coeur neuf et le désir de faire rayonner la charité... cette charité, insiste-t-il, sauvera le monde. »

Au début de l'entretien, les journalistes paraissent intimidés. L'un d'eux commence par une question anodine :

« Quelle fut votre réaction en apprenant le désastre de Rimouski ? »

Monseigneur Léger a appris en mer l'incendie qui a décimé un quartier de la ville et menacé la cathédrale de monseigneur Courchesne.

Ceux qui tenaient l'archevêque de Rimouski responsable du limogeable de monseigneur Charbonneau s'étaient empressés de commenter : « châtiment de la Providence »[27].

« J'ai été très attristé d'apprendre ce malheur, d'autant plus que monseigneur Courchesne est pour moi un grand ami et qu'il commence à avoir de l'âge, répond-il. Je lui ai envoyé un télégramme de sympathie. »

L'archevêque de Montréal s'arrête une seconde avant de reprendre, sûr de son fait :

« Vous n'ignorez pas que le Saint-Père a adressé la somme de 10 000 dollars à monseigneur Courchesne pour la reconstruction de sa ville. C'est une attitude qui dénote que le Canada est bien connu du pape.

— Comment vous êtes-vous senti pendant votre sacre, s'enquiert un autre journaliste ?

— J'étais entre les mains du cardinal Piazza. J'étais comme sous son joug tout entier.

— Avez-vous un programme d'action tout tracé avec des idées bien précises concernant l'Université de Montréal et sur d'autres problèmes ? »

Monseigneur Léger affiche une moue d'incertitude, puis enchaîne d'un trait.

« Je vais vous répondre par un mot de saint François de Sales : « C'est la première année qui nous apprend quoi faire la seconde. »

La séance tire à sa fin. Monseigneur Léger se retire non sans assurer les journalistes de sa collaboration. Il presse le pas car le secrétaire de la Province, l'honorable Omer Côté, l'attend dans le petit salon de l'archevêché[28].

*   *   *   *   *   *   *

Les grandes orgues jouent l'*Ave verum* de Vito Carnevilli, dans la cathédrale de Montréal, cette église qui se veut une réplique de Saint-Pierre-de-Rome. Dans le choeur, une vingtaine d'évêques assistent à l'intronisation de monseigneur Léger. Aux premiers rangs, dans la nef, les parents de l'archevêque ainsi que la famille Jules Léger ont pris place à côté du maire de Montréal, Camillien Houde, le premier à avoir appris de la bouche même de monseigneur Charbonneau qu'on voulait sa tête... et qu'on allait l'avoir[29]. Le lorgnon sur l'oeil, il suit la messe dans son missel. Pour la seconde fois, le Premier ministre Duplessis s'est fait remplacé : trois de ses ministres, Hormidas Delisle, Omer Côté et Paul Beaulieu, sont là en son nom.

De son trône, à la gauche du sanctuaire, le délégué apostolique Antoniutti lit les bulles pontificales en latin, français et anglais. Puis il se rend aux premiers degrés de l'autel et prend la main de monseigneur Léger pour le conduire à côté de l'Évangile, sous le baldaquin soutenu par des colonnes torses. Les armoiries du nouvel archevêque y sont déjà gravées au dossier. Exécutées par un artiste de Milan, elles ont été pensées par monseigneur Léger lui-même. La partie inférieure sur écu décrit sa propre histoire ; à droite se dessine le champ du Père avec de larges sillons d'espérance. Le lys de France, le chrysanthème du Japon, les roses de Rome et la feuille d'érable du Canada se suivent. Une vallée rappelle le ministère de Valleyfield. La partie de gauche symbolise l'avenir : monseigneur Léger traverse la mer devant Ville-Marie ornée des deux tours de l'université et des écussons de l'Institut Pie XI, du séminaire et de Saint-Sulpice. Devant le voile de la caravelle, on distingue la colombe de Pie XII [30].

Monseigneur Antoniutti lui remet la crosse, symbole de l'autorité épiscopale, et lui donne l'accolade sur les deux joues. Coiffé de la mitre, il écoute ensuite son ancien professeur, monseigneur Conrad Chaumont, lui souhaiter la bienvenue :

> Pour vous accueillir parmi nous et chez Vous, Excellence Révérendissime, la formule qui monte de nos coeurs à nos lèvres est celle de la foule qui salua l'entrée du Christ en la ville de Jérusalem, le jour des Rameaux : « Béni soit celui qui vient au nom du Seigneur... »

Monseigneur Chaumont trace un bref portrait de l'archidiocèse de Montréal qui « compte près d'un million de catholiques desservis par 992 prêtres séculiers, 888 prêtres réguliers, 208 paroisses, 72 hôpitaux, asiles et orphelinats, 726 écoles et couvents, 6 écoles normales, 3 instituts pédagogiques, 14 collèges classiques et une université catholique [31] ».

Monseigneur Léger se lève pour prendre la parole. Un frisson semble traverser la cathédrale lorsqu'il demande au Seigneur « de recevoir en partage l'esprit de ses devanciers ». Sa voix ferme résonne sous les voûtes :

> Mon prédécesseur a laissé le meilleur de lui-même, il s'est usé à la tâche, déployant un dévouement de tous les instants et affirmant avec une sainte audace les exigences de la justice sociale en face des souffrances des classes humbles. Puis-je hériter de son zèle et de sa vaillance ! Il a semé dans les pleurs, je ne voudrais pas récolter dans l'allégresse et c'est pourquoi je demande au Seigneur la grâce de souffrir pour cette église de Ville-Marie [32].

Lors de l'une des premières visites officielles du nouvel archevêque de Montréal dans sa ville natale, l'évêque, monseigneur Langlois, et son auxiliaire, Percival Casa, l'ami d'enfance de Paul-Émile Léger, lui réservent une grande fête.

À midi, le déjeuner est servi à l'archevêché où sont réunis les suffragants de monseigneur Léger. Le glacial délégué apostolique a néanmoins des paroles encourageantes pour le nouvel archevêque. Messeigneurs Langlois et Desranleau fêtent un fils. D'autres évêques sont du repas : monseigneur Percival Caza, son ami d'enfance et l'auxiliaire de Valleyfield, monseigneur J.A. Papineau de Joliette et Anastase Forget de Saint-Jean. L'on félicite les vicaires généraux qui viennent d'être confirmés dans leur poste par l'archevêque : Conrad Chaumont, Albert Valois, Lawrence Patrick Whelan et Laurent Morin. Cette décision en a surpris plus d'un. On croyait que monseigneur Léger ferait table rase en arrivant. Il conserve même l'ancien secrétaire de monseigneur Charbonneau, qui lui fut très lié, monseigneur Paul Touchette. Plusieurs avaient prédit qu'il serait le premier à « sauter ».

Tous ont à l'esprit l'absent, exilé à Victoria et d'ailleurs, quelque temps après, monseigneur Arthur Douville, de Saint-Hyacinthe, ne peut s'empêcher de demander au délégué apostolique :

« Ne croyez-vous point, Excellence, que le clergé et le peuple de Québec auraient quelques raisons de nous soupçonner, nous les évêques, d'être au fond les responsables de la déposition de l'archevêque de Montréal étant donné que nous sommes tous passés à Rome dans l'année précédente, pour notre voyage *ad limina*?

— Tenez-vous bien en paix, Excellence, répond le délégué ; lorsque monseigneur Charbonneau a quitté Montréal, il y avait quatre ans qu'à Rome son sort était scellé[33]. »

Cela n'empêche pas les gens de répéter, quatre mois plus tard, à la mort de monseigneur Courchesne, décédé d'une crise cardiaque, « châtiment de la Providence ! » Juste retour des choses... ? N'avait-il pas lui-même prévenu ses diocésains de Rimouski de voir dans l'incendie qui avait brûlé l'édifice de la Commission des liqueurs un avertissement du ciel[34].

*　*　*　*　*　*　*

Si Maurice Duplessis peut se permettre de se faire remplacer au sacre et à l'intronisation du nouvel archevêque de Montréal, il doit tout de même se rendre à l'archevêché pour lui présenter ses hommages. Il y va un samedi matin, dix jours après l'arrivée de monseigneur Léger à Montréal.

En fait, monsieur Duplessis est pressé de voir la nouvelle charte de l'Université de Montréal entrer en vigueur. Il n'a jamais réussi à s'entendre avec monseigneur Charbonneau à ce sujet. Sans doute espère-t-il obtenir la bénédiction de son successeur qui, en prenant possession du trône épiscopal de Montréal, est automatiquement devenu chancelier de l'université. La veille de sa visite au nouvel archevêque, le Premier ministre Duplessis a passé l'après-midi sur la montagne, dans le nouvel édifice universitaire inauguré par monseigneur Charbonneau en 1943.

La conversation entre les deux hommes porte naturellement sur la nouvelle charte. Celle-ci a été préparée par monseigneur Charbonneau avec l'aide d'un comité chargé de rédiger une version plus conforme à ses vues. Le projet de charte qui en découla faisait une large place aux laïcs, mais l'archevêque-chancelier se réservait le droit de choisir la plupart des gouverneurs. Cela déplut à Duplessis qui l'accusa de s'attribuer trop de pouvoir.

La charte contraria aussi les évêques désireux d'être représentés au sein du conseil des gouverneurs. Le 10 février, jour de l'annonce officielle de la démission de monseigneur Charbonneau, le Premier ministre avait affirmé publiquement que le nouveau projet de charte serait présenté à l'Assemblée législative dès l'ouverture de la session, la semaine suivante. Au cours du débat, la fameuse charte subit plusieurs modifications qui firent dire au *Devoir*, le 7 mars, qu'il s'agissait « d'une solution de compromis qui fera la part belle aux politiciens provinciaux[35] ».

Adopté le 28 mars, le bill 69 donnait à l'université une nouvelle charte qui remettait l'administration à un Conseil de gouverneurs formés de douze membres. Cer-

Maurice Duplessis et monseigneur Léger se retrouvent parfois à la même tribune. On les voit ici, en 1951, à l'École des Métiers d'art de Montréal.

tains, à l'instar du *Devoir*, s'inquiétèrent d'une ingérence gouvernementale possible à cause de la présence
de quatre gouverneurs nommés par le Conseil des
ministres. Deux membres devaient être choisis par l'archevêque, en accord avec ses suffragants et les quatre
derniers par le chancelier-archevêque, le recteur et les six
autres gouverneurs[36].

Rien ne transpire de cette conversation entre le Premier
ministre du Québec et le nouveau chancelier. Et le 3 juillet,
Maurice Duplessis annonce la mise en vigueur de sa loi :

Samedi dernier, je suis allé présenter les hommages du Premier ministre et du gouvernement de la province au nouvel archevêque de Montréal. Au cours de l'entrevue, son Excellence a exprimé le désir que la loi soit mise en force le plus tôt possible. C'est ce que nous avons fait à la dernière séance du cabinet[37].

*   *   *   *   *   *   *

Maurice Duplessis se vante que la plupart des évêques du Québec se plient à ses quatre volontés. Il aurait tort de croire que le nouvel archevêque les imitera. Dès leur rencontre suivante, monseigneur Léger signifie au Premier ministre la distance qui sépare le pouvoir religieux du pouvoir politique. Il ne condamne pas pour autant ses confrères qui obéissent à un cérémonial complaisant en vue d'obtenir des fonds pour leurs collèges, séminaires ou hôpitaux. Il comprend au contraire ces évêques âgés, souvent à la tête de diocèses éloignés et sans moyens financiers, de solliciter l'aide gouvernementale pour répondre aux besoins de la population locale. Mais ce n'est pas son cas.

Invité à bénir une nouvelle école à l'Assomption, près de Montréal, monseigneur Léger se retrouve en compagnie du Premier ministre. Après la cérémonie religieuse, Duplessis s'avance vers la tribune d'honneur en compagnie des organisateurs politiques du comté. Mais au lieu de se joindre aux dignitaires, l'archevêque de Montréal s'empare du micro sans y avoir été invité et s'adresse à la foule : « Mes chers amis, je suis venu ici pour accomplir un ministère spirituel. Il est terminé, je n'ai plus rien à faire ici. Je vous remercie et au revoir. »

Au grand étonnement du Premier ministre, qui n'apprécie guère cette façon cavalière de le traiter, le nouvel archevêque quitte aussitôt l'estrade. Le « cheuf » s'en souviendra.

Références — Chapitre XIV

1. En français : « Qu'il me soit fait selon votre parole. »
2. Rumilly, Robert, *Maurice Duplessis et son temps*, *op. cit.*, tome II, p. 348.
3. Parisé, Robert, *Georges-Henri Lévesque, père de la renaissance québécoise*, Montréal, Éditions Alain Stanké, 1976, p. 119.
4. Dans ses mémoires, René Chaloult affirme que Maurice Duplessis lui a dit qu'un ecclésiastique, membre éminent de la Secrétairerie d'État, cachait au Pape des documents importants. Intrigué, il interrogea un prélat qui lui révéla que cet ecclésiastique lui avait confié en souriant : « Vous savez peut-être que nous recevons des requêtes de la part de votre Premier ministre ; elles sont dans mes tiroirs et vont y rester ; Pie XII connaît très bien la situation du Québec, mais il n'a pas le temps de s'occuper de ces petites querelles. » (Chaloult, René, *Mémoires politiques*, Ottawa, Éditions du Jour, 1969, p. 54.)
5. *Le Soleil*, 26 avril 1950.
6. *La Patrie*, 21 mai 1950.
7. Lettre de Paul Sauvé à Maurice Duplessis, Rome, le 30 avril 1950.
8. *Le Devoir*, 2 mai 1950.
9. *La Patrie*, 13 mars 1950.
10. Ces réflexions ont été reprises par monseigneur Léger devant les soeurs Grises, le 7 juin 1950. Cité par Denise Robillard, thèse sur le cardinal Léger, présentée à la faculté de théologie, université d'Ottawa.
11. Lettre de Paul Sauvé à Maurice Duplessis, Rome, *op. cit.*
12. Le fait est également rapporté par E. Gouin p.s.s. qui séjourna quelquefois au Collège canadien, *in L'histoire bouleversante de monseigneur Charbonneau*, *op. cit.*, p. 87.
13. *Le Devoir*, 27 mars 1950.
14. *Le Herald* de Montréal, le 27 mars 1950.
15. *Le Droit*, le 27 mars 1950.
16. *The Montreal Star*, 27 mars 1950.
17. *Le Nouvelliste*, 28 mars 1950.
18. *L'Action catholique*, 6 avril 1950.
19. *La Presse*, 28 avril 1950.
20. Lapointe Renaude, *L'histoire bouleversante de monseigneur Charbonneau*, Montréal, les Éditions du Jour, 1962, p. 19.
21. Rumilly Robert, *Histoire de Montréal*, Montréal, tome V, Fides, 1974, p. 143.

22. Robillard, Denise, *Le cardinal Paul-Émile Léger*, thèse présentée à la Faculté de théologie, université d'Ottawa, p. 33.
23. *La Patrie*, le 16 avril 1950.
24. Lettre pastorale, le 17 mai 1950.
25. *Le Canada*, 16 mai 1950.
26. Rumilly, Robert, *op. cit.*, p. 142.
27. Groulx, Lionel, *Mes mémoires IV*, Montréal, Fides, 1974, p. 245.
28. *La Presse*, 17 mai 1950.
29. Groulx Lionel, *op. cit.*, p. 277.
30. *Le Devoir*, 26 avril 1950.
31. *La Presse*, 17 mai 1950.
32. *Ibid. — Le Devoir*, 17 mai 1950.
33. Chanoine Groulx, *op. cit.*, p. 273.
34. Parisé, Robert, *op. cit.*, p. 106.
35. Lapointe Renaude, *op. cit.*, p. 71.
36. *Le centre médical universitaire*, ouvrage écrit en collaboration, Montréal, Les Éditions du Jour, 1965, pp 33-34.
37. *Le Devoir*, 3 juin 1950.

Chapitre XV

« Je me reposerai quand il n'y aura plus de pauvres »

La méfiance du jeune clergé, encore mal remis du départ précipité d'un archevêque d'esprit libéral, n'est pas complètement disparue quand monseigneur Léger s'attaque à son nouveau métier. Mais sa ligne de conduite est toute tracée. Le pape l'a placé à la tête d'un archidiocèse en lui confiant ce peuple à qui il lui appartient dorénavant de dicter les devoirs à accomplir pour assurer son salut. Par-dessus tout, il devra préserver le climat social de cette communauté de chrétiens de la corruption des moeurs[1].

Pour assurer cette surveillance, il doit pénétrer dans tous les milieux, connaître les petits comme les grands et attirer vers lui les oubliés. Son peuple doit s'habituer à le voir partout et en toute occasion. L'été, tandis que l'administration est en veilleuse, il bat la campagne pour visiter les enfants dans les colonies de vacances. Il se rend au camp Bruchési pour enfants menacés de tuberculose, à celui de Contrecoeur, réservé aux petits défavorisés. Il visite aussi les campements de scouts et de guides. Et avant de se présenter devant les jeunes qui, comme tous les enfants du monde, raffolent de la crème glacée à trois couleurs, l'archevêque n'oublie jamais de s'approvisionner chez le marchand local !

Reportant à l'automne l'étude des questions administratives, il s'attache tout de suite comme secrétaire l'abbé Louis Aucoin, l'un de ses élèves du Collège canadien à Rome. La personnalité riche du jeune prêtre, son sens de l'humour aussi, avaient à l'époque frappé le recteur Léger et, le 20 mai précédent quand il le retrouve professeur au grand séminaire de Montréal, à l'occasion de la première ordination qu'il a à présider, il lui lance :

« Dépêchez-vous de terminer votre année, vous serez mon secrétaire[2]. »

L'abbé Aucoin reçoit l'ordre d'accepter toutes les invitations d'où qu'elles viennent... sauf durant les campagnes électorales. Pas question alors de s'approcher de l'ombre même d'un homme politique.

Un moment ébahis de voir leur nouvel archevêque partout, ses prédécesseurs ne les ayant pas habitués à un contact aussi constant, les Montréalais s'adaptent et le sollicitent de plus en plus souvent. Monseigneur Gauthier disparaissait par la porte de la sacristie sitôt les cérémonies officielles terminées ; malade, il passait jusqu'à trois jours par semaine à son chalet du mont Rolland. Quant à monseigneur Charbonneau, occupé à négocier sa charte de l'Université de Montréal, il rencontrait ses diocésains moins souvent qu'il ne l'aurait souhaité.

Monseigneur Léger inaugure une ère nouvelle. Non seulement est-il de toutes les fêtes, mais il rencontre tous les groupes de citoyens, voyageurs de commerce, électriciens, prisonniers, etc.

Lors d'un ralliement de policiers fédéraux et provinciaux, il leur dicte la ligne à suivre :

Vous vous devez d'être honnêtes. Votre métier est difficile, mais vous ne devez rien sacrifier à la droiture : jamais de corruption, jamais de mensonges, jamais votre intérêt particulier avant le bien commun[3].

À la semaine sociale de formation des jocistes, il met les femmes en face des dangers qui les guettent :

Un athéisme militant et un matérialisme abject semblent vouloir couvrir le monde de leurs ruines. Et nous assistons à une destruction systématique de la personnalité féminine. Elle est une chose et non une personne. Elle servira de mannequin de modes, et trop souvent, hélas ! sa dignité humaine sera sacrifiée pour la gloire éphémère des reines de beauté. Elle sera l'objet des plus bas désirs et sa beauté commercialisée deviendra un objet d'échanges sur les marchés de la grande presse, du cinéma ou de l'annonce[4].

De tous les sujets abordés, c'est l'injustice sociale qui demeure sa préoccupation première. Il y revient fréquemment et d'un ton passionné. C'est ainsi qu'il affirme devant un groupe d'hommes d'affaires :

> La justice doit régner dans les affaires, cela vous l'admettez. Mais la justice sociale qui doit accorder à tous les hommes une part des biens terrestres suffisante pour assurer leur dignité d'hommes, travaillez-vous à son élaboration[5] ?

Les journaux publient intégralement et souvent à la une ses causeries qu'ils qualifient de « vibrante allocution », « d'émouvante conférence » ou « d'exposé d'un rare calibre ».

Le Premier ministre Duplessis, qui prend généralement place à la gauche de l'archevêque, tout de rouge vêtu, ne veut pas être en reste, malgré leurs relations distantes. Lors de l'inauguration du sanatorium Saint-Joseph-de-Rosemont, il le qualifie de « grand protecteur de l'âme québécoise[6] ».

Un soir, à l'Oratoire Saint-Joseph, monseigneur Léger, particulièrement inspiré, improvise jusqu'à 2 heures du matin. En lui, le communicateur prend souvent le dessus :

> Je vous parlerais encore, si je ne craignais d'abuser de vous. Que voulez-vous, ce soir, ce n'est pas seulement votre archevêque qui vous a parlé, c'est votre père et un père trouve toujours quelque chose à dire à ses enfants[7].

Le ton paternaliste du nouvel archevêque laisse parfois percer quelque accent autoritaire, mais ses brebis sont éblouies par sa langue riche et colorée, son aisance et son naturel. Tous s'accordent pour dire qu'il est à son meilleur lorsqu'il improvise même s'il en oublie le temps.

* * * * * * *

Une dizaine de jours après son arrivée à Montréal, monseigneur Léger prépare dans son bureau l'allocution qu'il doit prononcer à la grande manifestation publique contre le blasphème qui va se tenir au Parc Jeanne Mance, le 4 juin 1950. Son père et sa mère doivent l'accompagner. Il les imagine aux premiers rangs alors que du haut de l'estrade, il déclarera la guerre au blasphème. « Je vais raconter des souvenirs d'enfance », décide-t-il avec l'intention d'en profiter pour taquiner son père. « Durant ma jeunesse, commence-t-il à écrire, il m'est arrivé de faire des mauvais coups, de grimper au sommet du moulin à vent... »

Son stylo glisse sur le papier glacé. Une fois sa feuille remplie, il la laisse tomber par terre. Puis il continue : « Dans ces moments-là, mon père perdait patience et donnait libre cours à sa litanie de jurons : « Sacs à papiers de torvis, vieille marraine de vieille scie... » Jamais un sacre ne souilla ses lèvres ! »

Après cette introduction amusante, l'archevêque enchaîne sérieusement en consultant quelques ouvrages de références.

Le papier s'accumule sur le sol. Quand il aura terminé, il ramassera cet amas de feuilles qui contiennent son discours.

On frappe. L'évêque de Rimouski, monseigneur Courchesne, entre. Le profil indien, qu'il a hérité de sa mère abénakie, s'est accentué avec la vieillesse. Il vient saluer l'archevêque :

« Eh bien ! mon petit gars, c'est pas facile, ton affaire ! lance-t-il. Montréal n'est pas Rimouski. Moi, je connais tous mes gens, mais toi, ici, tu ne connais personne. Tu sais ce que tu devrais faire ? Essaie d'obtenir un quart d'heure par semaine à la radio. »

L'idée n'est pas mauvaise. Elle fait son chemin au cours des mois suivants et se concrétise lorsque monseigneur Albert Valois, évêque-auxiliaire, y va d'une nouvelle suggestion : pourquoi ne pas réciter le chapelet à la radio ?

« Accordez-nous quinze minutes par jour », demande-t-il aux stations radiophoniques, lors d'une réunion de l'Action catholique au Plateau.

Ferdinand Biondi, directeur des programmes à CKAC, retient l'idée. Ayant dès le lendemain obtenu l'accord de son patron... pour un essai d'un mois, il pressent monseigneur Léger qui accepte le défi[8]. L'occasion ne peut être mieux choisie, car Pie XII est sur le point de promulguer le dogme de l'Assomption. Le samedi 30 septembre, l'archevêque enregistre sur disque la récitation du chapelet qui doit être présentée le lendemain alors qu'il participera à un pélerinage au Cap de la Madeleine, en compagnie de tous les évêques du Québec. C'est d'ailleurs à cette occasion qu'il annonce le début de la Croisade du rosaire qui se poursuivra bien au delà du mois prévu si les fidèles le désirent : « Leur foi, ajoute-t-il, nous imposera la continuation de cette coutume. »

Ce jour-là, pendant que son chauffeur, Antonio Plouffe, le ramène à toute allure vers la métropole, l'archevêque répond tout bas aux ave qu'il récite lui-même à la radio. Durant tout le mois d'octobre, consacré à la Vierge, CKAC poursuit sa diffusion.

Appelé à Rome pour les fêtes de la béatification de Marguerite Bourgeoys, l'archevêque doit suspendre son chapelet radiophonique à la fin du mois. Ferdinand Biondi, qui couvre les cérémonies pontificales pour CKAC, en profite pour lui demander de reprendre le chapelet dès son retour. La station, lui dit-il, a reçu une montagne de lettres réclamant la récitation du chapelet en famille. Il accepte donc.

Mais plusieurs Québécois ont cru qu'ils ne l'entendraient jamais plus, ni à la radio, ni ailleurs. En effet, un tragique accident aérien cause la mort de cinquante et un pèlerins canadiens qui revenaient de Rome. Le jour même de la catastrophe qui survint au-dessus du mont Obiou, tragédie due à une erreur de pilotage qui a fait percuter le DC-4 contre la montagne, la plupart des victimes avaient rencontré le pape en compagnie de monseigneur Léger. Aussi, de ce côté-ci de l'Atlantique, a-t-on cru, aux premières nouvelles de l'accident, que le corps de l'archevêque montréalais gisait avec ceux des malheureux passagers dans les débris métalliques de l'avion. Heureusement, il n'en est rien. Monseigneur Léger célèbre une messe de requiem pour les défunts en la basilique Saint-Pierre-de-Rome.

À Montréal, CKAC installe des microphones permanents dans la chapelle personnelle de l'archevêque. Chaque soir, un groupe différent de croyants se présente à l'archevêché sous le coup de 19 heures. Il y a parfois des personnalités connues comme

Monseigneur Léger et les jumelles Dionne à la croisade du chapelet.

le maire Camillien Houde et sa famille, les jumelles Dionne ou des instituteurs de l'Alliance des professeurs de Montréal et leur président, Léo Guindon. D'autres fois, ce sont les membres d'un regroupement comme les employés d'une caisse populaire ou les représentants de la corporation des médecins.

La croisade du chapelet remporte un grand succès. Le 9 décembre 1950, *Le Devoir* révèle que 154 487 familles, soit soixante-cinq pour cent de la population totale du diocèse, se sont engagées à réciter quotidiennement le chapelet.

« C'est une véritable institution que la campagne du rosaire de 19 heures », peut affirmer monseigneur Léger[9].

296

En deux mois, CKAC a reçu plus de mille lettres de félicitations. Une centaine par semaine sont adressées directement à l'archevêque. Elles atterrissent dans les bureaux de l'Action catholique, au sous-sol de l'archevêché où l'un des collaborateurs de l'archevêque, l'abbé Paul Touchette, s'arrache les cheveux : « On ne peut pas jeter ces lettres au panier sans les avoir lues », soupire-t-il.

Monseigneur Léger répond à toutes les lettres : « Il faut donner à chacune la même importance que la personne en l'écrivant[10]. »

Avant Noël, il demande à deux aides-sociales d'un institut séculier de l'aider à répondre à ce volumineux courrier qu'il considère comme un travail apostolique.

Lucette Boivin et Hélène Auger font une entrée discrète à l'archevêché. On leur demande de ne dire à personne, même pas à leur famille, qu'elles travaillent au sous-sol de l'archevêché. S'il leur arrive de croiser un prêtre dans le corridor, le protocole exige qu'elles s'arrêtent pour lui céder le passage. Chaque soir, quand les deux secrétaires ont quitté leur travail, monseigneur Léger descend signer les lettres qu'elles ont préparées.

À l'automne 1951, le premier anniversaire de la récitation du chapelet est marqué par une grande cérémonie religieuse à l'église Notre-Dame. Dix mille personnes envahissent la basilique et la place d'Armes. Le substitut du pape, monseigneur Jean-Baptiste Montini, envoie la bénédiction apostolique du Saint-Père au président de *La Presse* et au directeur des programmes de CKAC qui ont gracieusement mis les ondes à la disposition de l'archevêque, « lui permettant ainsi d'utiliser la technique moderne pour prendre un contact personnel avec la plus grande partie des familles qui composent son troupeau pastoral[11] ».

À Radio-Canada, on est aux abois : *Un homme et son péché*, diffusé tous les soirs à la même heure, perd des auditeurs qui délaissent les déboires de Donalda au profit du chapelet de monseigneur Léger. La société d'État attend néanmoins deux ans avant de se rendre à l'évidence. Il faut changer l'heure de diffusion de Séraphin qui passera dorénavant à 18 h 45, juste avant le chapelet ! S'il avait encore vécu, le cardinal Villeneuve eût été soulagé du changement d'horaire, lui qui, dans quelque village perdu qu'il se trouvât, s'arrêtait à 19 heures pile, pour écouter son feuilleton préféré !

*   *   *   *   *   *   *

Le petit chapeau sur le coin de la tête et les mains gantées comme il se doit, Doris Johnson se fait, elle aussi, très discrète quand elle entre à l'archevêché. La jeune et jolie travailleuse sociale a été appelée au service de monseigneur Léger qui s'est vite aperçu que son volumineux courrier comptait non seulement des lettres de félicitations, mais aussi des appels à l'aide : problèmes financiers, difficultés conjugales, demandes de réconfort, etc.

« J'ai besoin de vous, lui a-t-il dit simplement lors de leur première rencontre[12]. »

C'est suffisant pour la convaincre. Doris Johnson a un peu plus de vingt ans, elle est enthousiaste et surtout déterminée à consacrer sa vie aux défavorisés. Elle a grandi à Danville, petit village des Cantons de l'Est, au pays de l'amiante. Pendant les dix années de dépression qui ont suivi le crash économique de 1929, elle a vu son père trimer dur pour nourrir ses neuf enfants dont plusieurs étaient encore jeunes lorsque leur mère est morte de tuberculose à l'hôpital de Plessisville. Quand Doris commence à travailler à l'archevêché de Montréal, son frère aîné, Daniel Johnson est déjà député de Bagot[13].

La jeune travailleuse sociale classe les lettres selon leur contenu. Dans une pile, elle dépose les demandes financières : un compte d'électricité en retard et la menace d'interruption de service qui l'accompagne, un appel au secours venant d'une mère de quatre enfants dont le mari est parti avec la paye de la semaine, le mot d'un vieux qui a besoin d'un appareil auditif « pour pouvoir écouter le chapelet à la radio », etc.

Doris Johnson sourit en refermant la grande enveloppe brune envoyée par un enfant qui a tracé sur une feuille la forme de son pied pour que monseigneur lui achète des chaussures. Avant de signer, il a écrit en gros caractères : « Nous vous aimons beaucoup. »

Parfois, sur l'enveloppe décachetée, monseigneur Léger griffonne quelques mots : « J'ai l'impression que ce cas est difficile. Voyez ce que la prudence recommande. » Chaque matin, il passe à son bureau pour discuter des cas les plus délicats. Lorsqu'il s'agit de demandes émanant d'organismes d'aide, il se fait lui-même l'avocat auprès des différents ministères. Souvent, il suggère à sa collaboratrice de référer certains dossiers au curé de la paroisse qui s'empresse alors de répondre aux souhaits de l'archevêque.

Monseigneur Léger parle peu. Doris doit comprendre à demi-mots et décoder ses mimiques. De toutes façons, il fait entièrement confiance à celle qu'il a surnommée sa messagère de la charité.

« Ce que vous déciderez de faire sera bien fait », lui répétera-t-il pendant les dix-sept ans qu'elle consacrera à cette tâche.

Durant les années 50, la charité chrétienne est une valeur fort appréciée. La population qui fait appel à son archevêque sent le désintéressement de celui-ci et apprécie l'ardeur qu'il met à s'occuper d'elle. Plus tard, lorsque la notion de justice sociale prend le pas sur celle de charité, l'archevêque admet la modification des valeurs en cours, mais il n'en continue pas moins de solliciter la générosité des riches et des bien nantis.

« Changer la société, c'est bien, rétorque-t-il, à ceux qui lui reprochent de refuser le progrès, mais en attendant, il faut faire quelque chose[14]. »

Il n'hésite pas à puiser à même sa petite caisse constituée de dons personnels, pour prêter jusqu'à 5000 dollars à une famille en train de s'installer. C'est un bien curieux créancier, ce monseigneur Léger, qui n'exige de son emprunteur aucune reconnaissance de dettes. Pour lui, la parole d'honneur suffit.

« Vous me coûtez cher », lance-t-il parfois d'un air moqueur à sa collaboratrice.

Il faut tout de même trouver les fonds pour aider ces défavorisés. Le problème est de taille. Un jour, un Sulpicien lui fait une suggestion :

« Pourquoi ne fondez-vous pas les Cent Associés de Montréal ? »

Sans le savoir, le Sulpicien venait de signer un contrat. Bien sûr, l'archevêque connaît le groupe de généreux parisiens dont les dons ont permis le développement de la Nouvelle-France. Il s'empresse d'acquiescer :

« Bonne idée. Et pourquoi n'assumez-vous pas personnellement cette responsabilité ? »

L'imaginatif sulpicien devient donc l'agent de l'archevêque. Il ratisse la rue Saint-Jacques et sollicite les hommes d'affaires qui acceptent de bonne grâce de donner la somme symbolique d'un dollar par jour aux oeuvres de monseigneur Léger. Dix ans plus tard, les « Cent Associés » seront cinquante mille et l'archevêque réussira à aider une foule de démunis jusque-là oubliés.

*　*　*　*　*　*　*

Pendant que Doris Johnson parcourt la ville pour répondre aux besoins des démunis, l'archevêque utilise toutes les tribunes offertes, tantôt, déplorant les inégalités sociales qui engendrent des malaises, tantôt, établissant des parallèles entre les riches qui jouissent d'une résidence cossue à la ville et d'une villa luxueuse à la mer, et ceux qui n'ont même pas un toit pour s'abriter. Il lui arrive même de provoquer ses auditeurs, comme ce groupe d'industriels qui l'avaient invité à l'hôtel Windsor et qu'il prévient en commençant :

Je ne suis pas venu ici pour vous défendre, car vous êtes assez forts pour le faire vous-mêmes. Ce soir, je représente les ouvriers qui ne peuvent se réunir comme vous dans ce magnifique salon parce qu'ils ne pourraient pas en payer la location.

L'archevêque reconnaît que l'Église ne doit pas s'immiscer dans les affaires économiques. Mais elle se doit d'appuyer le syndicalisme et de dénoncer les conditions souvent injustes faites aux travailleurs. Ce jour-là, il blâme directement les industriels :

> Vous avez dit tantôt que l'ouvrier a le droit d'être à votre table, et pourtant, je n'en ai jamais rencontré[15].

On l'accuse de démagogie. Il répond par une promesse formelle :

> Pour ma part, je m'engage à ne pas prendre de vacances tant et aussi longtemps qu'il y aura un seul pauvre dans mon diocèse[16].

Monsieur Duplessis demande qu'on lui envoie le texte intégral de cette conférence de monseigneur Léger. Il lit attentivement l'engagement de l'archevêque de ne prendre aucun repos « tant qu'il y aura une mère de dix enfants qui vit dans un taudis où l'on est obligé de placarder les murs avec du carton et de tuer les rats qui sortent des égoûts ».

Dans l'intimité, le Premier ministre traite, lui aussi, monseigneur Léger de démagogue[17]. Mais à partir de ce jour de septembre 1951, il l'affuble d'un nouvel épithète : l'archevêque communiste[18]. Il n'a sans doute pas apprécié qu'à la fin de sa causerie, monseigneur Léger n'ait plus parlé de charité mais de justice sociale.

Il faut dire que l'archevêque de Montréal excelle dans la métaphore osée, et qu'il ne s'en prive pas. En 1953, lors de la fête du Travail, il monte en chaire à l'Oratoire Saint-Joseph et demande à haute voix comment on peut entendre sauter des bouchons de champagne quand souffrent les misérables :

> Vous trouverez dans la grande ville des institutions pour chiens, des lieux de débauche et de jeux, et des maisons de paris. Dans cette même ville, des corps de vieillards pourrissent vivants sur des sommiers faits de feuilles de journaux...[19]

*   *   *   *   *   *   *

En mai 1953, les problèmes des hôpitaux du diocèse de Montréal donnent lieu à de nouveaux accrochages entre le Premier ministre et l'archevêque. L'Hôtel-Dieu est au bord de la faillite.

Les religieuses qui le dirigent doivent éponger une dette de 3 500 000 dollars. Or, le gouvernement du Québec qui s'était engagé à verser 2 millions à l'hôpital, n'a déboursé que 600 000 dollars.

L'archevêque profite d'une cérémonie officielle à l'Hôtel-Dieu pour rappeler aux « autorités compétentes que dans une société, les responsabilités doivent être partagées ». Il s'élève ensuite contre « l'accusation calomnieuse » qui veut que les soeurs soient riches. Il les a trop souvent vues venir pleurer à son bureau pour lui demander la permission d'emprunter pour payer les intérêts de leurs dettes.

Fondé par Jeanne Mance au début de la colonie, l'Hôtel-Dieu a été le seul hôpital de la métropole pendant cent quatre-vingt-deux ans. Les malades y furent soignés gratuitement pendant tout ce temps, soit jusqu'en 1902, année où pour la première fois les religieuses réclamèrent des frais d'hospitalisation. Celles-ci n'ont jamais retiré de salaires et l'année précédente, elles ont dû consacrer la somme de 197 000 dollars aux malades trop pauvres pour payer leurs frais d'hôpitaux. L'archevêque s'inquiète :

> Et si les autorités civiles n'écoutent pas les demandes légitimes formulées par nos religieuses, insinue l'archevêque, ne laissent-elles pas entendre qu'elles voudraient administrer elles-mêmes ces hôpitaux ? Et nous voilà sur le versant qui conduit à la médecine d'État. Que le Seigneur nous en préserve[20].

C'en est trop. Maurice Duplessis n'accepte pas pareille ingérence dans les affaires de l'État. Il déchire le chèque de 1 400 000 dollars qu'il destinait à l'Hôtel-Dieu. Cet argent, il le remet à l'hôpital de Saint-Laurent et autorise la construction d'une chaufferie et d'une cheminée, faisant fi de la demande des soeurs qui réclamaient plutôt une aile pour les malades.

À quelque temps de là, l'archevêque de Montréal rencontre le Premier ministre lors d'une cérémonie officielle et lui dit, l'air moqueur : « Je vous remercie beaucoup pour l'octroi à l'hôpital de Saint-Laurent car je vous rappelle qu'il fait aussi partie de mon diocèse. »

Monsieur Duplessis prend de plus en plus ombrage de l'indépendance affichée par le chef spirituel de la métropole. Ce dernier ne demande pas, il agit. Ou alors, il négocie directement avec ses ministres provinciaux :

« Si je fournis une maison pour les aveugles, propose un jour l'archevêque à Paul Sauvé, allez-vous vous en charger ?

— Certainement », répond le ministre du Bien-Être social et de la Jeunesse[21].

Aussitôt dit, aussitôt fait. Monseigneur Léger achète une école, avenue Windsor à Westmount. Pour en défrayer le coût, il puise dans une bourse personnelle, cadeau des Montréalais, et en extrait 110 000 dollars auxquels il ajoute les fruits d'une collecte pour les aveugles et quelques milliers de dollars offerts par les Soeurs Grises. Le ministère de Paul Sauvé fait le ménage de l'école, fournit les meubles, fait imprimer les livres en braille et alloue un budget annuel de 75 000 dollars. Les aveugles (dont l'instruction n'est pas encore obligatoire en 1953) obtiennent enfin leur école.

Monseigneur Léger s'inquiète aussi du sort des quarante mille jeunes filles qui habitent en chambre dans le centre-ville de Montréal. La plupart ont quitté leur village natal pour venir travailler dans la métropole et sont des cibles parfaites pour la prostitution.

Parrain de la croisade de la pureté, l'archevêque encourage la fondation du Centre Maria Goretti sur le Chemin de la Côte Sainte-Catherine, dans l'ouest de la ville. Le centre est ainsi nommé en souvenir d'une jeune fille italienne assassinée en 1902, à l'âge de douze ans, et canonisée par Pie XII le 24 juin 1950. Au cours de la construction de l'édifice, les fonds manquent. Le personnel du centre entreprend une neuvaine et le gouvernement du Québec accorde un octroi spécial et additionnel de 150 000 dollars, ce qui permet aux travaux de reprendre à la grande satisfaction des propriétaires, les Pères de Sainte-Croix[22].

L'archevêque crée ensuite des postes d'accueil dans les gares de chemins de fer et les stations d'autobus qu'il confie aux « équipières sociales », premier institut séculier approuvé par Pie

XII. Celles-ci renseignent les jeunes filles et leur fournissent même le gîte pour leurs premières nuits dans la métropole.

La question des mères célibataires le tracasse encore. Ces jeunes femmes de seize à vingt-deux ans, « presque des enfants », comme il le dit, évoluent dans un milieu franchement hostile. En 1952, la société d'adoption de Montréal confie huit cent douze enfants à des parents adoptifs. Deux ans plus tard, le nombre des adoptions passe à mille douze. L'archevêque voit alors à la mise sur pied du Centre Rosalie-Jetté, confié aux soeurs de la Miséricorde qui transforment l'ancienne crèche Saint-Paul, sur le boulevard Gouin, en maison d'accueil pour jeunes filles enceintes.

* * * * * * *

S'il évite de quémander auprès du Premier ministre du Québec, monseigneur Léger voit cependant à ce que ce dernier assume pleinement ses responsabilités sociales. Lorsqu'il le prend en défaut, il le lui fait savoir sans détour ! Dans une lettre strictement confidentielle écrite le 7 novembre 1957, il lui reproche sa négligence dans le traitement réservé aux enfants à la cour du Bien-Être social de Montréal, qui relève du procureur général de la province, c'est-à-dire de monsieur Duplessis lui-même.

Avant d'envoyer sa lettre, particulièrement mordante, monseigneur Léger a fait enquête. L'affaire semble tragique. Des enfants attendent inoccupés durant des journées entières et parfois la cour les garde sous son toit pendant des semaines. Lorsqu'enfin ils en sortent, les petits sont démoralisés et leur rééducation, compromise. L'archevêque avait pourtant mis Duplessis au courant de faits semblables, un an plus tôt :

« Depuis ce temps, lui écrit-il, la situation n'a guère changé. Mon devoir de pasteur m'oblige à revenir à la charge... »

D'autres cas de traitements abusifs s'ajoutent à ceux qui ont été portés à sa connaissance l'année précédente : des jeunes filles ont été frappées sur le corps par des gardiens, des enfants ont été jugés sur des dossiers inventés, des gardiens blasphèment et, enfin, des examens médicaux illicites et immoraux sont pratiqués sur les enfants. Il a interrogé à ce sujet le juge, le shérif et le procureur adjoint qui tous ont reconnu ces faits intolérables, mais s'estiment impuissants à agir sans l'autorisation du procureur général :

> On vous a sans doute dit que le même sort était réservé à des enfants qui n'ont commis aucun délit, mais qui passent par la cour pour être protégés. De très bons enfants confiés pour protection sortent de la cour parfois corrompus à jamais. *Le Pasteur d'un diocèse ne peut tolérer semblable situation*(...) Voilà pourquoi, monsieur le Procureur général, je viens vous demander quelle est votre réponse à ma question *posée il y a plus d'un an*[23].

Cinq jours plus tard, une réponse personnelle et confidentielle du Premier ministre Duplessis arrive :

> Vous avouerai-je que j'ai été péniblement surpris de la teneur et du ton de votre lettre... j'ai conscience de faire tout ce qui est humainement possible pour accomplir de mon mieux le mandat qui m'a été confié...

Le Premier ministre a vérifié les allégations de son correspondant :

> Les informations qui m'ont été fournies ne correspondent pas à toutes celles qui Vous ont été données. Toutefois, je ne doute pas qu'il y ait lieu d'améliorer la situation, ce à quoi nous allons nous employer...[24]

Il faut croire que les reproches de l'archevêque de Montréal ont piqué au vif le Premier ministre puisque le 19 décembre suivant, un arrêté en conseil, proposé par Maurice Duplessis lui-même, stipule que la détention et les officiers de probation de la cour du Bien-Être social de Montréal et de Québec relèveront désormais du ministère du même nom. De plus, des recommandations sont faites pour que l'on procède avec « plus de sens chrétien » dans le cas des examens médicaux. L'un des informateurs de l'archevêque, l'abbé Marc Lecavalier, qui est à l'emploi de la clinique d'aide à l'enfance du ministère lui écrit : « Une fois de plus, la voix du Pasteur a été écoutée[25]. »

* * * * * * *

Ce qu'il ne va pas chercher dans les coffres du gouvernement, monseigneur Léger le réclame des institutions québécoises, sans toujours réaliser la portée de ce qu'il demande. Trois cents employés de la société mutuelle d'assurance Les Artisans l'ont appris à leur grand étonnement. L'archevêque profite de leur visite au chapelet pour exposer sa thèse pour le moins originale sur la gestion des finances dans les grandes sociétés. «Demain, leur explique-t-il en substance, votre argent ne vaudra plus rien. Mieux vaut le dépenser aujourd'hui, pour aider les défavorisés...»

L'exposé laisse perplexes les artisans qui ne partagent pas sa conception de l'épargne... surtout lorsqu'il s'agit des économies que leur confient les petits épargnants. C'est pourquoi le président, René Paré, ne sait décidément pas quoi répondre quand monseigneur Léger termine son allocution en s'adressant à lui :

« N'est-ce pas monsieur le Président ? »

Or son silence intrigue les employés qui, en sortant de l'archevêché, l'interrogent :

« Qu'est-ce qu'on fait, demandent-ils ?

— On continue comme avant, rassure le président. Demain, je parlerai à son Excellence. »

Le lendemain, René Paré explique à l'archevêque que sa proposition a bouleversé les employés, partagés entre sa suggestion et leur devoir.

« Supposez, Excellence, que votre père meure et qu'il soit assuré chez Les Artisans. Il y a mis toutes ses économies dont vous héritez à sa mort. Vous venez donc chez nous chercher l'argent qui vous est dû. Que diriez-vous si je vous répondais : je ne peux pas vous rembourser, j'ai tout donné aux oeuvres[26]. »

Monseigneur Léger sourit sans répondre. Certes, il a compris le message. Mais il ne saurait promettre de ne plus recommencer.

*   *   *   *   *   *   *

« Monsieur l'abbé Bélanger, connaissez-vous la cité de Cottolengo, à Turin, en Italie ? »

Sans attendre la réponse, monseigneur Léger raconte au prêtre l'histoire d'une pauvre mère de famille italienne enceinte qui accoucha prématurément au cours d'un voyage. L'hôpital général refusa de l'admettre parce qu'elle était épileptique et la clinique des épileptiques lui refusa des soins parce qu'elle était enceinte. Elle mourut en couches, un soir de septembre 1827. Le chanoine Benoît-Joseph Cottolengo qui assista la mourante se jura de fonder une oeuvre pour venir en aide aux laissés pour compte.

« J'ai visité cette cité à Turin, ajoute monseigneur Léger. Elle abrite actuellement dix mille pauvres et malades. »

L'abbé Ovila Bélanger, ancien aumônier de l'Alliance des Professeurs, maintenant vicaire à la paroisse Sainte-Thérèse-de-l'Enfant-Jésus, écoute le récit en ce 18 janvier 1951. Il connaît bien son archevêque. Suffisamment, en tout cas, pour deviner qu'il s'apprête à lui confier une nouvelle mission.

« Il y a beaucoup de malades abandonnés dans la métropole, poursuit le prélat. J'ai décidé de vous envoyer à Pointe-aux-Trembles pour fonder une oeuvre de ce genre. Nous l'appellerons le Foyer de Charité. »

Le projet mûrit dans sa tête depuis un certain temps. Il a toujours bâti en imagination des cités, des villes, des oeuvres immenses. L'une d'elles devait recueillir les cas de misères les plus impossibles, ceux dont personne ne veut et qui sont exclus de l'aide gouvernementale et des organismes de bienfaisance existants. Déjà, à Rome, il y pensait en affirmant dans son premier message comme évêque : « Les pauvres, les humbles, les malades seront la partie choisie de mon troupeau. »

Comme si l'archevêque de Montréal prévoyait déjà que les effectifs religieux allaient bientôt devenir rares, il ne veut pas que son foyer de charité grandisse à l'ombre tutélaire d'une congrégation. Il tient à ce que ce soient des laïcs bénévoles qui prennent soin des invalides et des demi-impotents :

« Il commence à être temps que les baptisés prennent leurs responsabilités. Je veux que ce soit spontané. Une charité telle que l'Évangile la présente : « J'étais venu et vous m'avez vêtu, j'avais faim et vous m'avez donné à manger[27]. »

La philosophie de l'oeuvre se résume à quelques propositions simples : les indigents doivent être véritablement sans le sou pour être admis. Le directeur ne devra accepter de subventions gouvernementales en aucune circonstance. Tout devra venir de la Providence.

« Voici cinq dollars, ironise monseigneur Léger en terminant son exposé. Ça devrait vous suffire ! »

*   *   *   *   *   *   *

L'abbé Bélanger part à la conquête de ce nouveau royaume qu'on appellera symboliquement « Cabaneville ». Pour s'y rendre, il faut longer les raffineries de l'est de la métropole, avec leur forêt de réservoirs appartenant aux compagnies pétrolières Fina, Esso, BP, puis filer sur la rue Sherbrooke jusqu'à la 32 ième avenue d'où on aperçoit quelques mansardes à l'abandon.

Le prêtre ne se formalise pas du paysage de misère qu'il a sous les yeux. Toute sa vie, il a côtoyé la pauvreté. Fils d'ouvrier, il a grandi dans le faubourg Saint-Denis. Pour payer ses études classiques, il jouait du jazz le soir dans les clubs. Jeune séminariste, il a même obtenu la permission spéciale d'enlever sa soutane pour servir aux tables dans les hôtels du Bas-du-Fleuve. Une fois prêtre, il a été nommé aumônier des vétérans, hommes handicapés et démunis. La nouvelle tâche que lui confie monseigneur Léger s'insère logiquement dans un métier qu'il a choisi comme s'il allait de soi. L'abbé a tout juste le temps de s'installer dans la bicoque qui lui tient lieu de chambre à coucher, de bureau, de salle à manger et de chapelle, que déjà, les premiers pensionnaires frappent à sa porte. On rafistole à la hâte les cabanes avoisinantes pour les loger. L'un d'eux, un Russe protestant, cancéreux, est presque à l'article de la mort.

Plus que tout le reste, ce sont les installations sanitaires qui laissent à désirer. Un seul lavabo, celui de la cuisine, fonctionne et il n'y pas l'eau courante. Pas de toilette non plus, si ce n'est une

Il suffit d'un appel de monseigneur Léger pour qu'accourent les charpentiers, briquetiers et maçons qui construisent le nouveau bâtiment qui servira d'hôpital au Foyer de Charité.

minuscule « catherinette », derrière les bâtiments... ce qui n'est pas très commode, la nuit. Il faut partir de zéro. Mais comment faire ?

L'archevêque de Montréal lance une grande corvée par l'intermédiaire des journaux. *La Presse* du 6 septembre 1951 titre : « 1000 ouvriers demandés pour une journée : salaire nul, récompense... différée. » La réponse est plus qu'encourageante : on construit une grange de trente mètres qui servira d'hôpital. Les femmes préparent les repas tandis que les hommes montent la charpente.

Bientôt, les corvées du Foyer de Charité se multiplient. « Un appel aux briqueteurs, écrit *Le Canada*. Les ouvriers sont priés d'apporter leur truelle, fer rond, nivau... et leur dîner. Le café sera servi sur les lieux. Il s'agit d'élever dans la même journée les murs d'un édifice de 200 X 60 pieds.» Les briques et tout le matériel sont fournis gratuitement par une compagnie montréalaise. L'édifice, en belles briques rouges, est terminé juste à temps pour accueillir de nouveaux arrivants.

Mais il faut aussi nourrir les pensionnaires. La nourriture provient des surplus des épiciers en gros et des détaillants qui l'apportent au foyer par camion. Un tel fournit le pain, une société, le lait tandis qu'une association féminine se charge du beurre. Chaque vendredi, deux marchands sympathiques à la cause livrent le poisson et un regroupement d'hommes d'affaires approvisionne l'oeuvre en boîtes de conserve.

Les victuailles arrivent parfois en quantités telles qu'il faut en refiler aux autres oeuvres des environs comme les crèches et les séminaires. Mais d'autres fois, la pénurie succède à l'abondance et alors les pommes de terre constituent le menu quotidien. Quand le garde-manger est vide, l'abbé Bélanger va faire un tour à l'archevêché où monseigneur Léger le reçoit immédiatement.

« Je vous ai donné cinq dollars et vous n'avez pas su les faire fructifier », lui rappelle-t-il en hochant la tête.

Aussitôt l'abbé reparti, l'archevêque prend le téléphone et demande à parler à son ami Jean Drapeau, qui est devenu maire en 1954.

« Le Foyer de Charité aurait besoin de poulets, lui dit-il sans rien ajouter.

— Je m'en charge », répond le maire.

Étudiant, Jean Drapeau a été engagé par le gouvernement pour enquêter auprès des candidats aux pensions de vieillesse et auprès des mères nécessiteuses. Jamais il n'a oublié l'image du petit enfant qu'il a vu dormir, sans couverture, au fond du tiroir d'une commode. Quand l'archevêque l'appelle, il communique sur-le-champ avec divers bouchers de la métropole qui préparent la volaille que son chauffeur livrera lui-même à Pointe-aux-Trembles[28].

Une veille de Noël, alors que le réveillon des malades s'annonçait plutôt maigre, un véritable miracle se produit. Un camion de livraison se gare près de la porte de la cuisine et des hommes en déchargent de la viande, des légumes, des gâteaux et des friandises suffisants pour nourrir une armée. Une association dont le banquet a été annulé à la dernière minute offre même, en plus des victuailles, ses décorations de Noël. L'année suivante, ce sera au tour de Steinberg de faire parvenir son surplus de dindes invendues[29].

Tout se passe comme si la ville entière s'était donné le mot : les commerçants fournissent la nourriture, la lingerie, les vêtements tandis que les corps de métier donnent une journée de congé pour construire, réparer, nettoyer. Des étudiants viennent arranger des pommes, des jeunes filles font la couture, des coiffeurs se relaient pour couper les cheveux et dix-huit dentistes se rendent au foyer sur demande. Quatre médecins donnent gratuitement des consultations et quinze spécialistes peuvent être appelés à toute heure du jour.

Les journaux montrent monseigneur Léger la truelle à la main ou encore au volant d'un tracteur. Un jour, l'archevêque se mêle aux deux cents policiers de Montréal venus épandre et niveler des tonnes de gravier, peinturer les ponceaux et trottoirs de bois et émonder les broussailles. À chaque fois qu'il a une minute de libre, il se rend au foyer dont il aime dire qu'il est « le sanctuaire de toutes les souffrances errantes et abandonnées ». Il réserve toujours un bon mot à chacun des déshérités qu'il encourage à accepter son sort. Jamais il ne manque une réception et on le voit souvent à la table d'honneur avec, à ses côtés, Walter, la mascotte du foyer. Sourd, muet, aveugle, paralytique et épileptique, cet enfant de parents inconnus a été confié au foyer à quatre ans. Les pensionnaires en ont fait l'enfant chéri du foyer et la direction lui a offert la meilleure chaise roulante.

Le personnel? Des hommes et des femmes qui offrent leurs services bénévolement et vivent avec les malades. Une couturière de l'Hôtel-Dieu a quitté son emploi pour travailler au foyer. L'administrateur de la maison a vendu son restaurant de Québec pour se consacrer à l'oeuvre. Personne n'a de salaire. Tout est mis en commun. Sans prononcer de voeux, les employés vivent comme des moines, dans la pauvreté, la chasteté et l'obéissance. Mais, contrairement aux religieux, ils peuvent quitter les lieux quand bon leur semble. Les pensionnaires donnent un coup de main si leur condition le permet. La téléphoniste est boiteuse, les voyants guident les aveugles, ceux qui marchent poussent les chaises roulantes des paralysés...

Monseigneur Léger se fait un devoir d'accompagner les groupes d'hommes d'affaires désireux de visiter le foyer et, comme par hasard, il ne manque pas de s'attarder avec eux devant l'imposant tronc placé bien en évidence dans le hall d'entrée. L'abbé Bélanger, lui, s'arme de courage et sollicite comme un véritable politicien les entrepreneurs à qui il fait voir les plans d'une charpente d'acier d'un coût de 4 000 dollars :

« C'est très intéressant, répond l'un d'eux, flairant le contrat.

— Mais vous savez, mon ami, précise l'abbé Bélanger, je ne paie pas.

— Comment ? demande l'homme éberlué, vous me prenez pour un fou ? »

Le directeur du foyer lance ainsi ses dés. Cette fois-là, au moins, l'entrepreneur a fait le travail... sans envoyer de compte[30].

Ainsi prend forme la ville de la charité que monseigneur Léger imagine déjà beaucoup plus vaste. Le 8 septembre 1951, lors de la bénédiction de la pierre angulaire du foyer, regardant cinq ou dix ans en avant il décrit en imagination cinquante pavillons comme celui dont la construction est en cours :

Dans ce champ symboliquement éloigné de toutes les bureaucraties imaginaires, on se penchera tout simplement sur le sort de ceux qui sont tellement pauvres qu'il ne peuvent même pas être catégorisés dans une société trop parfaite pour eux...[31].

Références — Chapitre XV

1. Robillard, Denise, *op. cit.*, pp 79-80.
2. Monseigneur Louis Aucoin.
3. *Le Devoir*, 9 octobre 1950.
4. *Le Canada*, 23 juillet 1951.
5. *La Patrie*, 2 avril 1951.
6. *Montréal Matin*, 23 octobre 1950.
7. Robillard, Denise, *op. cit.*, p. 64.
8. Ferdinand Biondi.
9. *Le Devoir*, 6 décembre 1950.
10. Lucille Boivin.
11. *La Presse*, 9 décembre 1950.
12. Doris Johnson.
13. Godin, Pierre, *Daniel Johnson*, Montréal, Les Éditions de l'Homme, 1980, tome I, pp 33 à 37.
14. Doris Johnson.
15. *La Presse*, 11 septembre 1951.
16. *Ibid*.
17. Rumilly, Robert, *Maurice Duplessis et son temps*, Montréal, Fides, 1973, tome II, p. 496.
18. Black, Conrad, *Duplessis, le pouvoir*, Montréal, Les Éditions de l'Homme, 1977, p. 386.
19. *Le Canada*, 8 septembre 1953.
20. *Le Devoir*, 18 mai 1953.
21. *Montréal Matin*, 30 novembre 1953.
22. Rumilly, Robert, *op. cit.*, p. 499.
23. Lettre de l'archevêque de Montréal à Maurice Duplessis 7 décembre 1957.
24. Lettre de Maurice Duplessis à l'archevêque de Montréal, le 12 novembre 1957.
25. Lettre de l'abbé Marc Lecavalier à l'archevêque de Montréal, le 30 novembre 1957.
26. René Paré.
27. L'abbé Ovila Bélanger.
28. Jean Drapeau.
29. Casault, Guy, *La Providence en action*, Montréal, Les Éditions Paulines, 1976, pp 23-30.
30. *Le Devoir*, 27 mars 1952.
31. *Ma paroisse*, octobre 1951.

Chapitre XVI

Dans l'arène syndicale

L'église Notre-Dame est en deuil. Des tentures noires assombrissent l'enceinte qui paraît encore plus lugubre depuis qu'on y a aligné vingt-six cercueils dans l'allée centrale. Huit mille personnes se pressent à l'intérieur et sur la place d'Armes pour assister aux funérailles civiques des trente-huit victimes de l'incendie qui, le 16 juin 1951, a ravagé l'asile Sainte-Cunégonde à Pointe-Saint-Charles. Il s'agissait de pauvres vieilles sans défense, qui n'ont pas pu s'échapper lorsque le feu et la fumée se sont propagés aux étages supérieurs de l'édifice et dans les corridors.

« La mort demeure un mystère, proclame avec douceur et force monseigneur Léger. Impossible d'éviter sa rencontre. »

Vêtu de ses habits d'archevêque, il prononce l'éloge funèbre. Son regard se pose sur la rangée de cercueils, puis sur les vieillards dont certains doivent s'appuyer sur une canne pour se tenir debout. Parmi eux, il y en a peut-être qui viennent de perdre la compagne de cinquante ans de vie. Leurs yeux disent leur chagrin. S'ils ont pu échapper à la mort, c'est qu'ils étaient installés aux étages inférieurs, tandis que leurs femmes, elles...

« Il faut avoir une foi solide et une espérance ferme, continue monseigneur Léger, pour comprendre le rôle de la souffrance et surtout pour admettre qu'elle est le sceau visible de la bonté de Dieu dans nos vies. »

Derrière cette tragédie dont l'enquête révélera peut-être la cause, l'archevêque de Montréal voit se profiler la volonté divine :

Dieu voulait des victimes pour expier les crimes de la Cité coupable et il a choisi ces âmes simples et innocentes...De bonnes grands-mères qui atten-

315

daient paisiblement la visite de Dieu. Et voici que Dieu leur demande un acte héroïque. Leurs corps seront brûlés ici-bas afin que cette souffrance obtienne aux jouisseurs la grâce d'éviter les flammes de l'enfer éternel...[1]

Mais si l'archevêque paraît si abattu lorsque s'achève la messe pontificale, c'est aussi parce que le problème le plus épineux qu'il ait eu à résoudre depuis son accession au trône épiscopal l'attend à son bureau.

*   *   *   *   *   *   *

Les conseillers de monseigneur Léger défilent un à un devant lui tout le reste de la journée. Doit-il, oui ou non, intervenir dans la crise syndicale interne qui déchire les instituteurs laïcs de Montréal?

Le conflit remonte à janvier 1949, époque où il n'était pas encore archevêque. L'Alliance des professeurs catholiques de Montréal, qui réclamait la parité de salaires avec les enseignants protestants de la ville, avait déclenché une courte grève pour appuyer sa revendication. Le prédécesseur de monseigneur Léger, monseigneur Charbonneau, avait enjoint les syndiqués de rentrer dans leur écoles, promettant en retour de travailler à une solution équitable du conflit[2].

Jugeant cette grève illégale, la Commission des relations ouvrières avait décidé de retirer à l'Alliance son certificat d'accréditation. Depuis lors, la cause traînait dans toutes les cours de justice.

De son côté, la Commission des écoles catholiques de Montréal refusait obstinément de négocier avec un syndicat qui avait été décertifié.

L'Alliance des professeurs avait donné du fil à retordre au nouvel archevêque dès son entrée en fonction. En juin 1950, il lui avait nommé un aviseur moral, l'abbé Ovila Bélanger, mais moins de neuf mois après, l'aumônier était à couteaux tirés avec l'exécutif du syndicat. Et pour cause: opposé à la grève, l'abbé Bélanger avait encouragé les enseignants à accepter les propositions de la Commission scolaire:

« L'enfant n'est pas un sujet d'expérience pour les revendications sociales », s'était-il exclamé lors d'une assemblée particulièrement houleuse[3].

Une jeune enseignante, Éliane Chamberland, se solidarisa avec les propos de l'aumônier et demanda au président Léo Guindon, un petit homme qui en imposait malgré une infirmité à la jambe résultant d'une paralysie infantile :

« Pourquoi faire la grève, en effet ? Les enfants,...je les aime.

— Vous ne savez pas raisonner, vous les jeunes ! trancha Léo Guindon. Boîtes de conserves ou enfants, c'est du pareil au même[4] ! »

L'intervention de l'abbé Bélanger avait déclenché des réactions violentes. L'Alliance avait cru que l'aumônier parlait en son nom personnel et n'y avait pas vu une directive de l'archevêché. Au même moment, une information gênante avait commencé à circuler dans le milieu des instituteurs. L'abbé Bélanger, qui était aussi l'aumônier du Conseil central de Montréal, distribuait, dans le cadre des séances d'études qu'il animait, douze fascicules dont il était l'auteur et qui étaient imprimés aux frais du Québec, chez Eugène Doucet, président de la Commission scolaire de Montréal.

Les faits obligèrent monseigneur Léger à rappeler l'abbé Bélanger le 29 février 1951. Mais ce geste ébranla certains enseignants déjà irrités par l'agressivité de leur président Léo Guindon. L'Alliance se rompit alors en deux ailes dont la plus petite se transforma bientôt en un nouveau syndicat. Pour l'Alliance, qui ne manquait pas de souligner la collusion évidente pour elle entre la nouvelle association et la Commission scolaire, il ne s'agissait là que d'un syndicat de boutique.

Voilà où en sont les choses lorsque monseigneur Léger songe à intervenir d'autorité. Tandis que l'Alliance brandit la menace d'une nouvelle grève, à la suite de l'impasse totale des négociations et pour protester contre les conditions de travail injustes de ses membres, les enseignants ne savent plus trop à quel saint se vouer. Certes, leur président n'a jamais ménagé ses efforts pour les défendre mais ses attaques émotives enveniment les relations entre les parties en cause. Par contre, le nouveau syndicat semble franchement noyauté par la CECM.

« Monseigneur, faites quelque chose », demandent certains instituteurs.

317

Lui qui consulte rarement, le voilà qui réclame maintenant l'avis des spécialistes en la matière. Depuis les grèves de Valleyfield où, jeune curé, il a eu maille à partir avec les syndicats, il craint qu'une société conflictuelle ne soit en train de naître, ce qui le traumatise. Ses conseillers, l'abbé Charles Mathieu, qui a étudié le syndicalisme en Europe, l'abbé Marc Lecavalier et l'abbé Ovila Bélanger sont unanimes :

« Vous seul détenez l'autorité pour agir. »

Tous sont d'avis qu'il faut d'abord regrouper les enseignants en une seule association, de préférence l'Alliance, avant d'envisager la reprise des négociations avec la Commission scolaire.

*   *   *   *   *   *   *

Le 21 juin 1951, monseigneur Léger monte dans sa voiture, après avoir avalé en vitesse et distraitement son souper. Son chauffeur, Antonio Plouffe, le conduit en silence jusqu'à l'auditorium du Plateau où se réunissent les enseignants.

L'archevêque a le sentiment qu'il va se jeter dans la gueule du loup. Il se sent sur les charbons ardents. Chaque mot de l'intervention qu'il s'apprête à formuler a été soupesé. Pourtant, il sait intuitivement qu'un piège le guette. Jusqu'à ce jour, ses interventions dans cette affaire n'ont pas été publiques.

Il a en effet demandé à la Commission scolaire de reconsidérer le congédiement du vice-président de l'Alliance, Alfred Prescott. C'est également lui, le mystérieux personnage dont parlent les journaux, qui a insisté pour qu'aucune entente ne soit signée entre la nouvelle association et la Commission scolaire. Il veut maintenant réunifier les enseignants au sein d'une seul syndicat. C'est à son avis, l'unique solution. Une solution qui exigera d'énormes sacrifices de part et d'autre.

La salle est pleine à craquer. Lorsqu'il s'avance pour prendre la parole, le silence devient de plomb.

Je sais qu'en principe l'Église ne s'aventure pas dans les détails techniques d'une question sociale. Elle laisse aux laïcs le soin d'agir dans ce domaine sous leur responsabilité. Mais quand des intérêts supérieurs comme ceux de la morale et de l'éducation sont en cause, quand Elle entend ses enfants désemparés lui demander secours, Elle intervient alors et se permet exceptionnellement de proposer, de suggérer un remède, fût-il même d'ordre pratique.

Les enseignants applaudissent longuement. C'est alors que l'archevêque dévoile le plan qu'il a longuement mûri avec ses conseillers :

> Une complète et heureuse réunion de tous les instituteurs en une seule association professionnelle, sous un même étendard, ne peut se réaliser que si l'exécutif de l'Alliance et celui de la nouvelle association, avec beaucoup de générosité, consentent à démissionner au complet[5].

Un murmure de stupeur parcourt la salle qui n'émet pourtant aucun commentaire, même en sourdine. Lorsque les enseignants quittent l'auditorium, on peut noter un large sourire sur le visage des uns et de l'inquiétude sur celui des autres. La proposition de l'archevêque a beau paraître cruelle, elle a au moins le mérite d'être la seule solution concrète à leur avoir été présentée. C'est pourquoi, ils en ressentent malgré tout un certain soulagement.

En rentrant à l'archevêché, monseigneur Léger, qui a bien senti le vent de malaise flotter dans l'enceinte, a l'impression d'avoir mis en péril l'autorité épiscopale. Certes, il ne serait pas intervenu aussi vigoureusement dans un conflit sévissant à l'usine où la matière inerte ne souffre pas du différend qui oppose les hommes. Mais les instituteurs ont la tâche de former des enfants impressionnables. Voilà pourquoi il se devait d'entrer en scène.

Dès le lendemain, la nouvelle association syndicale annonce la démission de son exécutif. Mais l'Alliance des professeurs tergiverse. Dans un communiqué laconique, l'exécutif remercie l'archevêque de Montréal d'être intervenu dans le conflit, mais remet à plus tard la réponse à sa suggestion.

Finalement, le 4 juillet, un millier d'enseignants bravent la pluie pour assister à l'assemblée spéciale convoquée au Plateau par l'exécutif de l'Alliance. De longs et chaleureux applaudissements soulignent l'arrivée de Léo Guindon qui sans autre préambule s'adresse aux enseignants :

« C'est vous qui avez élu l'exécutif. Dans le domaine syndical, vous seuls pouvez décider si ceux que vous avez nommés doivent se retirer. Vous êtes rois et maîtres de votre exécutif[6]. »

Après avoir rappelé sans la commenter la suggestion de l'archevêque, Léo Guindon invite les membres à voter : « Croyez-vous que vous devez relever tous et chacun des membres de votre exécutif de leurs fonctions d'officiers de l'Alliance... ? »

À peine la moitié des professeurs présents votent. Cinq cent quarante-huit d'entre eux répondent non, contre cent quatre-vingt-dix-huit oui, et quinze bulletins sont annulés.

La pluie a cessé lorsque les membres de l'Alliance quittent le Plateau. Une brise légère traverse le parc Lafontaine. Ici et là, on entend chanter :« Il a gagné ses épaulettes...[7] »

Monseigneur Léger ne rend pas les armes. Le 9 juillet, il constitue un tribunal d'honneur composé de trois membres laïcs, Maximilien Caron, doyen de la Faculté de droit de l'Université de Montréal, Maître Albert Mayrand, professeur à la même Faculté, et Esdras Minville, doyen de la Faculté des Sciences sociales. Leur mandat consiste à rallier tous les instituteurs au sein d'un syndicat catholique. Enseignants et représentants de la Commission scolaire acceptent de répondre aux questions du tribunal, mais Léo Guindon et son exécutif refusent, déléguant leurs pouvoirs à un comité de la bonne entente mandaté par l'assemblée des enseignants pour les représenter.

Les conclusions du tribunal rejoignent celles de l'archevêque. Il faut un seul syndicat qui ne peut être, cependant, l'Alliance, qui a refusé de collaborer à l'enquête, ni l'association rivale, trop étroitement liée à la Commission scolaire. Les commissaires recommandent en outre à la CECM de s'abstenir dorénavant de toute ingérence dans les affaires du nouveau syndicat[8].

Malgré le voeu presque unanime des éditorialistes, Léo Guindon ne démissionne toujours pas. À la réunion spéciale, convoquée au Plateau le 4 octobre 1951, il paraît même dangereusement en forme...

« Personne ne peut nous forcer à démissionner sous condition et même sans condition, lance-t-il devant les huit cents enseignants qui s'entassent dans l'auditorium. En ce qui regarde l'exécutif de l'Alliance, démissionner volontairement, ça nous regarde ; pour ce qui est de nous mettre dehors, ça vous regarde, vous autres, les membres, pas d'autres ! »

Le président rappelle aux enseignants qu'il est urgent pour eux de signer une convention de travail qui permettrait aux professeurs catholiques d'obtenir des salaires comparables à ceux de leurs confrères protestants, ce qui est loin d'être le cas[9]. Pour régler le litige, il propose la création d'un tribunal d'arbitrage, composé de deux membres venant de la Commission scolaire et de deux venant de l'Alliance.

« Pour présider ce tribunal, ajoute-t-il, nous nous permettons de suggérer très respectueusement celui qui, depuis quelque temps, met tout en oeuvre pour trouver une solution au problème scolaire de Montréal, celui en qui nous mettons toute notre confiance, monseigneur Paul-Émile Léger. »

La proposition de Léo Guindon est adoptée presque à l'unanimité. Avant de clore l'assemblée, le président conclut :

« Excellence, ce que vous décidez, nous l'acceptons d'avance[10]. »

* * * * * * *

Mais Son Excellence n'arrive pas à oublier sa déconvenue et s'inquiète de l'état d'esprit de ces éducateurs qui font maintenant appel à lui après l'avoir traîné « dans l'arène des passions ». Non seulement son autorité a-t-elle été ignorée, mais pareille insubordination est un scandale qui défigure l'Église. Après son intervention, ses conseillers lui ont fait faux bond et il s'est retrouvé seul avec ce geste qu'il avait hésité à poser jusqu'à la dernière minute.

Lorsqu'il prend connaissance de la proposition de Léo Guindon, il s'empresse d'y répondre, mais décline l'offre :

Je me suis placé au-dessus de la mêlée et j'entends bien y rester…Cherchons dans la Vérité, la Justice et la Charité la poursuite des droits syndicaux et pour cela, commençons par nous unir. Pour travailler à ce ralliement, j'ai institué un Tribunal d'honneur. Celui-ci, devant l'impossibilité d'effectuer ce rassemblement au sein de l'Alliance, a cru de son devoir de recommander la formation d'un syndicat nouveau[11].

Rien ne va plus, donc, en cette fin d'année 1951, pour l'Alliance. Le 29 octobre, sept cents enseignants fondent un nouveau syndicat. Dépité par la tournure des événements, Léo Guindon prétend qu'ils étaient à peine quatre cents à la réunion de fondation et que seulement cent vingt d'entre eux ont voté. Même si l'Alliance représente toujours la majorité des professeurs, la Commission scolaire refuse de négocier avec elle. Duplessis, quant à lui, ne répond même pas aux démarches de ses procureurs pour obtenir l'arbitrage, se permettant toutefois de décocher quelques flèches à Léo Guindon qui, affirme-t-il, est responsable de la situation : « Il a donné aux enfants le mauvaise exemple d'un acte illégal, et, actuellement, il se querelle avec son archevêque[12]. »

Léo Guindon est hors de lui : « Le problème scolaire se règlerait en une semaine si le gouvernement respectait ses propres lois », répond-il. Accusant Duplessis de calomnie, il écrit :

J'estime mon archevêque, je le respecte et je suis prêt à collaborer avec lui dans toutes ses oeuvres. Je suis assuré que Son Excellence comprend qu'un chef a des responsabilités, des devoirs envers ceux qui l'ont élu…[13]

Peut-être, mais en attendant, monseigneur Léger qui a retiré à l'Alliance son aumônier, vient d'annoncer la nomination de l'abbé Jean-Paul Bourret comme aviseur moral de l'association rivale des éducateurs catholiques.

Au printemps, l'Alliance parle à nouveau de grève. Loin de craindre la fermeture des écoles, la Commission scolaire qui négocie avec le syndicat rival et minoritaire tente, en juin, d'asséner le coup fatal à Léo Guindon, président de l'Alliance depuis dix-huit ans : elle le congédie pour inconduite et insubordination !

Mais les enseignants fidèles à l'Alliance — et ils sont encore plus de mille — répondent à cette provocation en le réélisant par acclamation[14].

L'association rivale n'a pas à se réjouir. À sa première assemblée générale de l'année, seuls quelque deux cent cinquante enseignants ont répondu à l'invitation. En 1952, ce nouveau syndicat signe néanmoins une convention collective purement formelle puisque la majorité des enseignants continuent d'adhérer à l'Alliance. D'ailleurs cette dernière obtient finalement gain de cause devant la Cour suprême qui, le 9 juin 1953, lui reconnaît à l'unanimité le droit de représenter les professeurs de Montréal.

*   *   *   *   *   *   *

Le 24 juin 1952, tandis que les professeurs de l'Alliance resserrent leurs rangs autour du président Guindon, le traditionnel défilé de la Saint-Jean-Baptiste se déroule dans les rues de Montréal. Mais des incidents fâcheux viennent gâcher la journée. Sous un soleil tantôt ardent, tantôt voilé d'épais nuages, les chars allégoriques défilent devant l'estrade d'honneur où prennent place monseigneur Léger et le chanoine Lionel Groulx. Des milliers de personnes se massent rue Sherbrooke, entre le jardin botanique et la rue Atwater. Le thème de la journée : notre héritage culturel.

Quel héritage culturel ? se demandent certains en détaillant les chars allégoriques de fortune, construits à la hâte durant la nuit et tirés par des jeeps et des camions. La veille, dix-neuf des vingt-deux voitures ont été détruites par le feu. Incendie criminel ? Plusieurs l'affirment.

Dans la foule, les employés de Dupuis Frères, en grève depuis deux mois, scandent leurs slogans. Ils en veulent en particulier au maire Camillien Houde qui les a empêchés de tenir leur assemblée syndicale dans la salle de l'hôtel de ville. Au coin de la rue Cartier, avec des camarades, un laveur de camion du garage de Dupuis Frères bombarde d'oeufs pourris monsieur le maire et son épouse qui circulent dans une limousine à ciel ouvert. Lorsque sa voiture passe devant la tribune d'honneur, le premier magistrat, en veston de cérémonie et portant dignement son collier d'office, se lève, salue les dignitaires et se rasseoit...dans du jaune d'oeuf[15]!

Camillien Houde a toujours tenu à ses promenades officielles dans « sa » ville. L'année précédente, l'archevêque avait souhaité l'imiter :

« C'est mon peuple aussi, avait-il expliqué au maire. Les gens du bas de la ville montent et ceux d'en haut descendent. L'an prochain, je vais circuler comme vous en voiture et bénir les piétons. »

Le maire l'avait regardé d'un air suppliant avant de répondre :

« Excellence, laissez-moi au moins ça ! »

Cette année, le maire préférait sans doute être, lui aussi, à l'estrade d'honneur. Monseigneur Léger est bouleversé par la scène. Le conflit chez Dupuis Frères l'inquiète. Contrairement au cas des enseignants, ponctué de violence verbale, celui qui perturbe le travail au seul grand magasin à rayons canadien-français du centre-ville donne lieu à des actes de violence qu'il ne peut admettre.

Les travailleurs, il l'a souvent répété, doivent respecter l'autorité civile. Néanmoins, l'attitude arrogante de plusieurs fonctionnaires impliqués dans ce conflit explique, si elle ne les justifie pas, ces déchaînements collectifs. Malgré le déchirement qu'il a ressenti lors de son intervention auprès des enseignants, il décide de plonger. Mais cette fois, c'est la cause des employés qu'il plaidera. Eux aussi ont droit au respect. Depuis un certain temps, il encourage les travailleurs à s'affilier à un syndicat. Comme Pie XII, il leur dit : « Vous devez exiger votre place au soleil et les moyens de vous y maintenir. » En septembre 1951, à la fête des travailleurs, il a affirmé sans détour :

Le syndicalisme assure l'élévation rapide de l'ouvrier vers un monde juste et plus charitable. L'homme isolé risque d'être brimé[16].

Le 31 mai 1952, alors que la grève sévissait déjà chez Dupuis Frères, il a rappelé, devant les licenciés des Hautes Études commerciales, les grands principes qui doivent régir les relations patronales-ouvrières. Il a préparé un code en vingt et un points qui traite du salaire vital et des conditions de travail décentes. Pour lui, aux droits des ouvriers correspondent les devoirs des patrons.

Le grand patron de Dupuis Frères, Raymond Dupuis, n'a certainement pas été ébranlé par les réflexions de l'archevêque puisqu'il se promène quelque part en Europe. Les cadres supérieurs de son entreprise, eux, continuent à se montrer intraitables vis-à-vis des employés. Monseigneur Léger prend sur lui de demander à Dupuis de rentrer immédiatement de voyage. Dès son arrivée, ce dernier s'empresse de se rendre à l'archevêché où, après un long entretien, il accepte de déplacer certains de ses négociateurs et de nommer un nouveau surintendant, J.-Émile Boucher. Pendant ce temps, le directeur du *Devoir*, Gérard Filion, prête son concours à la table des négociations. Le journaliste connaît bien les idées de l'archevêque de Montréal qu'il lui est arrivé d'endosser publiquement. L'année précédente, il a souligné le fossé qui existe entre les patrons et les ouvriers et que monseigneur Léger avait dénoncé : « Depuis que le salarié a pris conscience de sa dignité, a-t-il écrit dans *Le Devoir*, il déteste les attitudes trop paternalistes ; il n'aime pas qu'on lui accorde comme charité ce qui lui est dû en justice. Du côté des patrons, la méfiance n'est pas moins grande. Une longue tradition d'autorité incontestée les a habitués à décider tout sans obligation de rendre compte de leurs actes[17]. »

Il ne faut pas plus de quatre jours pour que les efforts concertés des deux médiateurs Léger et Filion portent fruit : patrons et ouvriers signent une convention collective qui accorde des augmentations de salaire de 4 à 6 dollars par semaine, douze fêtes chômées et la semaine de quarante heures. L'annonce de l'entente suscite l'euphorie chez les employés tandis que le patron, Raymond Dupuis, retrouve son ton de père de famille pour s'adresser à eux : « Après tant de semaines de douloureuse séparation, la maison Dupuis sera heureuse de vous accueillir lundi matin. » Parlant de monseigneur Léger, il ajoute : « Nous lui devons une très grande reconnaissance car c'est grâce à lui si nous avons pu nous entendre et arrondir les angles[18]. »

*   *   *   *   *   *   *

La maison Dupuis n'a pas accordé les congés chômés à ses mille trente-cinq commis de gaité de coeur. Le jour de l'Immaculée Conception, par exemple, le grand magasin doit rester fermé même s'il perd jusqu'à 100 000 dollars. Dupuis Frères pourrait oublier cette perte si les grands magasins anglophones du centre-ville, ouverts ces jours-là, ne faisaient des affaires d'or. Pendant que les commerçants catholiques remplissent leurs devoirs religieux, la population profite du congé pour se ruer dans les magasins de l'Ouest.

Monseigneur Léger décide donc de parrainer une campagne de l'Action catholique qui aurait pour but d'inciter le Conseil municipal à adopter une loi obligeant tous les magasins de la métropole, quelle que soit leur confession, à fermer leurs portes les jours de fêtes d'obligation : Toussaint, Noël, le jour de l'An, Ascension, etc. Le conseiller Joseph-Marie Savignac propose le projet de loi. Le jour du vote, tous les membres du Conseil reçoivent la copie de la lettre de l'archevêque de Montréal au maire Houde.

> Nous voulons rappeler que le législateur (de l'Église) a voulu obliger à une observance stricte qui défend les oeuvres serviles. Nous comprenons d'autre part les circonstances particulières dans lesquelles nous vivons. Mais nos origines et la foi de la majorité des citoyens de cette métropole ne sont-elles pas autant de raisons qui pourraient faire incliner vers l'adoption du projet[19].

Après six heures de discussion, le projet est adopté par plus des deux tiers et la loi entre en vigueur le 8 décembre, jour de l'Immaculée-Conception. Le règlement est sévère : toute personne trouvée coupable est passible d'une amende n'excédant pas cependant 40 dollars ou, à défaut de paiement, de deux mois de prison.

C'est la levée de boucliers. Eaton, Morgan, Simpson, Ogilvy's, Holt Renfrew, Mappins et Birks intentent des poursuites judiciaires. Celles-ci, plusieurs années après, se termineront par un jugement en leur faveur de la Cour suprême.

Pendant ce temps, le jour de l'Ascension, au mois de mai, deux cent cinquante commerces violent le règlement. Rue Sainte-Catherine il y a tellement de monde, que la police ajoute une centaine d'agents à son équipe régulière.

« Ça a l'air des Fêtes, » déclare un policier chargé d'assurer la circulation[20].

Pourtant, le dimanche précédent, les curés de toutes les paroisses avaient lu un message de monseigneur Léger :

> Veuillez donc rappeler à tous vos fidèles…l'obligation qui leur incombe d'observer le jour de l'Ascension en assistant à la messe et en s'abstenant d'oeuvres serviles. Acheter sans nécessité est une oeuvre servile et transgresser le précepte peut facilement devenir un scandale grave[21].

Le plus désolant dans toute cette affaire, c'est que ce sont des Canadiens français catholiques qui font le jeu des commerçants désobéissants. Monseigneur Léger en est fort déçu : « S'ils avaient compris le sens de mon geste et s'ils m'avaient appuyé, ils auraient forcé les Anglo-Protestants à respecter la majorité catholique. »

Ce jour-là, l'archevêque de Montréal a la preuve que son peuple, au lieu de suivre sa foi jusqu'au sacrifice, ne l'écoutera désormais que quand bon lui semblera.

En 1956, l'Église de Montréal rend les armes. Elle a perdu la bataille contre les magasins à rayons et les petits boutiquiers anglophones, elle ne peut continuer à défavoriser les commerçants catholiques au nom du respect du Jour du Seigneur, en les privant d'un revenu qui se retrouve dans les coffres de ceux qui violent la loi. À la demande de l'épiscopat québécois, le Saint-Siège concède des adoucissements : les fidèles devront assister à la messe les jours de fêtes religieuses, mais pourront ensuite vaquer à leurs travaux journaliers.

L'archevêque doit se rendre à l'évidence : la majorité catholique ne tient pas à passer ses jours de fêtes en prière et il ne lui répugne pas de faire commerce. Pour tout dire, la ferveur religieuse commence à s'attiédir même le dimanche. Le jour du Seigneur, constate le prélat, est devenu « une occasion de libertinage et d'évasion vers les plaisirs des sens[22] ». Pourtant, l'archevêque était allé jusqu'à communiquer ses directives aux prêtres de son diocèse et il les avait invités à donner l'exemple d'un dimanche totalement consacré à Dieu :

Pie XII n'a pas craint d'affirmer que la violation du dimanche est l'une des causes de la colère de Dieu et la source des maux qui affligent l'humanité[23].

En octobre 1952, dans le cadre d'une grande campagne pour redonner au dimanche son visage chrétien, il demande aux parents de profiter de ce jour pour visiter les lieux de pèlerinage avec leurs enfants, ce qui serait en même temps l'occasion de leur donner une leçon d'art[24]. Et chaque année, monseigneur Léger réitère ses craintes : rejeter le Service du Seigneur, c'est s'exposer à devenir pratiquement athée. En 1954, son ton se durcit : Il craint que le dimanche ne soit consacré à Satan :

> Le jour du Seigneur est devenu le jour du jeu, de la licence, des plaisirs. La chasse, la pêche, les courses, le cinéma, le bain, les excursions, le ski remplissent les heures de loisirs que les techniques ont procurées aux travailleurs et la messe se place entre les orgies de la nuit du samedi et les évasions de l'après-midi du dimanche[25].

Références — Chapitre XVI

1. *La Patrie,* 19 juin 1951.
2. Rumilly, Robert, *Maurice Duplessis et son temps,* Montréal, Fides, 1972, tome II, p. 239.
3. *Le Devoir,* 8 septembre 1950.
4. Eliane Chamberland.
5. *Le Devoir,* 21 juin 1951, *La Presse,* 21 juin 1951 et *Montréal Matin,* 21 juin 1951.
6. *La Presse,* 5 juillet 1951.
7. *Le Devoir* 5 juillet 1951.
8. Rapport sommaire du Tribunal d'honneur, remis à Son Excellence monseigneur Paul-Émile Léger, archevêque de Montréal.
9. *La Presse,* 4 octobre 1951.
10. *Ibid.*
11. *La Patrie,* 9 octobre 1951.
12. *La Patrie,* 20 décembre 1951.
13. *Ibid.*
14. *La Presse,* 17 juin 1952.
15. Rumilly, Robert, *Histoire de Montréal,* Montréal, Fides, 1974, tome V, p. 151.
16. *Le Devoir,* 4 septembre 1951.
17. *Le Devoir,* 22 septembre 1951.
18. *Le Devoir,* 28 juillet 1952.
19. *Montréal Matin,* 3 novembre 1951.
20. *Le Canada,* 23 mai 1952.
21. *Le Devoir,* 19 mai 1952.
22. Robillard, Denise, *op. cit.,* p. 290.
23. Lettre circulaire de l'archevêque de Montréal, 29 janvier 1951.
24. *Le Devoir,* 27 octobre 1952.
25. Robillard, Denise, *op. cit.,* p. 292 (sermon prononcé le 11 juillet 1954).

Chapitre XVII

« Le pape a parlé,
il n'y a plus qu'à s'incliner »

« Ma parole, il sort directement du Moyen Âge ! » s'exclame un jour cavalièrement un jeune vicaire en prenant connaissance des dernières directives de l'archevêque adressées au clergé et aux communautés religieuses. Il relit à deux fois le paragraphe consacré aux danses pour être bien certain d'avoir compris :

> La coutume de danser dans les salles paroissiales et même dans les soubassements d'église s'est introduite dans certains endroits. Je rappelle que cette coutume est contraire aux règlements diocésains.

Même les bals de fin d'année scolaire deviennent suspects à ses yeux : « Nous défendons aux prêtres de présider une séance de graduation si elle devait se terminer le jour même par un bal organisé dans un endroit public, salle d'hôtel, restaurant...[1] »

Ces directives, monseigneur Léger les a émises à l'automne 1952, avant de s'envoler vers Rome. Si elles choquent certains jeunes prêtres, elles ne sont en fait que la reprise de principes énoncés souventes fois par l'archevêque au cours de ses deux premières années à la tête du diocèse de Montréal. Depuis quelques mois surtout, il en a contre les coutumes « païennes » : enterrements de vie de garçon, *stag party*, *showers*, carnavals. À la clôture de la semaine des fiancés, il exhorte les participants à lui promettre de ne pas participer à ces soirées qui sont « une parodie et un blasphème de l'amour chrétien ».

> « Dieu ne bénira pas une vie conjugale qui débute dans la débauche », les prévient-il.

À l'approche des vacances, ses recommandations deviennent plus pressantes :

« Êtes-vous capables, demande-t-il aux jeunes filles, de résister à la tentation de porter des vêtements indécents... ces modes qui entraînent les enfants au mal : des robes soleil, des robes trop courtes, tout ce qui est provocation[2].

L'archevêque fait flèche de tout bois. Il dénonce ces réunions de famille où, dans les salles paroissiales, l'on invite des magiciens macabres dont la grande ambition est de décapiter une femme à la scie ronde. Il interdit le cinéma aux enfants dans ces même salles aménagées dans le sous-sol des églises[3].

Le cinéma pose cependant un sérieux problème. Monseigneur Léger le perçoit comme un art magnifique mais dangereux. Pour lui, le septième art agit comme une soupape qui permet à l'individu de laisser s'échapper des profondeurs de son instinct les sentiments de violence contenus par les pressions sociales. Mais, parce qu'au cinéma tout est permis, l'Église considère que la vie intérieure de plusieurs peut s'en trouver faussée[4]. Voilà pourquoi il l'interdit aux enfants, comme le fait d'ailleurs la loi civile. Les représentations destinées aux plus de seize ans doivent être approuvées par le Centre catholique du cinéma de Montréal, organisme chargé de classifier les films. Ces règles s'appliquent également aux adultes à qui il rappelle la sévère obligation de « s'abstenir de voir des films à déconseiller ou à proscrire en raison de la morale ».

« Et ne prétextez pas que vous n'avez pas été mis en garde, dit-il. Les services de ciné-guides sont organisés par nos mouvements d'Action catholique. »

L'archevêque condamne particulièrement les films qui présentent comme chose normale le divorce, les attentats à la pudeur et qui jugent surannées la morale, la modestie et la charité[5]. Monseigneur Léger n'est pas au bout de ses peines car la télévision commence à pénétrer dans les foyers et là, il n'est pas facile d'assurer des contrôles efficaces.

Certains jeunes prêtres jugent excessifs les interdits et les mises en garde de l'archevêque et lui reprochent intérieurement sa conception dépassée de la société et sa courte vue sociale. Il ne viendrait même pas à l'esprit des autres de remettre en question ses décisions. Ainsi de nombreux séminaristes, par exemple, Jacques Couture, qui fut par la suite ministre de l'Immigration au Québec et alors en formation chez les Jésuites, jugent inconditionnellement que tout ce que l'archevêque fait est bon. Sa grandiloquence les impressionne et ils admirent sa capacité de mobiliser les Montréalais au service des pauvres. Lorsque l'archevêque lance des appels pour ses oeuvres, le séminariste Couture et ses camarades retroussent leurs manches et participent aux corvées.

*　*　*　*　*　*　*

Si une partie du jeune clergé monte en épingle les scrupules exagérés de l'archevêque de Montréal, les prêtres plus âgés, eux, partagent son appréhension à l'égard du sensualisme, ce qui ne veut pas dire qu'ils n'ont pas de griefs à lui présenter. Ils lui reprochent par exemple de se mêler d'un peu trop près des finances paroissiales... surtout lorsqu'elles sont maintenues à flot grâce aux bingos.

Monseigneur Léger s'oppose violemment aux jeux du hasard qui détruisent, selon lui, l'esprit même de la charité. Lorsqu'il était curé à Valleyfield, il les tolérait au sous-sol de la cathédrale, mais alors, on y faisait tirer une lampe ou une bricole d'une valeur de 3 ou 4 dollars, offerte par un commerçant de l'endroit. Aujourd'hui, il y a abus : les prix de présence valent 100 dollars et parfois davantage. On offre même en pâture aux gens une automobile ou une maison.

L'archevêque a pu mesurer les conséquences de ces jeux : des lettres de protestation s'accumulent sur sa table de travail. Des pères de famille y engouffrent leur salaire de la semaine. Dans certaines paroisses, la pratique du bingo frôle même la superstition : le jeu se déroule dans le sousbassement de l'église au moment même où au-dessus se tient le salut au saint-sacrement !

Le 8 février 1951, monseigneur Léger publie son interdiction dans une circulaire au clergé du diocèse. Certains curés sont au désespoir : comment joindre les deux bouts sans ce revenu addi-

Le cardinal Léger ne refuse jamais une invitation. Ici, il fait la mise au jeu lors d'une joute de hockey au Forum.

tionnel? L'archevêque est conscient du sacrifice qu'il leur impose :
« Cette défense sera onéreuse pour quelques-uns, écrit-il. Je me
permets de citer ce que monseigneur Bruchési rappelait en pareille
occasion : « On dira peut-être que je prive plusieurs de nos institutions charitables d'un secours précieux. J'y ai pensé... La charité
est ingénieuse : elle trouvera bien le moyen de s'exercer d'une autre
manière[6]. »

Dix mois plus tard, le Premier ministre Duplessis s'engage à
faire respecter la loi fédérale doublée d'une lettre pastorale, qui interdit les bingos et autres jeux du hasard, par ses adversaires comme par ses amis : « Je trouve absolument inadmissible qu'on mette
de côté les lois du pays et la volonté de l'épiscopat. Je répète ce que
j'ai dit à l'effet que les lois fédérales devraient permettre d'établir
une loterie provinciale pour aider les oeuvres de charité et pour
satisfaire le goût de certaines gens pour le jeu. »

En fait, les bingos constituent un vieux problème jamais réglé.
Sous monseigneur Charbonneau, ils avaient même failli provoquer
un scandale. Avant de faire respecter la loi, le directeur de
l'Escouade de la moralité de la police de Montréal, Pacifique
Plante, en avait discuté avec l'archevêque :

« Faites votre devoir, avait conseillé monseigneur Charbonneau, et prenez les mesures légales pour faire cesser les bingos. »

Au moment où Pax Plante se levait pour se retirer,
monseigneur Charbonneau lui demanda timidement :

« Croyez-vous que vous allez être obligé de jeter de mes
prêtres en prison ? »

L'archevêque n'avait pas tort de s'inquiéter car plusieurs de
ses curés avaient bel et bien décidé de défier la loi... jusqu'au jour
où Pax Plante, prévenu de la tenue d'un superbingo paroissial, fit
placer devant l'église un panier à salade d'un ancien modèle.
L'énorme fourgon, affublé d'une cloche stridente qui résonna jusque dans la salle de jeux, attira suffisamment l'attention pour que
les joueurs sortent en cohue en criant : « La police, la police[8] ».

Après cet incident, les bingos cessèrent pendant quelque
temps puis reprirent de plus belle. À la suite de l'interdiction de

monseigneur Léger, un seul curé refusa d'obéir, ce qui lui valut une lettre de congédiement. Plusieurs essayèrent de contourner sa décision. L'un d'entre eux, ancien confrère de Paul-Émile Léger à Sainte-Thérèse, un peu gavroche, lui confia :

« Tu sais, j'ai essayé par tous les moyens de passer à côté. C'est impossible, le barrage est total. »

Mais l'évêque n'a pas que des opposants en face de lui. Marcel Faribault, secrétaire de l'Université de Montréal, le rassure sur son geste quand il lui dit un jour : « Excellence, vous avez retardé l'anticléricalisme de cinquante ans au Québec ! »

* * * * * * *

En janvier 1951, un nouveau décret épiscopal tombe sur les diocésains comme le couperet de la guillotine. Il vient de Rome mais, aux dires de certains, monseigneur Léger se montre « plus catholique que le pape ».

Pie XII a défendu aux membres du clergé de participer aux artivités des clubs Rotary. Son décret est ambigu. L'interdiction touche-t-elle aussi les autres clubs sociaux comme les Kiwanis, les Lions, les Elms ou encore les clubs Saint-Laurent et Richelieu ? Le correspondant du *New York Times* à Rome affirme que les autorités vaticanes le nient. Chaque évêque a le pouvoir d'admettre ou d'interdire à ses prêtres ces clubs dans son diocèse. Quant aux clubs Rotary, nommés dans le décret, certains spécialistes soutiennent que l'interdit papal ne touche que celui d'Amérique latine, dominé par une franc-maçonnerie anticléricale. Mais les porte-parole de la Sacrée congrégation romaine rectifient : le décret enveloppe tous les clubs sociaux et pourrait éventuellement s'appliquer aux Chambres de Commerce.

La confusion règne tant chez les chefs religieux que chez les membres catholiques de ces clubs. Au nom de l'archevêque de Québec, monseigneur Maurice Roy, son auxiliaire, Charles-Omer Garant recommande aux membres du club Richelieu de la Vieille capitale de poursuivre leurs activités bénéfiques dans un esprit de paix et de fraternité chrétienne. Quant à l'archevêque de Montréal, il tranche brutalement la question devant un groupe de journalistes venus recueillir son point de vue :

Messieurs, lorsque le pape se prononce, il n'y a plus qu'à s'incliner[9].

*   *   *   *   *   *   *

La vénération de l'archevêque de Montréal pour le Saint-Père confine au culte. Dès son arrivée dans la métropole, il s'est présenté à ses diocésains comme l'envoyé du pape. Toutes les occasions sont bonnes depuis pour rappeler que l'obéissance est la clef de voûte de la vie spirituelle. Peu importe le problème, affirme-t-il aux huit cents représentants des conseils paroissiaux, réunis le 20 mai 1952, il faut se dire :

Le pape a parlé, nos évêques ont parlé, il n'y a plus de discussion possible.

Or en 1952, Pie XII n'est plus tout à fait perçu comme un chef religieux aux idées et positions novatrices et libérales. Il désavoue les catholiques progressistes et conseille la prudence plutôt que l'audace. Ce raidissement s'opère alors que le monde est profondément troublé par la guerre froide qui oppose l'Est et l'Ouest. C'est dans ce climat de peur qui suit la guerre de Corée, que le Saint-Père proclame, le 4 septembre 1949, dans un radio-discours adressé aux catholiques d'Allemagne, qu'il recourt à l'excommunication pour sauver l'univers du marxisme. Dès lors, toute collaboration avec les partis communistes est frappée d'interdit[10].

Certains prêtres aimeraient voir l'archevêque de Montréal prendre ses distances vis-à-vis de Pie XII qui, tout admirable soit-il, n'est plus très jeune. Or monseigneur Léger se fait plutôt le porte-parole de l'« alarmisme » dont sont imprégnées les interventions du Vatican. Comme le pape, il considère que le monde contemporain est « malade, déséquilibré, coupable[11]. »

Ce sont l'industrialisation et le progrès qui sont les grands responsables de ces maux :

«Nous avons brisé les ponts qui nous unissaient à la tradition», dit-il avec nostalgie quelques mois à peine après son arrivée à Montréal.

Selon lui, l'avenir repose sur les épaules des jeunes qui seuls peuvent empêcher l'avancement du communisme. Il les avertit, en 1952 lorsqu'il prend la parole au centre des loisirs de la paroisse Saint-Édouard:

> Notre jeunesse ne sauvera pas le monde si elle continue de traîner dans tous les lieux de plaisir où on se perd, si elle ne croit pas que le chapelet est une arme plus puissante que l'épée[12].

Hélas! au début des années 50, les jeunes ne semblent guère attirés par une vie de sacrifices. En 1952, l'archevêque n'ordonne que dix-neuf prêtres alors que Montréal en aurait besoin d'une cinquantaine:

«Vous manquez de générosité», reproche-t-il aux étudiants du collège Jean-de-Brébeuf[13].

À ses prêtres chargés de recruter des vocations, il répète: «Ne présentez pas l'image du prêtre dans une chaise berceuse sur sa galerie.» Il s'inscrit en faux contre l'idée voulant qu'avant d'entrer au séminaire, le jeune homme doive «faire ses expériences» et suggère aux aumôniers de l'Action catholique de ne pas surexalter le mariage chrétien au détriment de la virginité[14].

Pour susciter des vocations, l'archevêque fait, tous les ans, la tournée des collèges classiques. Les pères de Sainte-Croix n'ont jamais oublié la visite au cours de laquelle il avait eu le toupet de recommander à leurs étudiants avec une certaine ironie:

«Ne faites pas des pères de Sainte-Croix mais des séculiers. Ce sont ces derniers et non les Sainte-Croix qui baptisent!»

La baisse des vocations n'incite pas, loin de là, monseigneur Léger à assouplir la règle de vie de ses deux mille prêtres, ni celle des autres religieux regroupés en onze communautés masculines et cinquante-cinq féminines. En décembre 1951, il convoque un synode (le premier depuis 1938) chargé d'étudier les problèmes du clergé. Ses conclusions ne manquent pas de sévérité: un saint prêtre ne cache pas son ignorance derrière une piété apparente, ne passe pas des heures à écouter la radio ou la télévision, ne cherche pas l'évasion en multipliant les sorties en voiture... Le règlement interdit en outre l'achat ou la location d'un chalet d'été et défend formellement au clergé d'entrer dans une taverne ou une boîte de nuit. Les religieux qui désirent aller au cinéma ou au théâtre auront soin de choisir un spectacle de bonne tenue morale où leur présence ne pourra être objet de scandale[15].

Ce programme d'austérité ne scandalise pas les prêtres des années 50, habitués à un encadrement rigoureux. La contestation viendra beaucoup plus tard. Pour le moment, tous admettent qu'on doit obtenir l'*imprimatur* de son évêque avant de publier un article ou un discours, ou se présenter à la radio et à la télévision. Quant aux directives concernant la vie des prêtres, elles ressemblent à s'y méprendre à celles que monseigneur Léger avait émises dès son arrivée alors qu'il leur rappelait d'adopter un style de vie conforme à l'enseignement qu'ils donnent. Il est d'ailleurs revenu à la charge dans sa circulaire du 16 mai 1951 portant entre autres sur les vacances :

> L'Église permet à ceux qui ont charge d'âmes quelques jours d'absence pour des motifs raisonnables. Le temps maximum de cette absence est de deux mois, i.e. 60 jours. Comme la coutume d'un jour de congé par semaine est introduite chez nous, les vacances ne devraient pas dépasser 10 jours... L'usage immodéré des voitures automobiles a contribué pour beaucoup à ces abus dans les sorties.

Surchargé de travail, monseigneur Léger n'a guère le temps de discuter de ces questions avec son clergé. Certes, il se montre disponible. Son secrétaire a reçu l'ordre de ne jamais refuser à un prêtre le rendez-vous qu'il sollicite et ce, même si son horaire est chargé. Soucieux de la discrétion qui s'impose, il l'a prévenu de ne pas chercher à savoir l'objet de la visite.

En règle générale, les prêtres s'adressent à lui pour régler des problèmes et non pour discuter ses directives qu'il leur communique habituellement dans des circulaires. D'ailleurs son ton, jugé autoritaire par certains, ne laisse guère place à l'argumentation. Et cependant, jamais l'archevêque n'a imposé une décision sans que l'intéressé ne l'ait d'abord acceptée.

L'archevêque envoie aussi à ses prêtres la liste des thèmes qu'ils devront traiter dans leurs sermons durant l'année : la messe, la famille, la sanctification du dimanche, les vertus chrétiennes, etc. Il les enjoint de se placer « dans l'atmosphère et le prolongement du Catéchisme et du Saint-Concile de Trente[16] ». Enfin, il leur recommande de consulter certains auteurs en particulier et de puiser dans les encycliques de Benoît XV, Pie XI et Pie XII.

Aux conseils spirituels se joignent les suggestions d'ordre pratique. Ainsi, au printemps 1951, en rentrant de sa première tournée de confirmation, monseigneur Léger envoie des commentaires qui reflètent ses préoccupations économiques et morales :

> ... je demande à MM. les curés et à MM. les aumôniers de rappeler, le cas opportun, que les robes longues et les toilettes en tissus transparents sont peu de mise en pareilles circonstances. Dites à vos institutrices d'être sévères en ce qui concerne la longueur des manches et les cols remontants[17].

Monseigneur Léger aime bien aussi « brasser les soeurs » de temps à autres. Ce n'est que juste retour des choses puisque ce sont elles qui recueillent le plus souvent ses confidences. Elles ont la détestable habitude d'accaparer les premières places lors des cérémonies religieuses ou réunions de l'Action catholique. Derrière cette muraille noire, certains participants laïcs perdent une partie de ce qui se passe. Un jour, lors de la séance d'étude sur les congrégations mariales, il s'exclame en plaisantant :

> Si j'ai un souhait à faire, dit-il, c'est qu'à vos prochaines journées d'étude, les laïcs soient encore plus nombreux et que les cornettes et les soutanes disparaissent derrière les rangs pressés... Et à vous, prêtres et religieuses, ne vous déconcertez pas devant le zèle des jeunes gens que vous formez, ne vous scandalisez pas si dans vos couvents on renverse quelques colonnes... Le vent de l'esprit est un vent violent, un vent de Pentecôte[18].

Si ses paroles blessent quelques religieuses, elles font le bonheur de certains laïcs qui, comme Claude Ryan, secrétaire national de l'Action catholique, souhaitent voir les non-religieux jouer un plus grand rôle au sein de l'Église. L'Action catholique du temps regroupe des jeunes gens progressistes comme Gérard Pelletier, Marc Lalonde, Jeanne Sauvé et Alfred Rouleau[19]. L'archevêque suit de près leur évolution. Au fil des ans, il se rapproche entre autres de Claude Ryan dont il bénira le mariage avec Madeleine Guay, le 21 juillet 1958, en l'église Saint-Louis-de-France.

Qu'il s'adresse aux clercs ou aux laïcs, monseigneur Léger exprime clairement sa pensée. Il a le terme juste, l'expression imagée qui garde tous son sens, il est précis. Mais plus que les mots qu'il emploie, c'est souvent l'éclat de sa voix qu'il fait résonner comme s'il était sur une scène de théâtre qui agace certains. Plusieurs se moquent de ses allures de conquérant d'une autre époque. Montréal est en Amérique du Nord et la philosophie ultramontaine de son archevêque tranche avec les courants d'idées libérales qui commencent lentement à se dessiner, au cours des années 50.

Naturellement, ces critiques circulent sous le manteau car, en 1952, personne n'ose encore exprimer publiquement son désaccord. Il s'en trouve cependant pour accuser monseigneur Léger du vilain péché d'orgueil... surtout lorsqu'il parle des lumières particulières que reçoit l'évêque pour juger le monde. Lors du sacre des évêques Émilien Fréchette de Saint-Jérôme et Gérard-Marie Coderre, coadjuteur de Saint-Jean, il affiche un triomphalisme qui en ahurit plus d'un :

> Vous êtes devenus, dit-il aux évêques, des hommes nouveaux, investis de pouvoirs qui font trembler les anges (...) aussi, malheur à ceux qui ne reconnaîtront pas cette présence de l'Esprit en vous. Que celui qui vous bénira soit comblé de bénédictions[20].

*   *   *   *   *   *   *

Deux policiers en motocyclette précèdent toujours la voiture officielle de l'archevêque de Montréal quand il se rend à l'une ou l'autre des manifestations religieuses grandioses dont il a le secret. Monseigneur Léger a le sens du spectacle et quand il le met au service de l'Église, les Montréalais accourent en foule à ses invitations. Des milliers de pèlerins l'accompagnent à l'Oratoire Saint-

Le 9 décembre 1956, les Montréalais accompagnent monseigneur Léger lors de la Marche du Pardon, organisée à l'intention des réfugiés hongrois.

Joseph lors de l'inauguration du chemin de la Croix, le 30 juillet 1951. Pour célébrer l'Assomption, au mois d'août suivant, quarante mille personnes marchent derrière lui dans la procession aux flambeaux. Quinze mille fidèles assistent à la messe de minuit qu'il célèbre au Forum, à Noël 1951. Cette fois-là, on lui a tout de même reproché d'avoir organisé une messe dans un but lucratif puisqu'il fallait payer 25 cents comme prix d'entrée. Mais cela n'a pas empêché vingt mille courageux Montréalais de suivre leur archevêque qui parcourt, le 24 mars, les quatorze stations du chemin de Croix en plein air. Monseigneur Léger a pris le départ au Champs de Mars et porte une croix de bois. Au retour, il dit à la foule :

« Ce soir, nous avons eu froid, mais Notre-Seigneur aussi a eu froid. »

Ponctuel comme l'horloge, l'archevêque bouscule parfois son horaire pour réussir à arriver à l'heure. Mais avec ou sans escorte policière, son chauffeur, Antonio Plouffe, file à vive allure. Il peut même dépasser les limites de vitesse... à la condition de ne pas brûler les feux rouges. Les policiers, qui reconnaissent sa voiture, ont reçu la consigne de fermer les yeux. L'archevêque, que ce petit privilège amuse, ne manque jamais l'occasion de lancer sa boutade au chef de police :

« Vous m'envoyez des policiers pour m'escorter, mais ils sont toujours derrière moi ! »

Son premier secrétaire, l'abbé Louis Aucoin, veut bien admettre que l'escorte policière est souvent utile mais il préférerait être à cent lieues de là. Parfois, il ne peut s'esquiver, comme lors du congrès eucharistique de Mont-Laurier qui débutait un vendredi soir. Monseigneur Léger tenait à réciter le chapelet de 7 heures avant de partir.

« Nous arriverons quand même à temps, lui dit-il pour le rassurer. La police nous ouvrira le chemin. »

Ils arrivèrent à temps... Antonio Plouffe conduisait à 150 kilomètres à l'heure, derrière l'auto-patrouille de la police dont la sirène hurlait comme si elle se rendait d'urgence sur les lieux d'un accident. L'abbé Aucoin aurait voulu rentrer dans son fauteuil tandis que la voiture officielle dépassait les rangées d'automobiles paralysées aux sorties de la ville[21].

$$* \quad * \quad * \quad * \quad * \quad * \quad *$$

« Je ne refuse jamais d'invitation, d'où qu'elles viennent », répond monseigneur Léger à ceux qui lui reproche ses « mondanités ».

Ce ne sont pas des « mondanités » à ses yeux. L'archevêque doit veiller sur tout un chacun dans sa ville et c'est ce qu'il fait. Ainsi, il se rend avec enthousiasme dans un fond de cour, au 7635 rue Casgrain, dans l'est de Montréal, où un garçonnet de treize ans, Richard Arsenault, a construit une grotte. Il faut encourager cet enfant qui tous les soirs sonne le ralliement de quinze cents personnes du voisinage pour y réciter le chapelet.

Lorsque l'archevêque paraît fatigué, ses secrétaires ne prennent pas de rendez-vous en son nom pour la soirée, dans l'espoir qu'il se reposera. Mais dès qu'il voit une case vide dans l'agenda, il s'écrie.

« Bon. Eh bien ! nous irons voir des malades... »

C'est ainsi que le 6 août 1952, après la récitation du chapelet, il se rend chez Henri Bourassa, dont l'élégante résidence est située sur la rue Holyrood, à Outremont. Depuis qu'il a été victime d'une thrombose coronarienne, neuf mois plus tôt, le vieillard de quatre-vingt-trois ans ne sort plus. Il partage ses journées entre des lectures pieuses et son *Devoir*. En soirée, quand le sommeil ne vient pas, il relit quelques pages de *L'Imitation de Jésus-Christ*.

Monseigneur Léger aime rappeler au leader nationaliste du début du siècle les temps lointains où, en bon papa, il venait reconduire ses trois fils pensionnaires au séminaire de Sainte-Thérèse alors que lui, pauvre séminariste, était responsable de la discipline au dortoir.

Cette visite à Henri Bourassa est la dernière. Un mois plus tard, le vieillard meurt, à la veille de ses quatre-vingt-quatre ans.

Le 4 septembre, monseigneur Léger préside le service funèbre à l'église Saint-Germain d'Outremont. À ses côtés, l'un des diacres est l'ami du défunt, le chanoine Lionel Groulx. Ses trois fils, Bernard et François, des Jésuites, et Jean accompagnent le cercueil drapé dans les plis d'un drapeau de la province. Derrière eux, on reconnaît les représentants du *Devoir*, le journal qu'il a fondé, Gérard Filion, André Laurendeau et Pierre Laporte, ainsi que l'ancien député René Chaloult, l'avocat Pacifique Plante et Pierre Elliott Trudeau, l'un des animateurs de la revue *Cité libre*.

*   *   *   *   *   *   *

Monseigneur Léger, en compagnie de la princesse Élisabeth et du prince Philip.

345

Mais, si l'archevêque de Montréal attire des foules sans précédent, ce n'est pourtant pas une cérémonie religieuse qui détient le record d'assistance dans la métropole, mais c'est la visite du couple royal, la princesse Élisabeth et le duc d'Edimbourg, le 31 octobre 1951. À en croire les journaux, les quatre cinquièmes des Montréalais se sont déplacés pour les voir circuler dans les rues de la ville et crier au passage de la limousine recouverte d'un toit en plexiglas : « Vive la princesse et le duc. »

Naturellement, monseigneur Léger assiste au grand dîner qui a lieu à la salle Peacock Alley de l'hôtel Windsor et auquel participent treize cent cinquante convives tandis que cent quarante mille Montréalais se massent sur le square Dominion jusqu'à minuit dans l'espoir de voir apparaître la future reine au balcon.

Coiffée de la tiare en diamant, la jeune princesse s'entretient presque exclusivement avec l'archevêque de Montréal qui prend place à sa droite, tandis que son mari, le duc, cause avec le maire Houde. Le physique du maire impressionne tellement la princesse Élisabeth qu'elle en perd la parole ; c'est pourquoi les organisateurs du dîner ont préféré l'éloigner du premier magistrat. À un certain moment du repas, elle paraît si intéressée par sa conversation avec monseigneur Léger qu'elle en oublie de déguster son filet de doré Bercy... ce qui complique le protocole des autres invités, obligés d'attendre qu'elle porte la fourchette à sa bouche avant de commencer à manger. Lorsqu'on lui apporte ensuite du faisan d'Oka, elle ne semble guère plus en appétit. Heureusement, il y a les vins : Puligny Montrachet 1942, Champagne Pommeray 1943, Champagne Mumm... En sortant de table, les invités déçus déplorent que les mets n'aient pas été à la hauteur de l'événement !

La jeune princesse a certainement trouvé que monseigneur Léger sait faire les choses. À l'occasion de sa visite, il a demandé à ses curés de faire sonner les cloches de leurs églises pendant un quart d'heure

*   *   *   *   *   *   *

Même le dimanche matin, la Chrysler noire de l'archevêque de Montréal sort de l'entrée, rue de la Cathédrale. Son chauffeur

Antonio Plouffe est au poste sept jours par semaine. Il connaît le métier, lui qui a commencé son service auprès de monseigneur Gauthier et qui a conduit monseigneur Charbonneau pendant dix ans. Ses journées débutent souvent à 5h30 du matin, lors des messes spéciales célébrées dans les paroisses éloignées du diocèse, et elles se terminent parfois à une heure du matin lorsqu'il faut revenir de Québec ou d'Ottawa en vitesse.

Ce dimanche-là, lorsque la voiture débouche sur le boulevard Dorchester, la ville est silencieuse. Monseigneur Léger profite d'un moment de répit pour choisir l'emplacement des nouvelles paroisses qu'il entend fonder. C'est l'un des objectifs qu'il s'est fixé, dès son entrée en fonction, alors que Montréal ne comptait que deux cent sept paroisses. Sept ans plus tard, il y en aura cinquante-deux nouvelles.

Selon monseigneur Léger, le Canada français doit sa survivance à l'existence même des paroisses. Sous le régime français, ce sont elles qui, par décret, donnaient naissance aux municipalités. En 1763, après la conquête du Canada par l'Angleterre, lorsque bon nombre de Français reprirent la mer vers leur France natale, la vie, ici, a continué, française et catholique, à l'ombre des clochers.

Au fil des ans, les habitants ont commencé à s'identifier à leurs paroisses. « Je suis de Saint-Henri », disaient-ils, ou « Je viens de l'Immaculée-Conception ». Même les évêques de Québec appelaient leurs curés du nom de leurs paroisses. Lors des réunions ecclésiales, monseigneur Fabre avait l'habitude de demander : « Où est Saint-Constant ? ou « Que fait Saint-Philippe ? »

Lorsque la voiture épiscopale circule sur les routes de terre des nouveaux développements immobiliers, l'archevêque tente de repérer le meilleur endroit pour construire l'église paroissiale. Elle doit s'élever au centre du nouveau quartier. Mais où se situera-t-il ?

L'archevêque de Montréal, en voiture décapotable, à Sainte-Agathe-des-Monts, le 24 septembre 1954.

« Antonio, demande monseigneur Léger, essayez donc de trouver la pancarte qui indique où Steinberg va construire son magasin. »

Lorsque son chauffeur découvre les fondations mêmes du supermarché en construction, l'archevêque sait où il doit construire son église : juste à côté. Steinberg dépense des millions pour dénicher l'emplacement idéal. Pourquoi ne pas en faire profiter l'Église ?

*   *   *   *   *   *   *

La soirée du 29 octobre 1952 boucle trente mois d'activités pastorales intenses. L'Église doit rayonner dans tous les milieux, même au théâtre. Monseigneur Léger parraine la soirée Claudel au Her Majesty's. Après le spectacle, il va serrer la main du grand comédien Jean-Louis Barrault, dans sa loge.

Cinq jours plus tard, l'archevêque remet le diocèse entre les mains de son auxiliaire, monseigneur Conrad Chaumont, et s'envole vers Rome, pressé de régler divers problèmes diocésains qui nécessitent le consentement sinon l'avis des congrégations romaines.

«Ma visite est strictement d'affaires», précise-t-il aux journalistes qui ont eu vent d'un prochain consistoire au cours duquel le pape devrait nommer des cardinaux.

Pendant que l'avion décolle, quelques fidèles saluent de la main leur archevêque qui les quitte pour environ deux mois.

«Monseigneur Léger, c'est notre homme! dit l'un.

— Oui, mais s'il continue à ce rythme-là, il ne fera pas deux ans», ajoute l'autre.

Références — Chapitre XVII

1. *Le Petit Journal*, 30 novembre 1952.
2. Robillard, Denise, *Le cardinal Paul-Émile Léger, archevêque de Montréal, 1950-1967, op. cit.*, p. 302.
3. *Le Petit Journal*, 30 novembre 1952.
4. *Le Devoir*, 15 janvier 1951.
5. *La Presse*, 20 avril 1953.
6. Circulaire de l'archevêque de Montréal au clergé, 8 février 1951.
7. *Le Devoir*, 21 novembre 1951.
8. Stanké, Alain et Morgan, Jean-Louis, *Pax, lutte à finir avec la pègre*, Montréal, Les Éditions La Presse, 1972, pp. 159-160.
9. *Le Devoir*, 15 janvier 1951.
10. Robillard, Denise, *op. cit.*, p. 73. *La Presse*, 18 octobre 1958.
11. *Ibid.*
12. *Le Devoir*, 30 septembre 1952.
13. Le Père Émile Legault.
14. Robillard, Denise, *op. cit.*, p. 390.
15. *Montréal Matin*, 22 décembre 1953.
16. Robillard, Denise, *op. cit.*, p. 187.
17. Circulaire de l'archevêque de Montréal au clergé, 16 mai 1951. Robillard, Denise, *op. cit.*, p. 198.
18. *Ibid.*
19. Leclerc, Aurélien, *Claude Ryan, l'homme du Devoir*, Montréal, Les Quinze, 1979, p. 67.
20. *Le Canada*, 13 septembre 1951.
21. Monseigneur Louis Aucoin.

Chapitre XVIII
La grande semaine des chapeaux rouges

Les premières brumes de l'hiver italien montent au bord du lac d'Albano. Novembre s'achève. Les jardins, la pineraie et les terrasses ornés de statues antiques sont déjà endormis à la résidence secondaire du pape, Castelgandolfo.

Assis derrière sa table de travail, Pie XII dresse la liste des cardinaux qu'il a l'intention de nommer en janvier 1953. Le Saint-Père a maintenant soixante-seize ans et depuis deux ans, les hauts fonctionnaires du Vatican s'inquiètent de sa santé. Chaque faux pas dans l'escalier, chaque rhume sont autant de rappels que le pape n'est pas éternel et que le problème de la succession au trône de saint Pierre se posera inévitablement un jour. Au Sacré Collège, un siège sur trois est vacant et la plupart des quarante-six cardinaux, dont l'âge moyen est de soixante-dix ans, sont âgés. Pie XII mesure donc l'importance historique du geste qu'il posera au mois de janvier suivant.

Derrière une vieille enveloppe qui a déjà été utilisée, il écrit en italien : futur consistoire. Puis suivent, de son écriture longue et fine, quelques noms : patriarche de Venise, nonce de Paris, archevêque de Séville, etc. Au bas de l'enveloppe, il trace un dernier nom : archevêque de Montréal.

Le 15 novembre, monseigneur Léger qui vient d'arriver en Italie se rend à Castelgandolfo pour y rencontrer le Saint-Père. Monseigneur Émilien Frénette de Saint-Jérôme l'accompagne. Au cours de l'entretien de trente-cinq minutes, l'archevêque trouve Pie XII en excellente santé. Ce soir-là, il notera dans son journal : « Grande bonté et profonde affection du Saint-Père. »

L'envoyé du pape remet à monseigneur Léger le "biglietto" le nommant cardinal.

Au Collège canadien où il séjourne, monseigneur Léger raconte sa visite à monsieur Robin, le vieux Sulpicien qui a du nez et qui poursuit sa retraite rue Quattro fontane. Les deux hommes ont développé une chaude amitié au temps où l'archevêque était recteur.

« Vous avez passé quarante-cinq minutes avec le Saint-Père ? s'exclame monsieur Robin. Alors, vous serez nommé cardinal ! »

Monseigneur Léger y voit une boutade. Certes, il a entendu parler du prochain consistoire, mais il lui paraît impossible que son nom figure parmi les élus. Montréal n'a jamais eu en effet de cardinal et la tradition veut que le chapeau aille à Québec. Sans plus y penser, il poursuit ses visites aux différentes congrégations romaines que ses problèmes diocésains concernent et présente ses respects aux cardinaux qu'il a connus jadis, les Pizzardo, Piazza, Tisserant et Tedeschini. Une fois ses affaires réglées, l'archevêque de Montréal retient son billet de retour, car il doit rentrer bien avant les Fêtes.

Le samedi, 29 novembre, dans l'après-midi, la Cadillac noire du Pape, un cadeau des Américains, traverse la place Saint-Pierre à vive allure.

Viva il Papa! Viva il Papa! crient les pèlerins qui devinent plus qu'ils ne le voient le profil de Pie XII à travers la glace de la portière. Conduite par son fidèle chauffeur, Stoppa, la voiture passe la porte en arcade située à gauche de la basilique, devant les gardes suisses qui présentent les armes.

Avant même que le Saint-Père ait réintégré ses quartiers d'hiver, l'antichambre de messeigneurs Tardini et Montini grouille d'activité. Dans un message d'une extrême sécheresse, la Secrétairerie d'État communique immédiatement à la presse, les décisions du pape : « La Sainteté de Notre-Seigneur daignera tenir consistoire le 12 janvier. » La liste des vingt-quatre nouveaux cardinaux suit. Parmi eux, quelques Italiens, deux Français, Feltin et Grente, un Américain et un Canadien : Paul-Émile Léger.

Ignorant encore qu'il fait partie des élus, monseigneur Léger s'apprête à quitter le pays. La veille de son départ, il effectue son traditionnel pèlerinage à pieds aux Catacombes. Il célèbre la messe dans la chambre où l'on a découvert le sépulcre de plusieurs papes. Puis, il s'arrête à la maison-mère des dames du Sacré-Coeur, viale Nomentana. Alors qu'il cause avec la supérieure au parloir, une soeur vient le prévenir que le secrétaire de monseigneur Montini désire lui dire un mot. La supérieure se retire, cédant la place à monseigneur Travia.

« Voici une lettre de monseigneur Montini », annonce alors ce dernier sans formalité puisqu'ils se connaissent de longue date.

Monseigneur Léger lit tout bas :

Les trois cardinaux canadiens à Rome: James McGuigan de Toronto, Maurice Roy de Québec et Paul-Émile Léger de Montréal.

Suis heureux et honoré vous annoncer que Saint-Père au Consistoire Secret 12 janvier daignera élever Votre Excellence révérendissime à pourpre sacrée.

L'archevêque tombe à genoux. Sur le parquet, devant le grand crucifix d'ivoire, il récite un Pater. Ce soir-là, il note dans son carnet : « Pourquoi cet amour et cette bienveillance du Seigneur et de son Vicaire à mon endroit ? Mystère et adoration ! »

Dès le lendemain, il contremande son départ : « Je suis prisonnier de Rome et je ne peux pas partir avant le consistoire de janvier », dit-il aux journalistes qui veulent connaître ses plans. Toute sa reconnaissance va au Saint-Père :

> Sa paternelle bonté à mon égard et son affection si bienveillante et si délicate ont mis le comble à ses largesses en lui inspirant de me placer parmi les princes de la cour du Roi des Rois[1].

Après sa retraite préparatoire, il doit s'occuper de sa garde-robe : trente vêtements coûtant un peu plus de 3000 dollars. À la demande de Pie XII, qui opte pour « un mode de vie plus sobre en ces temps difficiles », la *cappa magna* ne mesurera plus que trois mètres au lieu de six. Il lui faut en outre une mozette rouge, sorte de collerette sur laquelle se porte la croix pectorale, le chapeau symbolique, les mules avec ou sans boucle, les manteaux et les soutanes : une pourpre en drap, une en soie violette moirée et une autre en drap violet.

Le décret du pape a éliminé beaucoup de soie coûteuse et a réduit le coût des vêtements de 1000 dollars. Gamarelli, le tailleur attitré de la cour romaine, est un homme bavard. Il laisse entendre à qui passe chez lui qu'un des nouveaux cardinaux se plaint des changements que le Saint-Père a apportés au vestiaire des princes. De bouche à oreille, on se répète ces ouï-dires qui, chuchote-t-on, auraient été prononcés par monseigneur Léger. L'affaire se rend jusqu'au pape.

Un ami du Vatican met alors le jeune cardinal en garde contre certaines manoeuvres peu orthodoxes. Mais il le rassure :

« Le Saint-Père n'a prêté aucune attention aux racontars de Gamarelli. »

Après enquête, il ressort que monseigneur n'est pas coupable. Gamarelli refuse de nommer le fautif, mais affirme qu'il ne s'agit pas de l'archevêque de Montréal.

Monseigneur Léger passe le mois de décembre à répondre au volumineux courrier qui s'amoncelle dans sa chambre. Après les télégrammes de la première heure, dont ceux du Premier ministre canadien, Louis Saint-Laurent, du secrétaire-général de la CTCC, Jean Marchand et de Léo Guindon, au nom de l'Alliance des professeurs, les lettres plus intimes commencent à arriver. Celle de sa belle-soeur, Gaby, le fait bien rire. De passage chez ses parents à Paris, elle a appris sa nomination de la bouche de l'ambassadeur du Canada en France, le général Georges Vanier. La nouvelle l'a ébranlée. Elle lui écrit :

> Mon grand-frère, (...) j'ai pleuré pendant une heure et maman ne sachant plus quoi dire m'assurait qu'il valait mieux vous voir cardinal que pendu (...) je sais trop bien que vous ne désirez pas ce grand honneur (...)

De la capitale française, il apprend également que Jean-Louis Barrault conserve précieusement une photographie de lui, prise en compagnie du grand comédien dans sa loge du Her Majesty's, lors de la soirée Claudel présentée à Montréal, un mois avant sa nomination.

Le premier message du nouveau cardinal s'adresse à monseigneur Chaumont qui le remplace à la tête du diocèse :

> Bouleversé, ému mais confiant dans le Seigneur. Envoie administrateur, auxiliaire, collaborateurs, clergé, communautés, fidèles, paternelle bénédiction. Signé : Léger, archevêque[2].

* * * * * * *

À Montréal, la surprise est générale même si depuis deux ans diverses rumeurs circulaient par suite, notamment, de la mystérieuse visite de cardinaux étrangers et hauts fonctionnaires romains. Ce fut d'abord le cardinal Francis Spellman qui passa un week-end à l'archevêché de Montréal avant de se rendre en pèlerinage à Sainte-Anne de Beaupré. Puis le cardinal Piazza, accompagné d'un membre de la Consistoriale, monseigneur Sebastiano Baggio et du délégué apostolique, monseigneur Antoniutti, fit, lui aussi escale à Montréal. Enfin, le 20 août, monseigneur Montini, le futur Paul VI, descendit à Dorval. Officiellement, il s'agissait d'un simple voyage touristique, mais le bras droit du Saint-Père n'en passa pas moins quelques jours à rendre visite aux évêques des principales villes du Québec.

Le cardinal Piazza félicite le nouveau membre du Sacré Collège.

« Je suis simplement venu prendre des vacances, précisa-t-il au journaliste de *La Presse*, Vincent Prince. Voir l'Amérique que je n'avais jamais vue[3]. »

Malgré ses dires, on s'interrogea en coulisse sur les véritables motifs qui amenaient monseigneur Montini au pays. Venait-il constater de visu comment le successeur de monseigneur Charbonneau se débrouillait ? Préparait-on à Rome les prochaines nominations de cardinaux ?

Monseigneur Léger pilota le collaborateur du pape à l'Oratoire Saint-Joseph, à l'Université de Montréal et au grand séminaire où celui-ci s'adressa aux séminaristes en français. En quittant l'allée centrale de l'institution, qui débouche sur la rue Sherbrooke, monseigneur Montini s'exclama :

« Mais, nous sommes à Paris ! Comme c'est beau ! »

Après une courte visite à la centrale de la JOC, il avait quitté son hôte montréalais pour se rendre en voiture à Québec où il avait passé la nuit à la résidence d'été de monseigneur Roy, à Neuville. Le lendemain, il rencontra le Premier ministre Duplessis et le lieutenant-gouverneur Gaspard Fauteux. Avant de s'envoler vers Ottawa et Toronto, pour y rencontrer Louis Saint-Laurent et le cardinal McGuigan, il s'arrêta un instant à Saint-Hyacinthe chez monseigneur Douville qu'il connaissait et appréciait depuis longtemps.

Or cet-automne-là, *La Presse* annonça la tenue d'un prochain consistoire. Monseigneur Roy, affirmait le journal, sera parmi les prélats qui recevront la pourpre cardinalice. En général, les Québécois pensaient que l'Église allait s'en tenir à la tradition et maintenir le siège laissé vacant par la mort du cardinal Villeneuve à Québec[4].

D'autres rumeurs circulaient aussi. Certains croyaient que monseigneur Roy, qui revenait d'un voyage au Japon et en Corée, allait être appelé à de hautes fonctions à Rome. Le Vatican le remplacerait dans la vieille capitale par monseigneur Léger ou encore par monseigneur Vachon, archevêque d'Ottawa. D'autres enfin prévoyaient la nomination de deux cardinaux, monseigneur Roy et monseigneur Léger. Le premier devrait son chapeau à la tradition, le deuxième à l'amitié personnelle du pape.

La nouvelle de la nomination de l'archevêque de Montréal déçoit profondément les Québécois de la capitale. Plus que la personnalité de monseigneur Léger, c'est la perte du siège cardinalice qui les surprend.

Duplessis s'étonne aussi car, à deux reprises, il s'est permis d'enjoindre publiquement Pie XII d'élever l'archevêque de Québec à la dignité cardinalice... Il avait même affirmé que cette nomination s'imposait et que son gouvernement n'en imaginait pas d'autres. Les journaux s'amusèrent à dire que monsieur Duplessis n'avait décidément pas une grande influence à Rome[5] !

Le 2 décembre, après avoir expédié les affaires courantes, le Premier ministre n'en offre pas moins ses félicitations empoisonnées au nouvel élu :

> Monseigneur Léger est un des orateurs sacrés les plus distingués. Sa piété et sa dévotion sont particulièrement impressionnantes et éloquentes. Il appartient à la noble communauté des Messieurs de Saint-Sulpice dont l'oeuvre à Montréal était menacée, n'eût été la généreuse contribution et l'aide du gouvernement du Québec...[6]

*   *   *   *   *   *   *

Les portes du consistoire, près de la salle Clémentine, se referment. Le Saint-Père est entré le dernier, escorté de la garde noble. Il porte la mozette de velours rouge bordée d'hermine. Les vingt-deux anciens cardinaux occupent les bancs recouverts de tapisseries et placés en carré devant le trône papal à baldaquin. Le cardinal Francis Spellman de New York a bien failli rater le consistoire, le premier depuis 1945, ne rentrant de Corée qu'une demi-heure avant la réunion historique. Fidèle à sa réputation de retardataire, le cardinal Tedeschini, lui, se présente à la dernière minute à la porte gardée par un *sediari*.

Une fois celle-ci fermée, il est interdit à quiconque de la franchir, sous peine d'excommunication. Le consistoire secret est convoqué pour proclamer les saints et publier les noms des nouveaux cardinaux. Après la prière au Saint-Esprit, en ce 12 janvier 1953, le Saint-Père s'adresse aux cardinaux :

> Vénérables frères, depuis le jour où voici sept ans, Nous avons, en nommant de nouveaux cardinaux, comblé le vide de votre Sacré Collège, celui-ci, vous le savez, a subi des pertes nombreuses et graves...[7]

Puis Pie XII leur annonce que le Sacré Collège comptera vingt-quatre cardinaux de plus, ce qui portera à soixante-dix le nombre de ses membres. Ce plenum a été fixé en 1585 par Sixte Quint qui voulait rappeler les soixante-dix vieillards dont s'entoura Moïse pour gouverner le peuple d'Israël. Il y avait des siècles que le Sacré Collège n'avait pas été au complet. Le plus âgé des cardinaux, Alexandre Verde, a quatre-vingt-sept ans et les deux plus jeunes, Paul-Émile Léger et Giuseppe Siri de Gênes, quarante-huit et quarante-six ans. Un prêtre peut accéder au cardinalat sans être évêque, mais Rome exclut automatiquement les candidats de naissance illégitime et les parents d'un cardinal vivant. Une fois nommé, on le reste à vie.

Les « princes de l'Église, » ainsi qu'on les désigne, sont considérés, selon le protocole, comme les égaux des chefs d'État. Plusieurs privilèges leur incombent dont celui de pouvoir entendre la confession et célébrer la messe en n'importe quel lieu. Les cardinaux portent la soutane rouge depuis le treizième siècle, mais le titre d'Éminence ne leur a été conféré qu'au dix-huitième.

Avant de soumettre le nom des élus aux anciens cardinaux, le pape tient à les informer que ceux de ses deux principaux collaborateurs, messeigneurs Tardini et Montini, figuraient en tête de sa première liste. Pie XII a insisté pendant deux mois auprès d'eux, pour les nommer cardinaux, mais sans obtenir leur consentement.

« On ne changera rien à vos fonctions, vous aurez seulement la barrette rouge en plus, leur promettait-il.

— Nous serions contents de rester comme avant mais sans barrette rouge », répondait monseigneur Tardini au Saint-Père qui riait de bon coeur[8].

Pie XII n'entre pas dans tous ces détails, mais communique seulement sa décision :

« Ces deux prélats Nous supplièrent si instamment de leur permettre de décliner cette haute charge que Nous crûmes devoir accéder à leurs prières. »

Le Saint-Père les nomme donc substituts de la Secrétairerie d'État aux affaires extraordinaires et ordinaires. Puis, après avoir obtenu le consentement des anciens cardinaux qui répondent « *Placet* » (cela nous plaît) après chaque nom qu'il propose, le pape se lève et agite la cloche d'or placée sur la table en face de lui indiquant que la décision est prise. Le consistoire secret s'achève après vingt minutes de délibération seulement. Les porteurs de billet quittent aussitôt le Vatican pour prévenir les élus que le Sacré Collège approuve leurs nominations.

16h50. Deux automobiles immatriculées Santa Citta del Vaticano s'arrêtent devant le Collège canadien. Vêtus de noir et de pourpre, les envoyés pontificaux sont conduits au grand salon ou monseigneur Adone Terzariol présente à l'archevêque de Montréal le *biglietto* de nomination dans une enveloppe blanche. Monseigneur Léger devient ainsi le sixième cardinal canadien et le cinquième du Québec.

Les nominations n'ont pas fait que des heureux à travers le monde même si avec ce nouveau consistoire, l'Église devient plus universelle qu'elle ne l'a jamais été. Dorénavant, en effet, vingt-sept nations seront représentées au Sacré Collège. Certains pays comme la Yougoslavie, l'Inde, l'Équateur et la Colombie obtiennent leur premier cardinal. Quarante-neuf des soixante-dix cardinaux sont européens et d'aucuns déplorent que leur nombre tende à baisser. Une place importante est faite à l'Amérique latine qui compte maintenant dix cardinaux au lieu de sept. Par contre, les États-Unis perdent un cardinal. Que ce pays puissant et populeux doive se contenter de quatre cardinaux seulement pousse certains à dire que le pape a voulu punir les Américains qui n'ont pas encore jugé bon de nommer un ambassadeur auprès du Saint-Siège. L'Allemagne, qui avait quatre chapeaux n'en a plus que deux tandis que la France retrouve ses sept cardinaux. L'âge moyen du Sacré Collège est maintenant de soixante-huit ans.

À Rome, les murs sont couverts d'affiches anticommunistes qui accusent les Rouges d'empêcher deux des nouveaux élus, les cardinaux Aloysius Stepinac, archevêque de Zagreb en Yougoslavie, et Stefan Wyszynski, de Varsovie, en Pologne de venir à Rome chercher leurs chapeaux. En les nommant, Pie XII a voulu signifier au monde que l'Église n'a pas de frontières. Sans doute les cardinaux auraient-ils obtenu la permission de leur chef d'État respectif de se rendre au consistoire, mais ils ont craint de se voir refuser le visa de retour.

Monseigneur Stepinac vit en résidence surveillée à Krasnic, son village natal, près de Zagreb. En 1946, il a été condamné par Tito à seize ans de prison (transformées, cinq ans plus tard, en résidence surveillée), pour crime de trahison et de collaboration avec l'ennemi durant la guerre.

« Je resterai ici, a-t-il précisé à un journaliste qui a réussi à le joindre. Jusqu'à la mort s'il le faut[9]. »

Après son élévation au cardinalat, le gouvernement a renforcé la garde policière qui surveille son presbytère jour et nuit.

« L'Église ne cèdera pas devant Tito », a ajouté le prélat yougoslave d'un ton ferme.

*   *   *   *   *   *   *

Une fine neige tombe sur le sol et il fait froid, en ce 15 janvier 1953. Quarante mille pèlerins se pressent dans Saint-Pierre-de-Rome pour l'apothéose finale.

Au son des trompettes des hérauts du Vatican, le pape franchit le grand portail et traverse Saint-Pierre sur la *sedia gestatoria*. Les nouveaux cardinaux se sont retirés dans la chapelle Santa Petronilla où ils prêtent le serment d'allégeance à Pierre, à l'Église, au pape Pie XII et à ses successeurs. Puis, ils entrent dans la basilique et s'arrêtent devant le trône papal. Ils portent la soutane de laine écarlate et la *cappa* violette. Un à un, ils s'inclinent à trois reprises, baisent la mule écarlate du souverain pontife qui, ensuite, leur donne l'accolade. Commence alors la cérémonie de l'imposition du chapeau rouge. Monseigneur Léger sera le douzième cardinal à être couronné :

Recevez ce chapeau dont la couleur indique que vous devez être prêt à défendre votre foi jusqu'à l'effusion du sang.

Lorsque Pie XII a quitté l'enceinte, les cardinaux retournent à la chapelle Santa Petronilla et se prosternent face contre terre, à plat ventre, le buste reposant sur un coussin.

Pie XII remet la barette au nouveau cardinal Léger. Ce geste lui confère le privilège de se faire appeler éminence.

Après s'être recueilli sur la tombe de saint Pierre, le groupe revient à la salle du consistoire où Pie XII les réunit en secret une dernière fois :

> Nous vous fermons la bouche, cardinaux, afin que ni dans le consistoire, ni dans les congrégations et autres fonctions cardinalices, vous ne puissiez dire votre opinion.

Le Saint-Père procède alors aux nominations spéciales. Il a choisi le nouveau cardinal Angelo Giuseppe Roncalli comme patriarche de Venise. Ce dernier n'est pas à Rome pour recevoir son titre. Nonce à Paris depuis 1944, il a reçu la barette rouge des mains du président de la république française, Vincent Auriol, et non du pape, comme le veut la tradition. Deux autres nonces, en poste à Lisbonne et à Madrid, ont également été faits cardinaux par les chefs des États portugais et espagnol.

Lors de ce dernier consistoire secret, le cardinal Léger se voit nommer membre de trois des douze congrégations romaines. Le pape met un terme aux cérémonies en remettant à chacun l'anneau d'or et de topaze. La coutume veut que le Saint-Père, qui est aussi l'archevêque de Rome, confie une église de sa ville à chacun des cardinaux. Monseigneur Léger devient alors le curé de la paroisse Sainte-Marie-des-Anges, l'ancienne église titulaire du cardinal Villeneuve de Québec, située sur la piazza de l'Esedra. C'est dans cette même basilique, vieille de quatre cents ans, que, deux ans plus tôt, le nouveau cardinal avait été sacré archevêque. Le 18 janvier, il en prend possession en présence de l'ambassadeur du Canada en Italie, monsieur Pierre Dupuy, de celui de la France, Vladimir d'Ormesson et d'une imposante délégation canadienne. Dans son homélie, il rappelle en français le souvenir de son prédécesseur le cardinal Villeneuve, exprime sa gratitude au Saint-Père et redit avec le fondateur de l'Église canadienne, François de Montmorency-Laval, premier évêque de Québec, qui avait adressé une lettre au pape Alexandre VII :

> Je remplirai tous les devoirs de ma charge et pour défendre les droits du Saint-Siège apostolique romain, je ferai tout ce qui doit être fait et, s'il le faut, je signerai ce devoir de mon sang.

*   *   *   *   *   *   *

La grande semaine des chapeaux rouges se termine par de multiples réceptions. Les bruissements d'étoffe se font entendre dans les salons de l'ambassade du Canada et de l'Université grégorienne, à la procure de Saint-Sulpice et au Collège canadien. Le déjeuner de clôture se déroule à la villa Bonaparte chez le comte d'Ormesson. Trente-trois convives seulement sont attablés, dont le neveu de Pie XII, Carlo Pacelli. L'on couvre d'attention le cardinal Valerien Garcias qui, à cinquante-deux ans, devient le premier évêque hindou à revêtir la pourpre. Les journalistes ont remarqué d'ailleurs que, pendant l'accolade, le Saint-Père l'a retenu plus longtemps que les autres.

Après la réception, le grand comique français Fernandel, qui tourne à Rome *Le retour de Don Camillo*, passe à la procure de

Saint-Sulpice pour féliciter le cardinal français, Maurice Feltin, grand admirateur du premier *Don Camillo*.

Avant de quitter Rome, le cardinal Léger va faire ses adieux au pape qui le reçoit pendant quinze minutes et se montre plus affectueux que jamais.

« Je travaillerai beaucoup plus maintenant que je suis cardinal, promet-il.

— Comment pourriez-vous y arriver, demande le Saint-Père ?

— En union avec mes prêtres », répond le nouveau cardinal.

Durant la conversation, le Pape qui l'appelle « cher fils », lui parle de sa crainte des jugements de Dieu et de son désir de se réfugier dans la solitude pour se préparer à paraître devant son Juge[10]. Le « jeune » cardinal recueille les confidences de Pie XII avec émotion. Le pape lui offre ensuite une croix pectorale. C'est le cardinal Villeneuve, légat papal au Mexique, qui lui avait rapporté ce cadeau du peuple mexicain. Mais le Saint-Père avait décidé de le donner à l'archevêque de Québec. À la mort de celui-ci, son successeur, monseigneur Roy, jugea bon de remettre le bijou au pape. Et voilà qu'il revenait maintenant à Montréal plutôt qu'à Québec !

Après l'entrevue, Pie XII et le cardinal montréalais traversent la salle d'audience où attendent les pèlerins canadiens et une quarantaine d'étudiants du Collège. Le Pape l'invite à s'asseoir et, debout devant le groupe, il fait son éloge :

> Nous connaissons les qualités de coeur de l'archevêque de Montréal. Il avait déclaré dès son élection que les petits, les humbles, les malades, les travailleurs seraient la portion choisie de son troupeau et il n'a pas déçu leurs attentes. C'est un père qu'ils ont trouvé en lui. Le foyer de charité qu'il a fondé est un symbole et un signe tangible de l'amour ardent qui l'anime...

Le cardinal Léger a, lui aussi, un cadeau à offrir au Saint-Père : une église canadienne à Rome, qui sera construite grâce aux contributions de ses compatriotes. Le nom en est déjà choisi. Elle s'appellera l'église des Martyrs canadiens.

Il a juste le temps de boucler ses dix-sept valises que son secrétaire l'abbé Louis Aucoin est chargé de surveiller, et de se rendre à la Stazione Termini pour attraper le train de Paris.

* * * * * * *

Le 23 janvier, à minuit, le cardinal Léger monte à bord du *SS United States*, ancré au Havre. Son court séjour en France s'achève dans le verglas et le brouillard, mais il emporte avec lui un précieux cadeau, que lui ont offert ses confrères d'Issy-les-Moulineaux : la crosse du cardinal Verdier. En les remerciant, il les assure :

« Cette crosse magnifique sera ma houlette pastorale jusqu'à la mort. Après cela, je veux qu'elle retourne chez les Sulpiciens de France[11].

Ironie du sort, si le prêtre, le missionnaire, le recteur et l'archevêque d'hier n'ont jamais souffert du mal de mer, le cardinal, lui, n'y échappe pas. Il passe deux jours au lit, incommodé par le roulis et le tangage du paquebot qui fend les flots dans la tempête. Dire qu'il a choisi la mer pour se reposer ! Même une fois rétabli, il ne s'aventure pas sur le pont, préférant s'enfermer dans ses appartements pour réfléchir sur le sens profond des derniers événements et préparer les allocutions qu'il prononcera dès son arrivée.

Une mauvaise nouvelle le rejoint sur le paquebot par télégramme : sa mère souffre d'une affection pulmonaire bénigne et vient d'être hospitalisée à l'Hôtel-Dieu. Rien de grave cependant. L'émotion des derniers jours, l'énervement des préparatifs, tout a contribué à fatiguer son vieux coeur.

Cinq jours plus tard, le transatlantique, fierté des Américains, accoste dans le port de New York. Malgré la pluie et la brume, monseigneur Léger pose pendant trente minutes pour les photographes. Bon nombre de Montréalais sont venus à sa rencontre dans la ville des gratte-ciel. Parmi eux, les joueurs de hockey Maurice Richard, « Boum Boum » Geoffrion, Dollard Saint-Laurent, Butch Bouchard et John McCormick voisinent avec les

Chevaliers de Colomb de la métropole. Le cardinal profite de la tribune qui lui est offerte chez les Pères du Saint-Sacrement qui dirigent une paroisse canadienne à New York pour rappeler le vide qu'a laissé à Rome l'absence des deux nouveaux cardinaux persécutés derrière le rideau de fer, le Polonais et le Yougoslave. Il s'exclame :

> Le geste est aussi odieux que si l'on portait la main sur le pape lui-même. Malheur à ceux qui lèvent la main sur ces augustes représentants du Christ, maître du monde[12] !

Le retour en train jusqu'à Montréal est retardé par une panne à Whitehall, dans l'État de New York. À la frontière canado-américaine, la petite ville de Lacolle lui réserve un accueil chaleureux. Des centaines de personnes bravent le froid glacial pour obtenir du cardinal sa première bénédiction en terre canadienne.

« Vive le cardinal du rosaire ! » crie la foule.

Tandis que le train s'ébranle, tous chantent au cardinal qui se tient sur la passerelle, la chanson thème du chapelet en famille : *Étoile du matin, reine du saint rosaire...*[13]

De son wagon spécial, l'archevêque de Montréal récite d'ailleurs le chapelet, retransmis sur les ondes de CKAC, grâce à la collaboration d'une station radiophonique de Plattsburg, dans l'État de New York. Pendant la dernière étape du trajet, il s'inquiète du retard du train qui obligera des hommes, des femmes et des enfants qui se sont déplacés pour l'accueillir à Montréal à attendre plus longtemps dehors par ce froid sibérien.

*   *   *   *   *   *   *

La réception qui attend le nouveau cardinal dans la métropole dépasse tout ce qu'il avait imaginé. Le maire Camillien Houde avait demandé à ses concitoyens de pavoiser et de décorer leurs maisons et les endroits publics. Ils ont répondu à l'appel : les drapeaux et les banderoles qui lui souhaitent la bienvenue, les jeux de lumière confèrent au centre-ville recouvert de neige blanche depuis la veille, un air de fête sans précédent. Certains tramways

Une foule nombreuse entoure son cardinal en costume d'apparat qui préside une cérémonie à l'Oratoire Saint-Joseph.

ont dû modifier leur parcours habituel tandis que les agents détournent la circulation.

Le lendemain, les quotidiens racontent l'euphorique retour : « Inoubliable apothéose », « Accueil royal », etc. Jean Boucher, de *La Presse*, décrit ce qu'il a vu : « Dès l'instant où apparut la chatoyante tunique du cardinal Léger (...), l'ovation émouvante et spontanée qui avait surgi dans la foule s'était communiquée en grandissant[14]. Son confrère Jean-Marc Léger est renversé :

Curiosité sympathique ? Enthousiasme ? Bien plus que cela, certes, car les acclamations, les prières, l'émotion profonde d'une foule où se mêlaient fraternellement tous les âges et toutes les conditions sociales ont composé pour l'éminent prélat un triomphal retour dans sa ville et la plus éclatante réception que Montréal ait jamais accordée à un dignitaire[15].

* * * * * * *

L'ancien secrétaire de la province, Athanase David, avait l'habitude de dire : « Un visiteur s'amène-t-il à Québec, on lui demande combien de temps il y demeurera ; passe-t-il à Montréal, on lui demande quand il doit partir[16] ». L'hospitalité légendaire des Québécois ne s'est pas démentie lors du passage du cardinal Léger dans la Vieille capitale. Fiers, les habitants ne laissent pas paraître la blessure encore mal cicatrisée et reçoivent le prélat avec tous les honneurs dus à son rang. Certes ce sont de bons perdants, mais l'homme qu'ils fêtent, c'est le cinquième Canadien français à obtenir le chapeau rouge plutôt que le premier cardinal de Montréal.

La fanfare salue l'arrivée du train cardinalice à la gare du Palais décorée de fleurs et de drapeaux. Le Premier ministre Duplessis l'accueille à sa descente. Le cardinal passe en revue la garde d'honneur formée d'un détachement du Royal 22ième, après quoi l'archevêque de Québec, monseigneur Maurice Roy, lui souhaite la bienvenue :

« Vous voyez, Éminence, dans cet accueil du bon peuple de Québec, l'expression spontanée de son admiration et de son attachement sincère. »

Le cardinal Léger sait que les Québécois se sentent blessés. Il ne veut en rien ranimer l'éternelle rivalité qui existe entre Montréal et Québec. Au contraire, il voudrait tant trouver les mots qui adouciraient leur peine. Ému par l'accueil empressé qu'il reçoit, l'archevêque mesure mal la susceptibilité d'une population frustrée d'avoir perdu son cardinal[17]. Il leur dit maladroitement :

Québec reçoit le cardinal canadien-français avec toute la chaleur et l'entrain que lui ont appris les nombreuses générations qui ont admiré dans les murs de la Vieille capitale la pourpre romaine[18].

Involontairement, le cardinal rappelle ainsi aux Québécois la gloire qui jaillissait autrefois sur leur ville. Dignes, ses hôtes ne laissent pas deviner leurs sentiments. Mais les plus chauvins inventent un calembour qui a bientôt fait le tour de la ville : « Mieux vaut un archevêque « Roy » qu'un cardinal « Léger »[19].

Avant son départ pour la métropole, monseigneur Roy lui demande ses intentions concernant les prochaines réunions épiscopales qui, jusque-là, se sont toujours tenues dans la Vieille capitale :

« Je suppose que les assemblée mensuelles auront lieu à Montréal et que vous en serez le président ?

— Non, répond le cardinal qui attache une grande importance à l'amitié qui le lie à monseigneur Roy, la coutume veut que l'archevêque de Québec soit le président des assemblées. Vous allez le demeurer. »

Le voyage du cardinal à Québec marque la fin des festivités. Février s'amorce. L'archevêque rentre à Montréal au moment où l'opinion publique est tenue en haleine par les nouveaux rebondissements de la grande enquête sur la moralité. Celle-ci a des échos jusqu'à Québec... ce qui fait dire aux Québécois, qui n'en finissent pas d'avaler leur couleuvre :

« Si le Vatican a nommé un cardinal à Montréal, c'est que les Montréalais en ont bien besoin[20]. »

Références — Chapitre XVIII

1. *Le Cardinal Paul-Émile Léger*, brochure, Montréal, Fides, 1953, p. 23.
2. *Le Devoir*, 2 décembre 1952.
3. *La Presse*, 21 août 1951.
4. *La Presse*, 9 novembre 1951.
5. *Le Canada*, 11 décembre 1951.
6. *Montréal Matin*, 3 décembre 1952.
7. *Le cardinal Paul-Émile Léger*, op. cit., p. 26.
8. Chaigne, Louis, *Portrait et vie de Pie XII, op. cit.,* p. 171.
9. *La Presse*, le 1er décembre 1952.
10. Robillard Denise, *Le cardinal Paul-Émile Léger, archevêque de Montréal 1950-1967, op. cit.,* p. 43 (allocution du 14 mars 1953).
11. *Le cardinal Paul-Émile Léger, op. cit.,* p. 70.
12. *Ibid.*, p. 72.
13. *Ibid.*, p. 73.
14. *La Presse*, 30 janvier 1953.
15. *Ibid.*
16. *La Patrie*, 10 février 1953.
17. Robillard, Denise, *op. cit.*, p. 55.
18. *Le cardinal Paul-Émile Léger, op. cit.,* p. 107.
19. *La Métropole*, janvier 1953.
20. *Ibid.*

Chapitre XIX

Premier ministre bleu, archevêque rouge et presse jaune

Maître Jean Drapeau attend dans la petite salle d'audience au mobilier rouge. Le jeune avocat de trente-huit ans se lève d'un bond en entendant le pas rapide de l'archevêque de Montréal qui entre dans la pièce. Il est 16 heures précises. Son large sourire cache à peine la fatigue qui se lit sur son visage.

Drapeau s'incline et baise l'anneau que lui tend presque machinalement le cardinal. Cette marque de respect due à un prélat ne le gêne pas. Il fait peu de cas des critiques qui reprochent à l'archevêque ses allures de prince. Le chef, c'est le chef, pense-t-il ; l'autorité qui vient de Dieu mérite tous les égards, et justifie la pompe et le faste. Les mots de Sacha Guitry lui reviennent subitement à la mémoire : « L'Église est fille de théâtre et on ne lui a jamais pardonné ! »

Les deux hommes se connaissent de longue date. Leur première rencontre remonte au 3 septembre 1939, jour de la déclaration de la Deuxième Guerre mondiale ; Jean Drapeau s'était alors rendu en retraite fermée à Oka, en compagnie d'un groupe d'étudiants promus en troisième année de droit à l'Université de Montréal. Les joyeux fêtards avaient fait la tournée des grands ducs avant d'arriver à la maison de retraite sur le coup de minuit, convaincus que le prédicateur dormait déjà du sommeil du juste.

Erreur. Le Père Léger, qui revenait du Japon, les attendait de pied ferme... à la chapelle. Ce soir-là, faut-il le souligner, il prêcha devant un auditoire somnolent. À chaque fois que maître Drapeau

À l'occasion du troisième centenaire de l'arrivée au Canada des Messieurs de Saint-Sulpice, le maire de Montréal, Jean Drapeau, reçoit le cardinal Léger et le délégué apostolique, monseigneur Antoniutti à l'Île Sainte-Hélène, en 1957.

revoit son ancien prédicateur, il lui rappelle cette retraite qui l'avait profondément marqué malgré cet incident. La richesse de la langue du Père Léger et surtout l'originalité des explications qu'il donnait sur les problèmes sociaux de l'heure l'avaient tout simplement ébloui. Le missionnaire tranchait avec les prédicateurs de son temps.

Aujourd'hui, 2 septembre 1954, le jeune avocat a une communication importante à faire :

« Éminence, dit-il sans autre préambule, j'ai l'intention de me présenter à la mairie de Montréal. Je suis venu vous annoncer la nouvelle moi-même et vous assurer de toute ma collaboration.[1] »

Le cardinal Léger se montre intéressé par les explications de maître Drapeau. Depuis son arrivée à Montréal, il a souvent eu l'occasion de constater la fougue du jeune avocat qui a fait de la lutte contre l'immoralité son cheval de bataille.

Jean Drapeau avait joint les rangs du comité de la moralité publique fondé par J.Z. Léon Patenaude pour mettre le holà au règne du vice commercialisé. Ce comité réclamait une enquête qui, selon ses promoteurs, devait démontrer avec quelle facilité ceux qui vivaient de la prostitution et du jeu opéraient à Montréal. Ce sont les déclarations fracassantes de l'ancien chef de l'escouade de la moralité, Pacifique Plante, qui les avaient mis sur le sentier de la guerre. Démis de ses fonctions par le chef de police Albert Langlois, Plante se laissa convaincre par le rédacteur en chef du *Devoir,* Gérard Filion, d'écrire une série d'articles dont le premier fut intitulé « Montréal sous le règne de la pègre. » La parution s'échelonna du 28 novembre 1949 au 18 février 1950 et Jean Drapeau qui agissait alors comme consultant légal au *Devoir* en vérifia les fondements juridiques pendant que le jeune journaliste Gérard Pelletier s'occupait de les rédiger[2].

Le 24 juin 1950, à l'occasion de la fête de la Saint-Jean-Baptiste, monseigneur Léger s'était rallié à la cause en affirmant:

L'intempérance devient un fléau social, et des intérêts puissants exploitent cette passion. Des trafiquants de vice circulent librement parmi nous et leur luxe s'étale à nos yeux. La jeunesse trouve des endroits pour satisfaire les plus basses passions de la sensualité[3].

Cet été-là, Drapeau et Plante épluchèrent quelque dix mille dossiers de la cour municipale « oubliés » dans les classeurs de l'escouade de la moralité et préparèrent minutieusement quinze mille accusations concernant quatre cents maisons de prostitution et de jeux. La preuve présentée aux tribunaux au nom de la Ligue de la moralité était si accablante que le 2 septembre suivant, les deux apôtres de la cause obtenaient leur enquête. C'est le juge François Caron, qui venait de présider un procès semblable à Hull, qui en prit la direction.

Les procédures démarrèrent lentement car les avocats de la défense utilisaient tous les moyens légaux possibles pour retarder les comparutions. De plus, la Ligue de la moralité manquait de fonds. Le tandem Drapeau-Plante réussit néanmoins à citer à la barre le chef de police, Albert Langlois, des agents de l'escouade de la moralité et plusieurs membres du comité exécutif[4].

Lorsque les propriétaires des clubs commencèrent à défiler au Palais de justice, la police se montra plus vigilante. Le Gumbo, boîte de nuit considérée comme l'antichambre de la prostitution, ferma ses portes le premier, en novembre, suivi du Pigalle et du Flamingo. Des cafés furent cadenassés parce qu'ils n'avaient pas respecté les heures de fermeture et on traduisit en justice les tenanciers de débits clandestins en les accusant d'avoir vendu de l'alcool à des mineurs.

Monseigneur Léger suivait de près le déroulement de l'enquête grâce aux journaux et aux renseignements que lui fournissait

Pax Plante lors de ses visites à l'archevêché[5]. Il collaborait à sa façon à l'épuration des moeurs. De voir les jeunes fréquenter le Gaîté, théâtre renommé pour ses danseuses lascives, parmi lesquelles la célèbre Lili Saint-Cyr, le désespérait d'autant plus que la police ne pouvait intervenir car les théâtres jouissaient d'une immunité refusée aux clubs. Un jour, il confia à un membre de l'Action catholique une mission bien particulière : glisser dans la serrure du Gaîté une médaille miraculeuse. Peu après comme par miracle, le théâtre ferma ses portes et on ne revit plus la belle Lili Saint-Cyr à Montréal. Monseigneur Léger attribua sa victoire aux effets bénéfiques de sa médaille...

L'explication d'Alban Flamand, avocat bien connu dans le milieu artistique, était cependant fort différente. En 1952, il exposa sa thèse à ses confrères du collège Sainte-Marie, réunis en conventum :

> Mais Pacifique Plante vint. Les dés et les fées s'enfuirent à toutes jambes hors nos murs, suivis de près par une Saint-Cyr haletante dont le lys célèbre n'a rien de commun, ne pas confondre, avec les vierges et le Saint-Cyr de madame de Maintenon...[6]

L'enquête judiciaire réveilla aussi les politiciens libéraux qui s'empressèrent de soumettre le Premier ministre Duplessis au supplice de la question en l'interrogeant sur la moralité publique.

« Quels que soient les coupables, nous agirons avec vigueur et sans délai, répétait-il en promettant que jamais le Gumbo ne recouvrerait son permis d'alcool[7]. »

À la suggestion de l'archevêque de Montréal, de braves curés écrivaient au Premier ministre pour lui révéler l'existence de « barbottes » dans leurs paroisses. Le 16 novembre 1951, Duplessis frappa. Il envoya cinquante policiers provinciaux à Côte-de-Liesse avec ordre de fermer une barbotte, donna instruction aux agents de refuser tout cautionnement et demanda au juge d'envoyer les propriétaires en prison. Cet après-midi-là, la comparution des deux cents personnes arrêtées créa tout un émoi au Palais de justice de Montréal.

Maurice Duplessis jubilait : « C'est la première fois que la police saisit tout l'ameublement, tout l'argent et arrête toutes les personnes présentes. La police de Montréal a vu la barbotte lui passer sous le nez presque chaque jour et elle prétend qu'elle n'a pas pu agir. Qu'elle fasse son devoir[8] ! »

Le Premier ministre était d'autant plus fier de son coup de filet qu'il devait rencontrer le lendemain l'archevêque de Montréal.

*　*　*　*　*　*　*

Les corridors du Parlement étaient déserts, même si la session avait repris l'avant-veille. Seuls quelques policiers de faction saluèrent monseigneur Léger quand il se présenta au bureau.

Il sourit intérieurement en constatant que la consigne avait été encore une fois respectée : à chacune de ses visites chez le Premier ministre, le hall d'entrée et les couloirs se vidaient mystérieusement.

Monsieur Duplessis se doutait bien des raisons de la visite de l'archevêque de Montréal car, trois jours plus tôt, Le Devoir, avait titré en première page : « Lutte ouverte à l'alcool, les évêques demandent l'application rigoureuse de la loi des liqueurs. » La conversation s'amorça sur un ton badin. Le Premier ministre lui rappela comme à chaque fois qu'il le rencontrait que « l'enfer est rouge et que le ciel est bleu ! » Il subsistait tout de même entre les deux hommes une certaine réserve. Monseigneur Léger ne venait pas quémander et Maurice Duplessis le savait. Loin de chercher à l'humilier, il l'écoutait.

Méthodique et documenté, l'archevêque de Montréal présenta les faits : la loi était violée ouvertement ; de nombreux clubs ne respectaient pas les heures de fermeture, vendaient de l'alcool le dimanche et servaient indifféremment les mineurs. Puis il étala ses chiffres : en 1951, Québec avait délivré dix mille deux cents permis aux tavernes alors qu'en 1949 il n'y en avait eu que quatre mille cinq cent. En dix ans, les ventes des cent vingt magasins de la Commission des liqueurs avaient été multipliées par trois. Pour la seule

378

année 1951, la consommation de spiritueux avait augmenté de quinze pour cent.

Voilà pourquoi les évêques avaient décidé d'agir, dit-il à Duplessis. Du 18 novembre au 15 décembre, une pétition allait circuler dans toutes les paroisses de la province. Les curés avaient été invités à consacrer leurs sermons du dimanche à la nécessité de réclamer l'observance de la loi et d'exiger une diminution notable du nombre des établissements détenteurs d'un permis d'alcool.

Monseigneur Léger n'était pas le premier évêque de la métropole à adresser une telle requête à l'autorité civile. Cent ans plus tôt, monseigneur Ignace Bourget, deuxième évêque de Montréal, avait envoyé à son clergé un message fort semblable : « Le gouvernement devrait favoriser les moeurs publiques, plutôt que l'avantage particulier des aubergistes, écrivait-il... Ils ont presque toujours pu éluder la loi, vendre le dimanche, enivrer les jeunes gens qui à l'insu de leurs parents passent une partie des jours consacrés au Seigneur à boire dans les auberges...[9] »

Et en 1946, monseigneur Charbonneau avait fait circuler lui aussi une pétition réclamant une enquête sur le vice commercialisé et les agissements des policiers. Toutefois, malgré les quinze mille signatures obtenues, l'enquête n'eut pas lieu.

La démarche de monseigneur Léger auprès du Premier ministre visait avant tout à sensibiliser celui-ci au problème crucial de l'alcoolisme. Selon une enquête du Montreal Council of Social Agencies, la métropole comptait alors vingt-cinq mille alcooliques et elle n'était pas en mesure de répondre aux besoins médicaux de ces malades.

Le Premier ministre connaissait le dossier qu'il avait pu suivre dans les journaux. Il lisait d'ailleurs attentivement chacune des interventions de l'archevêque de Montréal toujours rapportées intégralement. Mais il différait d'opinion avec ce dernier lorsque celui-ci affirmait que la situation était pire au Québec qu'ailleurs. L'évêque répétait avec insistance :

> C'est l'alcool qui nous a gardés dans l'état de pauvreté qui nous caractérise... Si, dans dix ans, nous n'avons pas changé nos moeurs, nous n'existerons plus comme peuple ! D'autres se seront emparés du commerce et ils occuperont tous les postes de commande. Ils posséderont les propriétés, les terres et les maisons. Les nôtres traîneront dans les rues, dans les places publiques et se plaindront que d'autres ont pris leurs places. Dieu ne sera jamais avec une nation de buveurs et de noceurs[10].

* * * * * * *

Duplessis n'était pas contre la campagne des évêques, même s'il n'avait pas manqué de constater que celle-ci suivait d'un peu trop près la dénonciation du député libéral Georges-Émile Lapalme, qui s'était élevé contre les trop nombreuses violations de la Loi des liqueurs. Certains avaient même affirmé que la pétition des évêques était « politique ».

En janvier 1952, quand l'opposition libérale fit remarquer au Premier ministre que le temps des fêtes avait donné lieu à des abus, ce dernier perdit patience. Après avoir rappelé à l'Assemblée législative qu'il avait fermé le Pigalle, le Gumbo, le Ciro et le Roncarelli, il ajouta d'un ton sec : « Montréal est une ville cosmopolite. Il n'y a pas moyen de faire mieux. »

Puis il se tourna vers les membres de l'opposition et ajouta : « Sous l'administration Godbout, les grills étaient de véritables lieux de prostitution, les salles où l'on buvait communiquaient avec les chambres à coucher. C'est la première chose qu'a fait disparaître l'Union nationale. »

Duplessis profita de l'occasion pour remercier les autorités religieuses d'avoir attiré l'attention de la population sur les dangers de l'alcool, mais il leur demanda de ne pas exagérer :

> Il ne faut pas aggraver le mal en voulant y remédier. L'expérience a prouvé que des mesures trop sévères entraînaient l'apparition de *blind pigs*, de trous où la boisson se vend jour et nuit. S'il y avait moyen d'envoyer la Commission des liqueurs au pôle sud, je serais fier de le faire. Mais on ne peut pas refaire la nature humaine.

Avant de clore le débat, le Premier ministre laissa tomber son dernier argument : « Je n'ai pas pris une goutte d'alcool depuis des années, faites comme moi[11]. »

La pétition des évêques circula à Montréal, Québec, Ottawa et Rimouski. À Sherbrooke, la campagne d'épuration fut particulièrement efficace. Le 23 novembre, par ordre de la Commission des liqueurs, les spectacles et la musique furent interdits dans les hôtels de Sherbrooke. L'on prohiba aussi l'usage des boîtes à musique. Hospitalisé à Sacré-Coeur de Cartierville à la suite d'un grave accident, monseigneur Desranleau eut au moins le bonheur d'apprendre avant de mourir, en juin 1952, que la pétition remise au Premier ministre avait recueilli pas moins de 796 626 signatures.

En remerciant monseigneur Laurent Morin, aumônier de l'Action catholique, venu lui remettre l'imposant document, Duplessis ne peut s'empêcher d'ajouter :

> Ceux qui ont vu dans le peuple canadien un peuple d'ivrognes ont eu tort. Les Canadiens français en majorité sont sobres. L'alcool est un danger dans la province de Québec comme ailleurs, mais pas plus qu'ailleurs[12].

* * * * * * *

Lorsque le Premier ministre se montrait trop tolérant vis-à-vis des clubs qui défiaient la loi, on l'accusait. Dans *Le Devoir*, le directeur Gérard Filion n'y allait pas de main morte :

> Quand un ouvrier n'observe pas les prescriptions concernant le piquetage, écrivit le journaliste, il le fait bâtonner, condamner et emprisonner. Pas de tolérance. Il faut écraser la révolution dans l'oeuf. Mille, deux mille, cinq mille hôteliers, taverniers, restaurateurs, aubergistes peuvent violer ouvertement la loi, favoriser l'ivrognerie, corrompre la jeunesse. Monsieur Duplessis a les yeux fermés... l'explication est simple : la tolérance s'achète. Elle s'achète par l'amitié, par les convictions politiques, par les contributions électorales...[13]

Par contre, d'autres journalistes trouvaient plutôt louche l'ardeur du Premier ministre à combattre les fautifs. Quelles étaient donc ses raisons? Certes, durant la guerre, le maire de Montréal, Adhémar Raynault, avait exigé que la loi se montrât sévère. Et pour cause. L'enquête Cannon avait désigné Montréal comme un «foyer purulent de maladies vénériennes». Les hôpitaux militaires regorgeaient de soldats contaminés. Le «Red Light», quartier des prostituées, avait fermé comme par magie.

Mais en 1952, il n'y avait pas la guerre. «Si Duplessis donne un coup de barre, écrivit Paul Sauriol dans *Le Devoir*, c'est parce que cette offensive de tempérance s'amorce à la veille des élections provinciales[14].»

Le journaliste présumait qu'une fois le scrutin passé, l'on reviendrait à la licence et aux tolérances antérieures. Il n'avait pas tout à fait tort: les élections du 16 juillet 1952 reportèrent l'Union nationale au pouvoir avec soixante-huit sièges. Et dès lors, on n'entendit plus tellement parler de descentes ni d'arrestations dans les boîtes de nuit et tripots de la métropole. Le Premier ministre ne réagit même plus quand Gérard Filion écrivit: «Il faut montrer M. Duplessis du doigt et le désigner comme le premier responsable de la multiplication des buvettes[15].» Pendant de longs mois, on eut l'impression que l'enquête Caron piétinait. Le maire Houde continuait de fermer les yeux, semblant croire que la tolérance était soeur de la sagesse.

*   *   *   *   *   *   *

8 octobre 1954. Le juge Caron publie son rapport... vingt jours avant les élections municipales. Il recommande le congédiement du chef de police Albert Langlois et suggère qu'on lui impose une amende, comme à ses deux prédécesseurs qui avaient été forcés de verser 7000 dollars. Dix-sept autres officiers supérieurs seront congédiés, condamnés à l'amende ou dégradés.

Maître Drapeau est ravi: il a bâti sa campagne électorale sur l'épuration de la ville. Il a le vent dans les voiles. La santé de l'ancien maire Camillien Houde le force à se retirer de la course. Le 28 octobre, Jean Drapeau est élu maire avec 76 188 votes contre 21 518 au candidat Adhémar Raynault et 16 188 à Sarto Fournier, l'homme de Duplessis.

Le cardinal Léger n'est pas à Montréal lors de l'assermentation du nouveau maire, car il a quitté la métropole une quinzaine de jours avant les élections en compagnie de l'aumônier du Foyer de Charité, l'abbé Ovila Bélanger. Nommé légat papal à Lourdes, à l'occasion des fêtes de clôture de l'année mariale, l'archevêque de Montréal profite de son voyage en Europe pour montrer à l'abbé Bélanger la ville de Cottolengo qui lui a servi de modèle pour fonder son propre foyer pour personnes abandonnées. Après avoir rencontré Pie XII à Rome, il se rend à Paris où il est reçu à l'Élysée par le président René Coty. Il y visite l'exposition « Bossuet et l'Histoire » avant de reprendre l'avion pour Montréal le 23 décembre, à bord d'un appareil d'Air France.

Le maire Drapeau l'attend à Dorval. Sa première question au cardinal Léger porte sur la santé du pape qui présente des troubles digestifs. Les médecins ignorent si le Saint-Père, maintenant âgé de quatre-vingts ans, souffre d'un ulcère d'estomac ou d'hyperacidité chronique. « Je veux croire qu'il va mieux, répond le cardinal, et je veux espérer que Dieu nous le gardera encore longtemps. »

L'élection du maire Drapeau ranime l'espoir qu'on va réussir à nettoyer la ville de sa corruption. À peine installé dans ses bureaux de l'hôtel de ville, le nouveau magistrat rétablit l'injustice faite à Maître Pax Plante. Il congédie le chef Langlois et nomme son confrère à la tête de l'escouade de la moralité. Le chef démis inscrit sa cause en cour d'appel.

Pendant que Pax Plante multiplie les descentes dans les *blind pigs* et les bordels, le jeune maire prend sur lui d'interdire les billards électriques.

Il n'hésite nullement à envoyer des policiers armés de masses briser en mille morceaux les objets magiques et rutilants, imitant en cela les us et coutumes du « milieu ». Mais son geste, affirme-t-il, vient de « sauver une génération en voie de perdition[16]. »

* * * * * * *

Au premier de l'an 1955, le maire Drapeau inaugure une coutume à laquelle il restera fidèle pendant douze ans. Accompagné de son père, Joseph-Napoléon Drapeau, il se rend en début d'après-midi à l'archevêché pour offrir ses voeux et recevoir la bénédiction cardinalice. Comme tous les Montréalais qui assistent à la messe de minuit du jour de l'An, à la cathédrale, le maire s'est ému, la veille, lorsque le cardinal tout de rouge vêtu est descendu du sanctuaire pour venir demander la bénédiction paternelle à son père, Ernest Léger[17].

L'archevêque et le maire de Montréal partagent un nouvel objectif : nettoyer la ville des journaux pornographiques truffés d'histoires de crimes qui inondent les kiosques. Dès le début de son mandat, le premier magistrat travaille main dans la main avec le cardinal.

Le 2 mars, premiers résultats : la police saisit des publications jugées immorales dans six kiosques à journaux et traduit les propriétaires en justice. Au même moment, l'Assemblée des évêques du Québec condamne publiquement la presse scandaleuse. Mal remis d'une bronchite qu'il traîne faute de s'aliter, le cardinal Léger utilise la radio pour rejoindre les cent vingt-cinq mille enfants de la région métropolitaine à qui il demande de lutter contre les mauvais livres :

> Hélas ! nous savons que des petits garçons et des petites filles se réunissent dans des fonds de cours ou de ruelles et se livrent à des mauvaises actions. Mes enfants, l'impureté durcit le coeur, et des criminels de douze à quatorze ans, qui sont derrière les barreaux des prisons, ont commencé à glisser sur la pente du mal en cédant aux passions de la chair[18].

L'archevêque essaie d'associer le Premier ministre Duplessis à sa lutte. Malheureusement la tiédeur de leurs relations rend leur collaboration difficile au point même que cela ennuie certains hommes politiques.

« C'est malsain que le chef d'État et le chef spirituel ne s'entendent pas, dit un jour le ministre Antonio Barrette au cardinal.

— Faites comprendre à votre chef qu'il devrait s'intéresser davantage aux questions sociales », lui répond celui-ci.

Monsieur Duplessis croit pouvoir cultiver l'amitié de l'archevêque de Montréal autrement. Le 10 juillet 1954, il se rend à l'archevêché pour lui offrir un anneau d'une valeur de 13 750 dollars puisés à même les fonds de l'État. Le cardinal Léger accepte cette améthyste sertie de quatorze diamants, mais se promet de l'offrir au pape à la première occasion. Fin diplomate, il profite d'un passage à Trois-Rivières, fief de Duplessis, pour « étrenner » l'anneau à l'occasion du couronnement de la statue de la sainte Vierge au sanctuaire du Cap de la Madeleine, en compagnie du cardinal italien Valerian Valeri. Quelques jours plus tard, il envoie une lettre de remerciements au Premier ministre dans laquelle il souligne qu'il tenait à ce que Trois-Rivières soit le « premier témoin des reflets de ce bijou. » Mais trêve de bons sentiments, il enchaîne avec le problème de l'heure : la littérature obscène. Il écrit :

> Au nom de la sainte Vierge dont le Cap célèbre les gloires en ce moment, auriez-vous la bonté de nous débarrasser de cette littérature provocante.

Dans l'enveloppe, il joint un exemplaire de l'un de ces torchons et ajoute :

> La scène d'exhibitionnisme à la page 3 dépasse tout ce que les pires revues américaines présentent à leurs lecteurs en quête d'émotions fortes[19].

Un an plus tard, le cardinal écrit à nouveau au Premier ministre pour solliciter une entrevue :

> J'aimerais causer avec vous des problèmes importants auxquels il faudrait apporter des solutions urgentes pour le bien de notre peuple. Je suppose que vous ne prenez pas de vacances... Voilà tout de même un point sur lequel nous avons des idées identiques[20].

La rencontre a lieu à l'Oratoire Saint-Joseph le 9 août 1955. Elle n'a pas le caractère privé souhaité par le cardinal puisqu'il s'agit du congrès national en l'honneur de saint Joseph auquel il assiste à titre de légat papal. Les deux hommes sont en excellente forme. Sous les acclamations de trente-cinq mille personnes, en costume d'apparat, le cardinal fait une entrée triomphale, assis dans une limousine décapotable en compagnie du maire Drapeau. Le protocole ne crée pas de problème lors des réceptions officielles, car Jean Drapeau considère un cardinal comme un pape en puissance, un prince héritier à qui revient de droit la première place. Mais n'abusant pas des bonnes intentions du maire, le cardinal demande aux organisateurs de la fête de placer monsieur Drapeau à côté de lui.

«Comme ça, explique-t-il au maire, nous pourrons discuter des problèmes de la ville et... gagner du temps[21].»

Lors du banquet de clôture, le légat papal demande publiquement au maire de continuer sa lutte contre la mauvaise littérature et toutes les puissances du mal. S'adressant cette fois à monsieur Duplessis, le cardinal lui dit d'un ton taquin:

Le Premier ministre fait un acte de foi héroïque envers Dieu et envers l'Église quand celle-ci est présente dans ses ministres qu'elle enveloppe dans du rouge[22].

Duplessis rit de bon coeur... mais il ne répétera pas tout haut ce qu'il dit tout bas: en effet, quand il parle maintenant de l'archevêque de Montréal, il parle «de l'archevêque qui porte bien son nom».

*   *   *   *   *   *   *

Le 5 avril 1956, à 23 heures, le rideau tombe sur la scène du Gésu. Un an après la mort de Paul Claudel, le Théâtre du Nouveau Monde présente à guichet fermé la première de *L'échange*. Après le spectacle, les bravos nourris obligent les comédiens à venir saluer à plusieurs reprises. Denise Pelletier, Françoise Faucher, Jean Gascon et Jean-Louis Roux s'avancent en se tenant par la main, font la révérence, puis s'éloignent pour de bon.

Dans la salle, le maire Drapeau se tourne vers son voisin, le cardinal Léger, dont il connaît l'admiration pour l'écrivain français mort à quatre-vingt-sept ans. Ce soir même, l'archevêque s'est laissé emporter par la poésie en disant du style de Claudel qu'il nous parvient «comme les vagues de la mer, les unes courtes et rapides, les autres hautes et massives, qui déferlent sur le sable avec fracas.»

Le cardinal est visiblement ému. Non seulement est-il fasciné par le théâtre de Claudel, mais en plus, il a eu la chance de le fréquenter à Rome. Il conserve précieusement la lettre que le poète lui a écrite en 1952, de l'ambassade de France en Belgique. La troupe de Jean-Louis Barrault venait de rentrer en France après une tournée au Canada. Claudel tenait à le remercier :

> Mon ami Jean-Louis Barrault m'a déjà informé de l'accueil magnifique que le public de Montréal a fait à l'hommage par lui rendu au vieux poète. Je le dois en grande partie au patronage généreux que vous lui avez accordé. C'est une obligation de plus à ajouter par moi à toutes celles que je vous ai déjà. Je pense souvent avec bonheur à cette France nouvelle...[23].

Au hasard de leurs rencontres officielles, l'archevêque et le maire de Montréal parlent souvent de théâtre et de musique.

L'amour de l'art n'est pas leur seul point commun. Tous deux aiment, par exemple se promener dans les terrains vagues que la ville songe à acquérir derrière l'archevêché, pour en planifier le développement. Lorsque le cardinal parraine une campagne de charité, le maire l'appuie. Quand, à son tour, le premier magistrat inaugure sa clinique de donneurs de sang du Vendredi saint, l'archevêque le félicite. Leur lutte commune pour restaurer le climat moral de Montréal les unit encore.

Mais leur nouvelle offensive de l'automne 1956 contre la presse jaune sera la dernière avant un bon bout de temps. Exaspéré par les couvertures de magazines, «ces vitraux illuminés directement des feux de l'enfer», le cardinal Léger s'en prend aussi à la radio «qui porte dans les foyers la chanson obscène... et des sketches provocants qui glorifient l'amour libre, le plaisir pour le plaisir, la sensualité sans la pudeur[24].»

Devant six cent cinquante convives réunis lors du banquet de la Société des artisans, le maire Drapeau demande carrément aux autorités religieuses de dénoncer nommément les journaux jaunes, «ces publications dont le caractère immoral et les desseins pernicieux ne font pas de doute». Il va même plus loin :

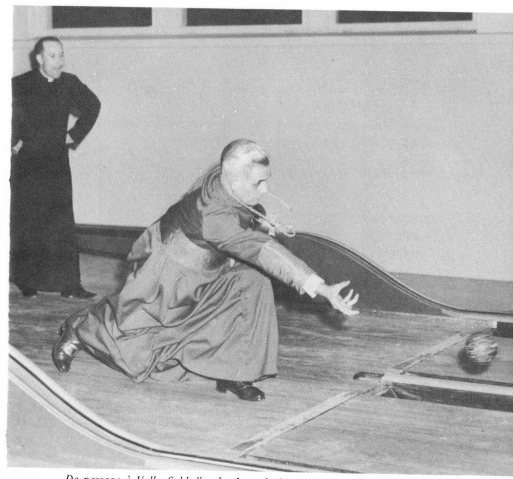

De passage à Valleyfield, l'archevêque de Montréal jouant aux quilles.

Le danger du communisme pourrait bien devenir autre chose qu'un épouvantail si la corruption dans l'administration, le triomphe de l'immoralité, la perte du sens civique ne cessent d'être une plaie hideuse qui s'avive sans cesse.

Hélas! le maire crie dans le désert. Des changements qu'il n'avait pas prévus se préparent : à l'été 1957, la cour supérieure ordonne à la Ville de réinstaller l'ancien chef Langlois dans ses fonctions. Le chef de police règle ses comptes. Il s'empresse de muter Pax Plante au Service des archives et le congédie quelques mois plus tard.

Taxant l'enquête Caron de supercherie, le chef Langlois affirme que la corruption s'est installée à Montréal en son absence. Pire que tout : Jean Drapeau perd sa mairie aux mains de Sarto Fournier, le 28 octobre 1957. Au lendemain de la défaite, l'ex-maire se rend à l'archevêché pour prendre congé du cardinal.

Le départ de son ami laisse songeur l'archevêque de Montréal. Ses contacts avec l'ancien maire Camillien Houde ont toujours été chaleureux malgré les liens de ce dernier avec Duplessis. Mais que lui réserve le nouveau maire Fournier, lui aussi proche du Premier ministre?

*   *   *   *   *   *   *

Rien ne va plus pour l'archevêque de Montréal depuis quelque temps. Pendant l'été 1957, il organise des corvées dans le nord de la ville où l'on construit l'Institut Dominique Savio pour y loger les cent quatre-vingts garçons de neuf à dix-huit ans parqués dans un véritable taudis appelé Les Buissonnets sur la rue Sainte-Catherine. Le vieux bâtiment est non seulement dangereux mais insalubre. Le Père supérieur, Yvon Vincent, est hanté par la crainte d'un incendie. L'édifice ne compte pas d'extincteurs automatiques et l'escalier de secours est tellement peu sûr que l'on n'ose même pas entreprendre les exercices de sauvetage réglementaires. De plus, les orages provoquent des inondations dans les cuisines, le réfectoire et la salle de jeu. À un certain moment, les enfants ont compté jusqu'à quinze rats.

Il faut faire vite. L'archevêque trouve un terrain libre qui permettra aux jeunes garçons de jouir du plein air. Pour accélérer la construction, il demande l'aide de la population et participe lui-même aux travaux de défrichement.

A-t-il présumé de ses forces? À peine revenu d'un voyage éclair à Saskatoon, entre deux corvées à Dominique Savio, le cardinal file à l'Hôtel-Dieu pour y subir des examens médicaux.

« Vous avez une hernie, diagnostique le docteur Bruneau. Il faut opérer. »

L'intervention chirurgicale a lieu le 18 juillet 1957. Les secrétaires de l'archevêque se disent que, cloué au lit, leur patron va enfin accepter de se reposer, mais ils se trompent. Les assistants, l'économe et le cérémoniaire défilent tour à tour dans la chambre du malade qui expédie les choses courantes comme si de rien n'était.

* * * * * * *

L'horloge électrique n'indique pas encore la demie de sept heures lorsque Paul-Émile Léger pousse la porte de la chambre de sa mère, à l'Hôtel-Dieu. Malgré l'heure matinale, la chaleur du mois d'août remplit la pièce.

En entendant ses pas, la malade soulève les paupières. Un soupir de soulagement se lit sur son visage pâle et amaigri. Le voilà enfin son fils qu'elle réclame depuis trois heures du matin : « Je veux que Paul vienne me donner les derniers sacrements », a-t-elle répété avec difficulté jusqu'au petit matin.

Tout brûlant d'une fièvre consécutive à des complications post-opératoires, l'archevêque embrasse sa mère mourante. Puis il se dirige vers la table recouverte d'une nappe blanche sur laquelle il dépose l'huile sainte. Il met l'étole violette sur ses épaules et s'approche de nouveau du lit de sa mère à qui il présente le crucifix à baiser : « *Asperges me, Domine* », dit-il ensuite en l'aspergeant et en traçant la forme de la croix.

Ses gestes sont précis et sa voix, ferme. Seuls ses yeux trahissent le chagrin qui le dévore.

L'agonie de sa mère se poursuit depuis six jours. Le 4 août, au moment où s'achevait l'ordination de deux jeunes prêtres à Saint-Bernard de Lacolle, l'un de ses secrétaires lui avait dit au téléphone :

« Votre mère est tombée paralysée à dix heures ce matin. »

L'archevêque rentre à Montréal d'urgence. Il comprend par les longues explications du docteur Léopold Morissette, son propre médecin et celui de sa mère, que la fin est proche. Depuis cet instant, il a passé tous ses moments de liberté à son chevet.

Alda Léger faiblit à vue d'oeil. Elle parle souvent de la mort avec une infirmière qui la soigne durant la journée. « Je suis prête à partir », dit-elle à celle-ci qui est frappée par son renoncement et sa patience.

*　*　*　*　*　*　*

Le 11 août, garde Yvette Aubin rentre de vacances. Elle s'approche de sa voiture garée dans le terrain de stationnement de l'hôpital. Une note a été glissée entre le pare-brise et l'essuie-glace. Elle déplie la feuille et reconnaît l'écriture du docteur Morissette, qui est son patron depuis une dizaine d'années :

« Madame Léger, hémiplégie. Te réclame chaque jour. Communique avec moi. »

Yvette Aubin est bouleversée. La veille de son départ, une semaine plus tôt, elle avait bien remarqué que madame Léger, sa « deuxième mère », paraissait mal en point. Elle avait même songé un instant à remettre son voyage, mais la vieille dame l'en avait dissuadée.

« Pars sans crainte, lui avait-elle dit pour la rassurer. Ça va aller. »

L'infirmière court dans le corridor de l'Hôtel-Dieu. Près de la porte de madame Léger, une garde-malade l'interpelle.

« Enfin ! ce qu'elle va être contente ! Toute la semaine, elle a répété « Yvette », « Yvette »... »

La malade paraît soulagée en voyant garde Aubin.

« Occupe-toi de Paul, lui recommande-t-elle. Comme ça tu vas continuer de m'aider. »

391

D'un geste, elle pointe l'index vers un sac noir en étoffe, placé dans le haut du placard et ajoute :

« Tu le lui remettras en main propre comme je te l'ai déjà demandé[25]. »

Le dimanche soir, l'état de madame Léger semble s'aggraver. Garde Aubin téléphone au docteur Morissette qui passe la fin de semaine à la Pointe-aux-Anglais. Il accourt à l'Hôtel-Dieu.

Le cardinal Léger se traîne jusqu'à la chambre de sa mère, avec 39,5 degrés de fièvre. Garde Aubin lui administre des antibiotiques et l'envoie se coucher dans une chambre qu'on lui a réservée à l'étage supérieur.

« J'irai vous chercher si c'est nécessaire », promet-elle.

Le médecin recommande au cardinal de garder le lit toute la journée du lendemain. Après avoir averti son frère Jules en poste à Paris de la gravité de la situation, l'archevêque descend à la chambre de sa mère vers 21h30. Il n'y reste qu'un quart d'heure. À 22 heures, on le rappelle d'urgence. Il arrive juste à temps pour recueillir son dernier soupir. Alda Léger avait soixante-dix-sept ans, comme sa mère quand elle est morte.

Les infirmières s'éloignent emportant le sérum hors de la chambre. Le cardinal Léger s'effondre au pied du lit. Il pleure toutes les larmes de son corps. Derrière lui, son père reste droit et stoïque. Mais son fils ne le voit pas. Il ne pense qu'à sa mère qui vient de mourir. Un ressort s'est brisé en lui à tout jamais.

*   *   *   *   *   *   *

Les jours qui suivent ne comptent plus. Le cardinal s'enferme dans sa chambre à l'Hôtel-Dieu et ne descend que quelques instants au salon rose de l'hôpital où sa mère est exposée, pour disparaître tout aussitôt. Les membres de sa famille, ses prêtres, ses filles de Valleyfield lui témoignent leur sympathie mais, anéanti par la douleur et la fièvre, il les voit à peine.

Son frère Jules arrive de France avec sa famille la veille des funérailles. Incapable de présider la cérémonie qui se tient à l'église

Notre-Dame, l'archevêque demande à monseigneur Chaumont de le remplacer. Vêtu d'une simple soutane noire sur laquelle il a jeté une longue pèlerine, il prend place avec sa famille dans la nef à côté du cercueil. Malgré la chaleur du jour, il grelotte dans la cathédrale remplie comme un jour de fête.

Après la cérémonie, une femme regarde l'archevêque de Montréal sortir de l'église et dit à sa compagne :

« Mais, c'est lui qui va mourir ! »

Le cardinal suit le cortège comme un automate. Il pense, comme l'écrivain français René Bazin, qu'on devient vieux le jour où l'on perd sa mère.

Dans la limousine qui conduit la famille Léger au cimetière de Valleyfield, tout le monde est silencieux. Le cardinal se recueille une dernière fois au pied de la tombe et dit intérieurement :

« Adieu, chère Maman, et réserve-moi une belle place auprès de toi au ciel. »

Derrière lui, son père, cloîtré dans le silence depuis la mort de sa femme, laisse échapper :

« Alda, viens me chercher. »

*   *   *   *   *   *   *

Trois mois plus tard, le 21 novembre 1957, jour de son quatre-vingtième anniversaire de naissance, Ernest Léger meurt lui aussi. Depuis que sa femme l'avait quitté, il avait renoncé à vivre.

Le cardinal avait convaincu son père de s'installer à l'archevêché, tout près de lui. Mais ce dernier s'ennuyait au quatrième étage du sombre édifice de la rue de la Cathédrale. Brisé par le chagrin, lui aussi, son fils se réfugiait dans la solitude, étranger au désespoir du vieillard.

Les activités du cardinal s'étaient limitées aux réceptions officielles, comme celle offerte au maire de Madrid, accompagné de la fille du général Franco, et aux réunions du Conseil des gouverneurs de l'Université où se décidait le sort de l'hôpital universitaire, projet qui lui tenait à coeur.

Le souvenir de sa mère le hantait. Il reçut l'une après l'autre les infirmières qui avaient pris soin d'elle pendant sa maladie. Le cardinal voulait connaître ses dernières paroles. Il parut ému d'entendre garde Lavallée lui décrire l'instant où, d'après elle, la Vierge était apparue à la vieille dame...

À la fin du mois d'août, l'archevêque de Montréal connaît une nouvelle épreuve : la cathédrale Saint-Jacques qu'il venait de confier à la Vierge en la rebaptisant Marie-Reine-des-Coeurs subit un début d'incendie. Les flammes ont pris naissance dans un amas de bois de rebut abandonné sur le toit du transept est du temple, où se poursuivent des travaux de réfection. Les cent vingt-cinq pompiers accourus maîtrisent l'incendie, mais les dommages sont élevés.

Au quatrième étage de l'archevêché, Ernest Léger se languit. L'économe de la maison, l'abbé Laurent Cadieux, cherche à l'occuper en le faisant descendre à la chancellerie où il découpe les journaux. Le reste du temps, le vieillard lit son journal en fumant la pipe.

« Le dimanche, c'est mortel », confie-t-il à la fidèle garde Aubin qui ne manque pas de lui rendre visite.

Un jour, il se plaint que ça ne va pas.

« J'ai mal à un pied », lui dit-il en enlevant son soulier.

L'infirmière l'examine. On dirait un pied de cire. Glacé.

« Restez la jambe étendu, lui suggère-t-elle. Et surtout, marchez le moins possible[26]. »

Sans attendre, elle communique avec un spécialiste des maladies cardio-vasculaires qui confirme ses craintes : les artères sont bouchées. Il faut l'hospitaliser d'urgence et peut-être lui amputer le pied. Mais après douze jours d'hospitalisation, le vieil homme s'éteint doucement, sans une plainte.

Il avait fumé sa pipe jusqu'à la fin. Longtemps après, le cardinal revoyait encore en imagination les yeux de son père que la fumée aveuglait. Il se reprochait de ne pas avoir pris le temps de s'asseoir avec lui pour fumer une bonne pipe, les longs dimanches après-midis tandis que l'archevêché somnolait.

Ernest Léger avait pris l'habitude de se rendre à la chapelle un peu avant sept heures le soir.

« Je m'en vais au chapelet, disait-il. Ça va me donner l'occasion de voir mon fils[27]. »

Dans la chapelle, le vieil homme choisissait un siège dans un coin retiré. Il se couvrait le visage de ses deux mains et pleurait doucement.

Références — Chapitre XIX

1. Jean Drapeau.
2. McKenna, Brian et Purcell, Susan, *Jean Drapeau*, Montréal, Stanké, 1981, p. 98.
3. *La Presse*, 24 juin 1950.
4. MacKenna, Brian et Purcell, Susan, *op. cit.*, p. 100.
5. Stanké, Alain et Morgan, Jean-Louis, *Pax, lutte à finir avec la pègre*, *op. cit.*, p. 152.
6. *Le Canada*, 5 février, 1952.
7. *Le Devoir*, 17 novembre 1951.
8. *Ibid.*
9. *Notre Temps*, 24 novembre 1951.
10. *La Patrie*, 5 octobre 1954.
11. *Le Devoir*, 23 janvier 1952.
12. *Le Devoir*, 16 juin 1952.
13. *Le Devoir*, 22 novembre 1951.
14. *Le Devoir*, 6 décembre 1951.
15. *Le Devoir*, 8 septembre 1954.
16. *Jean Drapeau, op. cit.*, p. 113.
17. Jean Drapeau — Marie-Jeanne Brochu.
18. *Le Devoir*, 6 avril 1955.
19. Black, Conrad, *op. cit.*, p. 395.
20. *Ibid.*, p. 397.
21. Jean Drapeau.
22. *La Presse*, 4 septembre 1956.
23. Lettre de Paul Claudel au cardinal Paul-Émile Léger, le 12 novembre 1952.
24. Robillard, Denise, *op. cit.*, p.
25. Garde Yvette Aubin.
26. *Ibid.*
27. Chanoine Laurent Cadieux.

Chapitre XX
La mort du Père

À l'orée de 1958, l'archevêque de Montréal sort de la léthargie dans laquelle il baigne depuis la mort de ses parents. Le sommeil qu'il a cherché en vain pendant de longs mois revient. Petit à petit, il chasse de son esprit les images chargées de sombres souvenirs.

La nuit de Noël, son premier Noël sans ses parents, il circule en voiture avec son fidèle chauffeur, Antonio Plouffe, dans les rues décorées de Montréal. Il se plaît à imaginer, derrière les carreaux enneigés, des familles heureuses et unies en train de réveillonner.

Brusquement, une scène insoutenable le frappe de plein fouet : des jeunes gens, presque des enfants, sortent en titubant d'un club de nuit médiocre. L'un d'eux vacille, puis tombe dans la gadoue en vociférant des blasphèmes devant ses camarades qui s'esclaffent grossièrement.

Le cardinal Léger soupire tandis que sa voiture s'éloigne. Elle est belle, la ville aux cent clochers ! Montréal compte plus de débits de boissons alcooliques que d'églises. Bien sûr, l'opinion publique a été alertée tant et plus et les autorités sont intervenues. Mais leur action était-elle autre chose qu'une simple manoeuvre politique ? Il faut débarrasser la ville de cette plaie que sont les filles publiques dont la présence dans nos murs suppose une tolérance inexplicable, pense-t-il.

Ce ne sont pas de méchantes femmes. Des victimes plus que des coupables, comme il a pu s'en rendre compte à l'occasion de ses visites de prisons. Il ne peut s'empêcher de sourire en pensant au mouchoir initialé qu'il a lancé à une prostituée qui reniflait désespérément pendant la cérémonie de confirmation qu'il présidait dans un pénitencier. Après la messe, émue et soulagée, la jeune femme lui demanda la faveur de garder le mouchoir en souvenir...

L'archevêque croit qu'il faut réagir plus que jamais. Déjà le visage de Montréal montre des taches lépreuses. Le maire Drapeau n'est plus à ses côtés pour lutter. Son successeur semble peu enclin à dénoncer les abus criants de l'alcool. D'ailleurs, un malaise existe entre les deux hommes depuis le jour où le sénateur Sarto Fournier, qui s'adressait aux membres d'un club social, a affirmé que l'archevêque devait sa nomination aux pressions exercées par son frère Jules sur le Premier ministre du Canada dont il était le secrétaire. Le délégué apostolique Antoniutti réagit violemment à cette sortie et Jules Léger offrit sa démission à Louis Saint-Laurent qui la refusa.

Devenu maire, Sarto Fournier, qui veut sans doute impressionner le cardinal Léger, multiplie les gestes d'éclat. Le 9 novembre précédent, lors de la bénédiction de l'hôpital Sainte-Justine, le premier magistrat s'est mis en frais de lire un long passage des réflexions de saint Jean-Chrysostome. Son envolée oratoire s'éternisait. Le Premier ministre Duplessis le rappela à l'ordre en tirant sur sa redingote :

« Assieds-toi, Sarto ».

Non, ce n'est certes pas avec le maire Fournier que le cardinal Léger poursuivra sa lutte. À l'occasion du nouvel An, journée toute indiquée pour prendre de bonnes résolutions, l'archevêque signe un message qui ressemble à une protestation indignée et laisse présager ses intentions pour 1958.

Des lois imprécises, des protestations occultes, des intérêts sordides permettent la multiplication des endroits de jeux, des cabarets de débauche, des débits de boisson où une jeunesse insouciante perd son corps et son âme...

Nous ne craignons pas de déclarer que les éditeurs et les vendeurs habituels de feuilles obscènes sont des pécheurs publics...

Les endroits de jeux doivent être fermés puisque le code criminel les prohibe.

Les organisateurs des spectacles déshonnêtes et scandaleux doivent être sévèrement punis...

Et pour que tous sachent Notre pensée sur ce point, Nous affirmons que l'ouverture d'un cabaret, d'un grill ou de tout autre débit de boisson dans les limites du diocèse de Montréal se fait contre Notre volonté...

Le message porte. Dans les églises, les curés citent de longs extraits des voeux du jour de l'An du cardinal. Le directeur du *Devoir*, Gérard Filion a, lui aussi, deux mots à dire aux Montréalais qui, à divers degrés, sont tous responsables de ce qui se passe. Car s'il se vend chaque semaine cinq cent mille exemplaires de journaux pornographiques dans le Québec, c'est parce qu'il y a cinq cent mille acheteurs... Même chose pour les spectacles dans les cabarets où de braves gens qui ont mis en congé leur conscience se pressent aux portes pour voir un spectacle *hot*. Il conclut énergiquement :

Ce qu'il y a d'humiliant, c'est que l'autorité religieuse en soit venue à la dure réalité de faire elle-même la police des moeurs. Si nous avions eu à Montréal une population organisée, avec un sens plus aigu de la propreté, l'archevêque de Montréal n'aurait pas eu besoin de dénoncer la corruption du palais d'Hérode[3]...

* * * * * * *

Le chef de police Langlois se défend bien d'avoir été ébranlé par la protestation véhémente de l'archevêque de Montréal. S'il a décidé d'asséner le coup de grâce aux cabaretiers délinquants, c'est parce qu'il veut que les spectacles redeviennent décents... comme ils l'étaient avant son départ. Or d'après l'enquête que ses hommes ont effectuée durant les fêtes, la situation s'est franchement détériorée. Certaines danses dites « exotiques » sont carrément indécentes.

Le chef ne fait pas les choses à moitié. Le 8 janvier 1958, il convoque une centaine de propriétaires et de gérants de clubs de nuit à la cour municipale. Habillés en gentlemen, ils s'installent dans la salle comme de bons écoliers.

La casquette bien enfoncée sur sa tête, le chef Langlois replace le col de sa tunique et entre au pas militaire encadré par deux lieutenants-détectives. Dans la salle d'audience, le silence est complet. Sans élever la voix, le chef explique, d'un ton amical, les mesures qu'il entend prendre pour épurer les moeurs.

« Je vous préviens officiellement que les spectacles répréhensibles doivent cesser, ajoute-t-il. Votre personnel doit rentrer sur la scène décemment vêtu et le rester. Je serai *tough*[4].

Qu'entend-il au juste par « vêtu décemment » ? Le chef Langlois expose alors son code de moralité :

> La danseuse devra être vêtue au moins d'un soutien-gorge et d'une culotte. Elle ne devra pas se déshabiller en public. Elle ne parlera plus au client. Elle devra bannir de son numéro toute contorsion indécente. Elle ne sera pas accompagnée de son ami (*bum*). Elle ne devra pas se rouler par terre. Tout cri ou toute manifestation dont le but serait de mettre son corps en valeur ne seront plus permis. Et si c'est trop lui demander, qu'elle aille laver la vaisselle...[5]

Après l'exposé du chef Langlois, loin de claquer les portes, les cabaretiers se disent d'accord. Ils l'entourent même chaleureusement et lui promettent leur entière collaboration.

* * * * * * *

Au petit écran, le chef Langlois annonce aussi qu'une escouade spéciale formée de soixante-quinze policiers verra à l'application du code de moralité destiné aux danseuses.

Pour une partie de la presse tout au moins, il s'agit là d'un feu de paille, voire d'une mise en scène plus drôle que convaincante. L'hebdomadaire *Vrai* se demande si le chef convoquera aussi les voleurs pour leur demander de ne plus dévaliser les banques[6], tandis que le directeur du *Devoir* se moque de lui :

> Le chef Langlois a trouvé expédient de convoquer à son bureau les délinquants et de leur tenir un langage de copain : « Mes agneaux,

vous voyez que l'opinion s'alarme. Alors soyez sages, mettez des soutien-gorges à vos danseuses. » Et les agneaux de monsieur Langlois ont poussé un bêlement d'acquiescement...[7]

Mais le Comité de moralité de la Ligue d'action civique de l'ex-maire Drapeau prend au sérieux les promesses du chef Langlois. Un mois après ses déclarations de guerre au vice, ce comité remet au maire Sarto Fournier les noms et adresses de quatre cabarets où des spectacles indécents sont présentés régulièrement. Le maire confie l'enquête au chef Langlois qui fait surveiller les établissements en question et affirme : « Les plaintes portées contre les dits établissements nous apparaissent sans fondement. »Personne n'est dupe. Exaspéré, l'un des membres du Comité exécutif, Pierre Desmarais, s'écrie, rouge de colère :

« On voit ça d'ici. Les danseuses arrivent sur la scène en soutien-gorge, en culotte ou en maillot de bain et elles se tiennent debout comme des madones[8] ! »

Les Montréalais n'ont encore rien vu ! Au cours des mois qui suivent, des journalistes écrivent en toutes lettres qu'un bordel fonctionne sans être inquiété dans le « Red Light », quartier des prostituées de la rue Saint-Laurent. D'autres affirment qu'un *blind pig* de la rue Mansfield, supposément fermé depuis des mois, fait des affaires d'or. « C'est faux, répond Joseph-Marie Savignac, président de l'exécutif du Conseil municipal. Les dirigeants de la police des liqueurs de Montréal m'ont affirmé que cet établissement avait fait l'objet d'une descente et était fermé[9]. »

L'opinion se rend bientôt compte que les engagements du chef Langlois ne valent pas cher. Il a beau répéter que les spectacles ne sont plus obscènes et les *blind pig* fermés à tout jamais, on recommence à voir des seins nus sur la scène. Les *call-girls* sortent de leurs cachettes et les clubs illégaux poussent comme des champignons.

* * * * * * *

De son bureau, sis rue de la Cathédrale, le cardinal Léger suit les événements au jour le jour. Deux religieuses attachées à son service découpent minutieusement les journaux et classent les découpures selon les sujets. En cette année 1958, le dossier consacré à la campagne de moralité est particulièrement chargé.

Rien n'échappe à l'archevêque qui a appris au fil des ans à lire étonnamment vite. Malgré ses nombreuses occupations, il se fait un devoir de passer les journaux au crible. Les audiences quotidiennes lui permettent aussi de glaner une foule de renseignements. Juges, policiers, conseillers municipaux et députés se font d'ailleurs un devoir de le tenir au courant de tout ce qui se dit mais ne s'écrit pas.

Dans sa lutte contre le vice, il a parfois l'impression de faire cavalier seul. Au début de l'année, l'idée lui vient de solliciter de nouveaux appuis auprès des chefs spirituels de la métropole qui confessent une autre foi que la sienne. Sonner le ralliement des croyants! Voilà ce qu'il souhaite réaliser. Aidé de ses collaborateurs, il prend contact avec les évêques protestants, les rabbins juifs, les patriarches anglicans et les popes orthodoxes. Pour la première fois dans l'histoire de Montréal, les différents chefs religieux apposent leur signature au bas d'un manifeste commun qui dénonce les journaux obscènes, les spectacles immoraux et lance un pressant appel aux autorités civiles.

Lors de la signature de ce manifeste au Cercle universitaire, rue Sherbrooke, le cardinal Léger, initiateur de cette «première» oecuménique, prend la parole:

> Aussi longtemps que des hommes de bonne volonté peuvent se rassembler pour réaliser un projet commun par l'union de leur énergie et de leur idéal, aucun objectif n'est trop haut, aucun espoir n'est vain[10].

S'il pouvait au moins empêcher les journaux jaunes de pénétrer dans les foyers. Hélas! il n'arrive pas à convaincre les autorités que seul un bureau de censure semblable à celui qui régit la distribution des films serait efficace dans le domaine des publications. Il arrive quand même que la justice traîne en cour des éditeurs de revues obscènes, mais les résultats qui découlent de ces poursuites sont bien maigres. Le 14 janvier 1958, le juge Henri

Monty de la cour municipale condamne l'éditeur de *Jour et Nuit* à 500 dollars d'amende pour avoir publié et vendu des écrits et des images obscènes. Peu après, le juge Georges Robert exige du propriétaire de Rirathon une amende de 75 dollars pour une offense semblable. Jacques Hébert, du journal *Vrai*, est tout simplement furieux. Quand on connaît les bénéfices fantastiques réalisés par la presse ordurière, écrit-il, on ne trouve pas suffisante l'amende imposée par le juge Monty.

Jacques Hébert va trop loin aux yeux des magistrats. Dans la livraison de *Vrai*, le 25 janvier, il met en parallèle la sentence de deux ans de prison frappant un adolescent de seize ans qui avait volé quelques caisses de bières vides et l'amende de 500 dollars imposée à l'éditeur de *Jour et Nuit*, « une feuille jaune qui empoisonne les adolescents depuis des années[11] ».

Dix-huit jours après la sortie de Jacques Hébert, le juge Wilfrid Lazure reconnaît le journaliste coupable de mépris de cour et le condamne à 300 dollars pour outrage au tribunal en déclarant qu'attaquer la justice est infiniment plus grave que publier des feuilles obscènes[12].

Lorsque l'archevêque de Montréal s'exclame : « Je condamne ces journaux et (...) j'accepte d'être traîné devant les tribunaux civils plutôt que de me taire », certains y voient un geste de solidarité à l'égard de Jacques Hébert[13].

Malgré ses déboires judiciaires, le directeur de *Vrai* continue sa lutte. Il s'en prend au propriétaire d'*Ici Montréal* et président des *Distributions-Éclair*, Berthold Brisebois, qui a adressé une lettre aux marchands de journaux dans laquelle il soutient « qu'aucun prêtre n'a le droit d'interdire une lecture à moins que les autorités de l'Index ne se soient prononcées. *Allo-Police*, entre autres, ne tombe sous aucune des vingt-six catégories prévues par l'Index. » Faux, répond Jacques Hébert, « les publications immorales (...) relèvent de la loi morale et naturelle et en ce domaine les évêques et les prêtres peuvent et doivent guider les consciences...[14] ».

Certains magnats de la presse jaune commencent à s'inquiéter. Sans baisser de façon vertigineuse, les affaires se ressentent de la campagne d'assainissement car certains marchands de journaux refusent désormais de vendre leurs publications. Malgré les menaces dont ils sont parfois l'objet, ils affichent bien haut les pancartes que distribue gratuitement le Comité de moralité publique et qui se lisent comme suit :

Par respect pour nos clients,
NOUS NE VENDONS PAS
de journaux à scandales,
ni de publications ordurières[15].

Visé par la campagne plus que tout autre journal, *Allo-Police* émet une suggestion qui pourrait, croit-il, rallier les propriétaires et éditeurs des publications frappées d'ostracisme et les défenseurs de la morale. Il propose la mise sur pied d'un tribunal d'honneur placé sous le patronage du cardinal où comparaîtraient les responsables des journaux dénoncés et qui leur permettrait de plaider leur cause en toute justice[16]. On ne donne pas suite à ce projet.

Pour les propriétaires de journaux obscènes, tous les moyens sont bons pour échapper aux condamnations de l'archevêque de Montréal. L'un d'entre eux cite même les allocutions de Pie XII dans sa défense. Le cardinal en est choqué. C'est un sacrilège, réplique-t-il, que «de traîner le nom du Vicaire de Jésus-Christ dans un tel cloaque d'immondices[17]».

Le Saint-Père est au courant de la vaste campagne d'épuration entreprise dans le diocèse de Montréal car, lors de son dernier passage à Rome, le 25 mai, au retour d'Orléans et de Lourdes, l'archevêque de Montréal lui en a longuement parlé. Le félicitant pour son initiative, le pape l'a encouragé à poursuivre son oeuvre.

«L'épiscopat italien tente actuellement de suivre votre exemple», a-t-il ajouté.

Dès son retour à Montréal, il repart en croisade aux côtés, cette fois, de ses fidèles ligueurs du Sacré-Coeur, organisme voué à la lutte pour la moralité. Mais ceux-ci poussent trop loin leurs scrupules en dénonçant comme immodestes les annonces de soutien-gorges dans *La Presse* !

Inutile de dire qu'ils s'attirent avec leur achevêque sarcarmes et moqueries. Certains vont jusqu'à prétendre que ce dernier finira par se lasser de tant s'époumonner pour une cause perdue. Le cardinal ne laisse pas passer l'insinuation. À l'assemblée des ligues du Sacré-Coeur, il affirme :

Mes chers ligueurs, tant que je vivrai, je crierai[18].

* * * * * * *

Même si sa mère est morte depuis bientôt un an, le cardinal Léger reste enclin à la tristesse. Cette perte lui a fait découvrir combien les hommes ont besoin de la chaleur et de l'affection maternelle. Dans son journal intime, il essaie d'exprimer ce qu'il a ressenti :

La mort de mes parents fut pour moi une épreuve totale. C'est comme si Dieu lui-même m'avait abandonné. Durant une année, ma vie intérieure fut un immense vide. Petit à petit, la confiance revint, mais la plaie n'est pas cicatrisée. C'est par elle que passe mon espérance... Oui, nous nous reverrons.

Son épuisement physique n'aide pas son moral. L'archevêque consent enfin à suivre les conseils de son médecin, sauf celui de partir en vacances. À cette époque, il va régulièrement consulter le docteur Léopold Morissette, un « ancien » du collège de Montréal avec qui il s'amuse à parler latin. Le médecin le reçoit entre les heures de bureau. Quand il arrive incognito dans son officine du Chemin-de-la-Reine-Marie, le docteur Morissette l'invite à s'asseoir et prend le temps voulu pour l'écouter.

« Vous avez besoin de béquilles, conclut-il à la blague. Allez voir ma gérante. »

Au laboratoire, Garde Aubin administre au cardinal l'injection prescrite par le médecin et l'archevêque quitte ensuite le bureau comme il est venu, par la porte de derrière, non sans promettre de se reposer... quand, évidemment, la chose sera possible ! D'ailleurs, pourquoi s'alarmer inutilement ? Les premières radiographies pulmonaires prises en 1950 indiquaient la présence d'une tache possiblement cancéreuse... et il est toujours bien vivant.

Malgré sa piètre condition physique, ses journées n'ont pas assez de vingt-quatre heures. Le cardinal doit bousculer un peu ses derniers visiteurs, expédier une ou deux affaires urgentes et filer, par exemple, au Mount Steven Club où se tient un grand dîner en l'honneur du passage à Montréal de la princesse Margaret. L'archevêque apprécie la compagnie de la jeune femme qu'il a connue à Rome alors qu'il était recteur au Collège canadien. Néanmoins, ce genre de sortie lui pèse parfois. D'autant plus qu'il a eu, au cours de cet après-midi du 5 août 1958, un avant-goût de ce que lui réservait la soirée.

Les invités se trouvaient à l'hôtel-de-ville où la princesse venait de signer le Livre d'or. Elle déposa la plume et se leva pour céder sa place au maire Sarto Fournier qui devait, lui aussi, apposer sa griffe. Gaffeur comme pas un, celui-ci s'exclama alors en s'assoyant :

« Qu'il fait bon de sentir la chaleur d'une princesse sur un siège ! »

Le dîner d'apparat se déroule fort agréablement. La princesse cause longuement avec l'archevêque. Après le café, le maire Fournier invite la jeune femme à participer au bal, mais prétextant sa lassitude, elle décline l'invitation. Sachant que mille Montréalais espèrent sa présence, il insiste. Le cardinal vient à la rescousse du magistrat qui ne peut la prier davantage.

« *It will be a nice affair*, promet-il.

— Y serez-vous, Éminence, demande alors la princesse ?

— Bien non, répond l'archevêque.

— Dans ce cas, fait la princesse pour clore la discussion, je ne me sens pas non plus, comment dites-vous, *up to it*[19]. »

*   *   *   *   *   *   *

À Rome, Pie XII vient d'être frappé de paralysie. Nous sommes le 6 octobre 1958. L'archevêque de Montréal l'apprend de la

406

bouche même du nouveau délégué apostolique à Ottawa, monseigneur Giovanni Panico :

« La fin est proche », a ajouté celui-ci sans plus.

L'archevêque de Montréal insiste. Il veut connaître tous les détails. Il n'ignore pas que le Saint-Père souffre depuis longtemps d'une hernie de l'oesophage. Deux ans plus tôt, un hoquet avait bien failli l'emporter. Mais il s'en était complètement remis. Qu'est-ce donc qui a provoqué cette attaque soudaine ?

La veille, le pape s'était levé comme d'habitude même s'il n'avait pas pu fermer l'oeil de la nuit. Il voulait accorder l'audience publique du dimanche matin, dans la cour de la villa pontificale, à Castelgandolfo. Il s'avança vers le balcon et d'une voix ferme et nette, que trahissaient cependant quelques fléchissements, il s'adressa à la foule et la bénit. Avant de s'éloigner, il leva le bras et articula d'une voix à peine audible : « À Dieu ![20] »

Le lundi, il paraissait moins souffrant et plus détendu. Il parlait avec ses proches du temps qu'il faisait quand brusquement un malaise s'empara de lui. Ses médecins le transportèrent d'abord sur le divan, puis dans son lit. Ils parvinrent à conjurer la paralysie, mais devant l'aggravation de son état, ils mandèrent sa soeur Elisabetta et ses trois neveux Carlos, Marcantonio et Giulio qu'il avait fait princes en vertu d'un pouvoir que détenaient les successeurs de Pierre. Le Père Hendrich, son bibliothécaire, lui administra alors l'extrême-onction.

La radio vaticane est d'abord restée vague sur la gravité de la maladie du pape, mais grâce aux messages du délégué, le cardinal Léger suit de loin l'agonie du Saint-Père. Cependant, signe des temps, cardinaux romains et hommes politiques commencent à affluer à Castelgandolfo où le souverain pontife lutte contre la mort. Le soir, ses proches croient déceler une amélioration. Assis dans son lit, Pie XII demande même qu'on lui passe le disque de la première symphonie de Beethoven. Après un léger dîner, il s'endort paisiblement. Mais à l'aurore, une nouvelle crise le prive de sa connaissance. Il fait 41 degrés de fièvre, souffre de difficultés respiratoires et ses reins ne fonctionnent plus. Ce n'est plus qu'une question d'heures. Rivée à son chevet, sa fidèle gouvernante, soeur Pasqualina, humecte périodiquement les lèvres du mourant.

À 3h52 du matin, la *madre* prend le crucifix sur la poitrine du pape et le place près de sa bouche tandis qu'au pied du lit, monseigneur Domenico Tardini récite des prières. Le docteur Garbarrini place son stéthoscope sur la poitrine du défunt, prend son pouls, et dit:

« E morto[21]. »

Médecins et garde-malades revêtent le corps du Saint-Père des traditionnelles robes blanches et posent sur sa poitrine, entre ses mains jointes, le crucifix et le rosaire d'or et d'ivoire. Le corps est ensuite exposé dans la grande salle des gardes suisses, avant d'être transporté dans la Ville éternelle.

* * * * * * *

Le cardinal apprend la nouvelle du décès du pape au bulletin télévisé de Radio-Canada, à 23 heures du soir. Il s'était préparé à cette mort et pourtant, elle le touche profondément. Pie XII était tellement identifié à sa fonction que l'archevêque de Montréal avait fini par l'imaginer éternel.

Autour de lui, les prêtres ne l'ont jamais vu aussi distant. Même ses proches lui deviennent étrangers. Déjà attéré par la mort de sa mère et de son père, voilà que meurt à son tour, moins d'un an plus tard, l'homme qu'il a le plus aimé et admiré. Ce nouveau deuil le consume. Le message qu'il laisse aux Montréalais, avant de s'envoler vers Rome, n'a pas la chaleur à laquelle il a habitué ses diocésains:

— L'Église catholique est en deuil, dit-il. Son Chef est tombé, terrassé sur la ligne de feu où il se tenait debout depuis vingt ans. Malgré une constitution plutôt faible, il dépensa une somme d'énergie incalculable à faire rayonner sur la terre le règne de Dieu...[22] »

Au cours des années précédentes, l'archevêque s'était beaucoup inquiété de la santé fléchissante du Saint-

Père. Lors de leur dernière rencontre six mois plus tôt, le 25 mai, il avait eu l'impression que Pie XII cherchait à le retenir : l'entrevue avait duré une heure... Le prélat canadien ignorait alors qu'il ne reverrait plus Pie XII vivant.

Le cardinal Léger rentrait d'Orléans où il avait prononcé le panégyrique de sainte Jeanne d'Arc. Le Saint-Père lui avait offert une statue de la Pucelle d'Orléans qu'il gardait comme un trésor sur sa commode.

Après l'entrevue, l'archevêque de Montréal avait présenté au pape les pèlerins qui l'avaient accompagné à Orléans, Chartres, Lisieux et Lourdes et qu'il pilotait à travers Rome. Parmi ceux-ci se trouvaient ses deux secrétaires, Hélène Auger et Lucette Boivin, ainsi que sa travailleuse sociale, Doris Johnson.

« Je vous présente mes collaboratrices », avait-il lancé au pape.

Quelle émotion pour ces jeunes filles déjà émerveillées par l'Europe qu'elles découvraient. Le cardinal leur avait fait visiter la basilique Sainte-Marie-Majeure, où Pie XII avait été sacré évêque, les catacombes, le forum romain. Il les avait même fait pénétrer dans les souterrains de Saint-Pierre, où se poursuivaient des fouilles archéologiques et où les touristes n'étaient pas admis. Pour éviter les « qu'en dira-t-on », il leur avait imposé une seule consigne : en public, les jeunes femmes devaient se comporter comme si elles ne le connaissaient pas. Mais une fois seul avec elles et avec son secrétaire, l'abbé Jean-Claude Pépin, le cardinal retrouvait sa simplicité paternelle et les inondait d'explications. Aucune visite, toutefois, n'avait valu les quelques moments qu'elles avaient passés avec le souverain pontife.

L'abbé Pépin n'en revenait pas encore ! Retenu plus longtemps que prévu à Rome, l'archevêque de

Le cardinal Léger, accompagnant un groupe de pèlerins québécois à la basilique du Sacré-Coeur de Montmartre.

Montréal ne put obtenir de billets sur l'avion Rome-Montréal. Air-France suggéra alors au prélat de monter à bord de l'appareil qui assurait la liaison Rome-New York. Au grand désespoir des passagers, le pilote fit escale à Montréal pour y laisser descendre le cardinal Léger et son secrétaire...

Pendant que l'avion du cardinal décolle de Dorval, le deux cent soixante et unième successeur de saint Pierre est transporté de Castelgandolfo, situé à dix-huit kilomètres de la capitale, jusqu'au Vatican. Près d'un million d'Italiens s'assemblent le long de la voie Appienne bordée de drapeaux en berne. Le cortège s'arrête à la basilique Saint-Jean-de-Latran, église romaine dont le pape est le curé. La foule se presse autour du corbillard surmonté d'une tiare, symbole de l'autorité papale.

Le glas de la Campanone, la plus grande cloche de Saint-Pierre, résonne dans Rome en deuil tandis que le long cortège composé d'une vingtaine de cardinaux, Eugène Tisserant en tête, de centaines de prêtres et d'une foule innombrable défile devant les ruines du Colisée et s'approche du Vatican, après avoir emprunté les vieilles rues de Rome.

Avant d'atterrir, l'avion qui emmène le cardinal Léger à Rome survole le Vatican. Si froid et si distant depuis quelques jours, l'archevêque retrouve un peu de vie en s'efforçant de repérer les édifices et monuments importants de la Ville éternelle pour les montrer à son nouveau secrétaire, l'abbé Jacques Jobin, dont c'est le premier voyage en Europe. Puis, comme indifférent au monde, le cardinal replonge en lui-même. Gardant en mémoire la réflexion que Jules Léger faisait récemment à son frère : « Tes silences sont encore plus éloquents que tes paroles ! », le jeune prêtre ne dit mot.

L'avion atterrit à 19h30. Sans perdre un instant, les deux voyageurs se rendent à Saint-Pierre-de-Rome où ils s'agenouillent devant la dépouille de Pie XII qui repose en chapelle ardente sous la coupole de la basilique. Le catafalque est recouvert d'un tissu rouge brodé d'or. Quatre gardes, portant le casque d'or et l'armure, tiennent leur sabre pointé au sol en signe de deuil. Quatre autres gardes suisses, vêtus du célèbre costume dessiné par Michel-Ange, se tiennent au garde-à-vous non loin du catafalque.

Un peu en retrait, quelques religieux et religieuses poursuivent leur vigile de prières. Le cardinal s'agenouille devant le corps de Pie XII, revêtu de tous ses ornements pontificaux. Une haute mitre coiffe la tête du souverain pontife dont les mains sont gantées. Sur

Les cardinaux défilent devant le cercueil de Pie XII et l'aspergent. Son tour venu, le cardinal Léger éclate en sanglots.

l'un des doigts de la main droite scintille l'Anneau du pêcheur. Ses pieds sont chaussés de mules écarlates.

Le Tout-Rome répète que l'homme qui vient de mourir est un saint. D'ailleurs, les journaux prédisent que son procès de canonisation sera étonnamment court, compte tenu des nombreuses preuves de sainteté déjà consignées au dossier.

Les faits les plus éloquents ont été rapportés par des prélats dignes de foi dont le cardinal Tedeschini qui a révélé un événement ayant eu lieu le 1er novembre 1950. Alors qu'il se promenait l'après-midi dans les jardins de Castelgandolfo, le pape vit la Vierge lui apparaître, comme à Fatima. Interrogé à ce sujet, Pie XII se montra prudent :

« Ou bien le ciel m'a favorisé d'un signe ou bien j'ai été victime d'une hallucination », expliqua-t-il à l'époque[23].

En décembre 1954, le Saint-Père, gravement malade, aurait eu une autre vision céleste, au moment où ses souffrances étaient les plus aiguës. L'un de ses proches collaborateurs, monseigneur Tardini, affirma que le pape lui fit alors des confidences qu'il nota dans son journal intime :

« Je ne le dis qu'à vous, lui aurait confié le pape, les autres pourraient penser qu'il s'agit d'hallucinations de malade. Hier, j'ai clairement entendu une voix oh ! mais si clairement ! »

Pie XII se serait alors touché à l'oreille avant d'ajouter : « Cette voix disait : « Tu vas avoir une vision ». Et puis rien ne vint. Mais ce matin, pendant que j'assistais à la messe, j'ai vu le Seigneur pendant un court instant. Rien qu'un instant, mais je l'ai bien vu[24]. »

Au cours des jours qui suivent la mort du pape, les journaux racontent à nouveau ces faits surprenants déjà publiés deux ou trois ans plus tôt. L'*Osservatore Romano*, organe officiel du Vatican, confirme la vision du Christ, telle que rapportée par monseigneur Tardini. Ce dernier, affirme le quotidien, a fait lire ses notes par le Saint-Père qui en a reconnu la véracité. D'autres journaux prétendent qu'on peut d'ores et déjà attribuer au défunt pape des guérisons miraculeuses.

La presse commence aussi à s'interroger sur le successeur possible de Pie XII. Les noms des *papabili* circulent. Sera-ce le cardinal Lescaro de Bologne ? Giuseppe Siri de Gênes ? On entend souvent les noms de l'archevêque de Milan, monseigneur Giovanni Battista Montini, le seul candidat qui ne porte pas le chapeau rouge, et celui d'Angelo Giuseppe Roncalli, patriarche de Venise, un homme d'une grande bonté, mais dont l'âge avancé constitue un handicap sérieux.

Depuis quatre cents ans, tous les papes ont été choisis parmi les cardinaux italiens. Auparavant, il y avait eu cinquante-six souverains pontifes d'autres nationalités, la plupart français ou grecs. Le magazine français *Réalités* ajoute à sa liste de « *Papabili* italiens » le nom de Paul-Émile Léger de Montréal, « certainement le plus oecuménique des cardinaux ». Il a, précise la revue, le triple avantage d'être britannique de nationalité, français de culture et romain de formation. *Réalités* écarte du nombre l'archevêque de New York, Francis Spellman, à qui on reproche ses liens avec Wall Street.

Les cardinaux, eux, évitent le sujet en public. Il n'est pas rare d'en croiser deux en conciliabule, mais rien ne transpire de leurs conversations.

Tandis que le cardinal Léger attend dans l'antichambre de la Secrétairerie d'Etat où il est venu comme les autres cardinaux offrir ses sympathies au personnel du Pape, un vieil et corpulent prélat fait une entrée remarquée. Il s'avance vers l'archevêque de Montréal qui est accompagné de son secrétaire, l'abbé Jobin, et lui donne l'accolade. Les deux hommes conversent en français et paraissent ravis de se retrouver. Le cardinal Léger invite l'abbé Jobin à s'approcher et dit à son confrère :

« Éminence, je vous présente mon secrétaire. »

Puis se tournant vers le jeune abbé, il ajoute :

« Voici le cardinal Roncalli, patriarche de Venise. »

L'abbé Jobin ne savait pas qu'il baisait l'anneau du prochain pape, Jean XXIII.

*   *   *   *   *   *   *

Cet automne-là, lorsque les oiseaux de Pie XII reviennent de Castelgandolfo, cela ne signifie pas, comme les années passées, que le Saint-Père regagnera bientôt le Vatican. Seule dans ses appartements, Soeur Pasqualina est tout à son chagrin. Désormais, elle n'apportera plus au Saint-Père son petit déjeûner composé d'un potage d'avoine, d'un oeuf et de tartines grillées. Elle ne le verra plus ouvrir la porte de la cage des oiseaux pour permettre à Grete, le chardonneret que Pie XII a trouvé tombé du nid dans les jardins du Vatican, et à Peter, un pic de la Forêt-Noire, de venir becqueter les miettes sur la table.

« Comme il les aimait ses oiseaux qui se posaient gentiment sur son épaule lorsqu'il travaillait! » songe la religieuse allemande en bouclant ses valises.

La veille, elle a reçu la visite du cardinal Léger qui aimait tant le Saint-Père. Il tenait à ce qu'elle lui raconte ses derniers instants :

« Avant de sombrer dans l'inconscience, lui a-t-elle confié, le Saint-Père a dit : *Fiat voluntas tua in coelo sicut ut in terra* . »

Le 29 octobre, à quelques jours de son soixante-troisième anniversaire de naissance, la *madre* quitte le Vatican pour de bon. Elle emporte avec elle, dans une cage, les deux oiseaux du Pape, Grete et Peter.

* * * * * * *

Les cardinaux du Sacré Collège sont réunis dans la basilique Saint-Pierre pour l'inhumation de Pie XII. Aux pieds du Saint-Père, on a déposé le parchemin retraçant son oeuvre, et les médailles et pièces de monnaie frappées durant les dix-neuf années de son apostolat. Les prélats s'approchent un à un de la dépouille qu'ils aspergent d'eau bénite. Son tour venu, l'archevêque de Montréal éclate en sanglots sans aucune retenue. Il donne libre cours à son chagrin tandis que le cercueil de cyprès est enfermé dans un second de plomb, puis dans un troisième en bois d'orme.

Le cercueil est ensuite transporté sur un chariot et descendu dans les grottes vaticanes, sous l'autel de la Confession, à côté de Pie X et de Pie XI.

Il est 18h30, quand le cardinal Léger rentre au Collège canadien. Jamais il ne s'est senti aussi seul au monde ! Il a le regard de

Les membres du Sacré collège se dirigent vers la chappelle Sixtine où se tiendra le conclave. Le cardinal Léger suit le cardinal Roncalli qui, quelques heures plus tard, sera élu pape et portera le nom de Jean XXIII.

l'homme qui ne se relèvera pas de l'épreuve. Il a cinquante-quatre ans et tout semble s'écrouler autour de lui.

La mort de Pie XII marque la fin d'une époque. Depuis quelque temps, le cardinal sent que la pensée sociale du pape est contestée par ses diocésains et même par ses prêtres. Parfois, lorsque l'archevêque met son monde en garde contre les puissances du mal, il a l'impression de prêcher dans le désert. Ses fidèles sont las du pessimisme qu'il a hérité de Pie XII et qui ne cadre plus avec le vent de réforme et d'ouverture qui a commencé de souffler sur le monde occidental avec l'approche des années 60.

L'heure du changement dans les valeurs consacrées a sonné. Au Québec, les premiers signes de la Révolution tranquille se manifestent déjà. Mais l'homme qui pleure aujourd'hui son Père n'est pas certain que le nouveau monde en gestation sera meilleur que l'ancien.

Le 25 octobre au matin, le cardinal Léger se rend à la chapelle Sixtine où, avec ses pairs, il élira le prochain pape. L'archevêque de Montréal connaît bien la pensée sociale de chacun des *papabili*. Lorsque la fumée blanche annoncera au monde le nom du nouveau souverain pontife, il saura déjà de quelle manière le pilote dirigera la barque de Pierre.

Références — Chapitre XX

1. *La Presse*, 12 janvier 1958.
2. *Vrai*, 11 janvier 1958.
3. *Le Devoir*, 11 janvier 1958.
4. *La Presse*, 9 janvier 1958.
5. *Vrai*, 18 janvier 1958.
6. *Ibid.*
7. *Le Devoir*, 11 janvier 1958.
8. *Le Devoir*, 8 février 1958.
9. *Le Devoir*, 27 août 1958.
10. *La Presse*, 28 février 1958.
11. *Vrai*, 25 janvier 1958.
12. *Le Devoir*, 12 février 1958.
13. *La Presse*, 10 mars 1958.
14. *Vrai*, 9 février 1958.
15. *Le Devoir*, 28 janvier 1958.
16. *Allo-Police*, 2 février 1958.
17. *La Presse*, 10 mars 1958.
18. Robillard, Denise, *op. cit., p. 309.*
19. *La Presse*, 6 août 1958.
20. Chaigne, Louis, Portrait et vie de Pie XII, *op. cit.*, p. 217.
21. *La Patrie*, 19 octobre 1958.
22. Ibid.
23. Chaigne, Louis, *op. cit.*, p. 204.
24. *Ibid*, p. 206.

Index

421

Bibliographie

BLACK, Conrad, *Maurice Duplessis, l'Ascension* et *Maurice Duplessis, Le Pouvoir*, les Éditions de l'Homme, 1977, 487 et 623 pages.

BOISARD, Pierre, Issy, *Le séminaire et la compagnie de Saint-Sulpice*, esquisse historique, Paris, 1942, 68 pages.

BRUCHÉSI, Jean, *Souvenirs à vaincre*, Montréal, Hurtubise-HMH, 1974, tome I, 179 pages.

CARRIER, Hervé, et ROY, Lucien, *Évolution de l'Église au Canada français*, Cahiers de l'Institut Social Populaire, les Éditions Bellarmin, Montréal, 1968, 78 pages.

CASAULT, Guy, *La providence en action*, Les Éditions Paulines, Montréal, 1976, 142 pages.

CHAIGNE, Louis, *Portrait et vie de Pie XII*, les Éditions Saint-Augustin, Paris, 1966, 299 pages.

CHALOULT, René, *Mémoires politiques*, les Éditions du Jour, Montréal, 1969, 295 pages.

CHARTRAND, Rodolphe, *Une certaine alliance: 60 ans... et après?*, Alliance des professeurs de Montréal (CEQ), 1980, 159 pages.

COUSINEAU, Jacques, *L'Église d'ici et le social 1940-1960*, Bellarmin, Montréal, 1980, 287 pages.

FLANAGAN, Eileen, GIROUX, Suzanne et DESJARDINS, docteur Édouard, *Histoire de la profession infirmière au Québec*, Thérien & Frères, Montréal, 1960.

GAUTIER, Jean, *Ces Messieurs de Saint-Sulpice*, Bibliothèque Ecclésia, Paris, 1957, 190 pages.

GLOBENSKY, Maximilien, *La rébellion de 1837 à Saint-Eustache*, les Éditions du Jour, Montréal, 1974, 466 pages.

GODIN, Pierre, *Daniel Johnson*, les Éditions de l'Homme, Montréal, 1980, tome I, 456 pages.

GRAVEL, Jean-Yves, *Le Québec et la guerre*, les Éditions du Boréal Express, Montréal, 1974, 173 pages.

GROULX, Lionel, *Mes mémoires*, tome 3 et 4, Fides, Montréal, 1972, 412 et 464 pages.

GROULX, Lionel, *Une croisade d'adolescents*, Granger Frères, Montréal, 1939, 2e édition.

GUITTON, Jean, *Paul VI secret*, Desclée de Brouwer, Clamecy, 1979, 169 pages.

LAPOINTE, Renaude, *L'histoire bouleversante de monseigneur Charbonneau*, les Éditions du Jour, Montréal, 1962, 156 pages.

LARIVIÈRE, Claude, *Histoire des travailleurs de Beauharnois et Valleyfield*, Agence de presse libre du Québec, 1974, 44 pages.

LAURENDEAU, André, *La crise de la conscription*, les Éditions du Jour, Ottawa, 1962, 157 pages.

LECLERC, Aurélien, *Claude Ryan, l'homme du Devoir*, les Quinze, Montréal, 1979, 223 pages.

Le centre médical universitaire, un passé, une nécessité, en collaboration, les Éditions du Jour, 1965, 106 pages.

LÉGER, Paul-Émile, *Dieu est amour, le Foyer de Charité*, Fides, Montréal, Ottawa, 1963, 102 pages.

LÉGER, Paul-Émile, *Trente textes du cardinal Léger*, Fides, Montréal et Ottawa, 1968, 297 pages.

McKENNA, Brian et PURCELL, Susan, *Jean Drapeau*, Stanké, Montréal, 1981, 372 pages.

MONIÈRE, Denis, *Le développement des idéologies au Québec*, les éditions Québec-Amérique, Montréal, 1977, 381 pages.

PARISÉ, Robert, *Georges-Henri Lévesque, père de la renaissance québécoise*, Stanké, Montréal, 1976, 172 pages.

POULIOT, Léon *Monseigneur Bourget et son temps*, tome V, Bellarmin, Montréal, 1976, 319 pages.

RUMILLY, Robert, *Maurice Duplessis et son temps*, tomes 1 et 2, Fides, Montréal, 1973, 722 et 747 pages.

RUMILLY, Robert, *Henri Bourassa, la vie publique d'un grand Canadien*, les Éditions de l'Homme, (première édition, les Éditions Chanteclerc limitée, 1953) Montréal, 1969, 791 pages.

RUMILLY, Robert, *Histoire de Montréal*, tome V, Fides, Montréal, 1974, 296 pages.

SALUTIN, Rick, *Kent Rowley, the organizer*, James Lorimar & Company publishers, Toronto, 1980, 163 pages.

STANKÉ, Alain, et MORGAN, Jean-Louis, *Pax, lutte à finir avec la pègre*, les Éditions La Presse, 1972, 254 pages.

TRUDEAU, Pierre Elliott, DION, Gérard, et autres, *La grève de l'amiante*, les Éditions Cité libre, Montréal, 1956, 430 pages.

URS VON BALTHASAR, *Thérèse de Lisieux*, les Éditions Paulines, Paris, Sherbrooke, 1973, 431 pages.

JOURNAUX

La Presse

La Patrie

Le Devoir

Le Soleil

L'Action catholique

Le Salaberry de Valleyfield

Le Progrès

Le Nouvelliste

Le Droit

Le Canada

Montréal-Matin

Notre temps

The Montreal Star

The Herald

Le Petit Journal

PÉRIODIQUES

L'Apostolat
Relations
L'Oratoire
Ma Paroisse

La Semaine religieuse au Québec
La Métropole
Les Annales de Saint-Joseph

MEDIA ÉLECTRONIQUES

Le matin de la fête, série d'émissions radiophoniques réalisée par Jean-Charles Déziel, au cours de laquelle le cardinal Léger raconte ses souvenirs. Radio-Canada.

Joseph Charbonneau, 6e archevêque de Montréal, série d'émissions réalisée par Pierre Valcourt et produite par Ciné-Mundo inc.

BROCHURES ET AUTRES DOCUMENTS

Saint-Anicet et les Masson, par André Bouchard, tiré des Mémoires de la Société généalogique canadienne-française, 1979, vol. 30, No. 4.

Saint-Anicet et les Masson ou Du patriote au parrain par André Bouchard, tiré du Journal annuel de la Société historique de la Vallée de Châteauguay, 1979, vol. 12.

Saint-Anicet et les Masson: Louis-Napoléon Masson, par André Bouchard, Tiré des Mémoires de la Société généalogique canadienne-française 1979, vol. 30, no 4.

Mémoires de la société généalogique canadienne-française, vol. V, no 3, janvier 1953.

Le Cardinal Léger, Montréal, Fides, 1953, 119 pages.

Saint-Polycarpe, brochure du 150e anniversaire.

Le Séminaire, jubilé sacerdotal de Son Éminence le cardinal Paul-Émile Léger, juin 1954, vol. XIX, no 2.

La cathédrale de Salaberry-de-Valleyfield, Histoire, souvenirs, méditation, 1963.

Lettres pastorales des diocèses de Montréal, Québec et Ottawa, circulaires au clergé et aux fidèles.

Neutralité, non-confessionnalité et l'École sociale populaire, par Élie (Pie-Marie) Gaudrault, les éditions du Levrier, Ottawa, Montréal, 1946.

THÈSES

Robillard, Denise, Le cardinal Paul-Émile Léger, archevêque de Montréal, 1950-1967, université d'Ottawa, 630 pages.

Pépin, Marcel, Monographie syndicale de la fédération nationale catholique du textile, université Laval, faculté des Sciences sociales, 1949.

Correspondance du cardinal Léger avec: Ernest et Alda Léger, Jean-Marie Léger, historien de Valleyfield, Monseigneur Joseph Géraud, Paul Claudel, Maurice Duplessis.

Table des matières

Achevé d'imprimer sur les presses de
Métropole Litho Inc.

Ouvrages parus aux ÉDITIONS DE L'HOMME

* Pour l'Amérique du Nord seulement.
** Pour l'Europe seulement.

ALIMENTATION — SANTÉ

* **Allergies, Les,** Dr Pierre Delorme
* **Apprenez à connaître vos médicaments,** René Poitevin
* **Art de vivre en bonne santé, L',** Dr Wilfrid Leblond
* **Bien dormir,** Dr James C. Paupst
* **Bien manger à bon compte,** Jocelyne Gauvin
* **Boîte à lunch, La,** Louise Lambert-Lagacé
* **Cellulite, La,** Dr Gérard J. Léonard
  Comment nourrir son enfant, Louise Lambert-Lagacé
  Congélation des aliments, La, Suzanne Lapointe
* **Conseils de mon médecin de famille, Les,** Dr Maurice Lauzon
* **Contrôlez votre poids,** Dr Jean-Paul Ostiguy
* **Desserts diététiques,** Claude Poliquin
* **Diététique dans la vie quotidienne, La,** Louise Lambert-Lagacé
  En attendant notre enfant, Yvette Pratte-Marchessault
* **Face-lifting par l'exercice, Le,** Senta Maria Rungé

* **Femme enceinte, La,** Dr Robert A. Bradley
* **Guérir sans risques,** Dr Émile Plisnier
* **Guide des premiers soins,** Dr Joël Hartley
  Maigrir, un nouveau régime... de vie, Edwin Bayrd
* **Maman et son nouveau-né, La,** Trude Sekely
** **Mangez ce qui vous chante,** Dr Leonard Pearson et Dr Lillian Dangott
* **Médecine esthétique, La,** Dr Guylaine Lanctôt
  Menu de santé, Louise Lambert-Lagacé
* **Pour bébé, le sein ou le biberon,** Yvette Pratte-Marchessault
* **Pour vous future maman,** Trude Sekely
* **Recettes pour aider à maigrir,** Dr Jean-Paul Ostiguy
  Régimes pour maigrir, Marie-José Beaudoin
* **Soignez-vous par le vin,** Dr E.A. Maury
  Sport — santé et nutrition, Dr Jean-Paul Ostiguy

ART CULINAIRE

* **Agneau, L',** Jehane Benoit
* **Art d'apprêter les restes, L',** Suzanne Lapointe
  Art de la cuisine chinoise, L', Stella Chan
* **Bonne table, La,** Juliette Huot
* **Brasserie la mère Clavet vous présente ses recettes, La,** Léo Godon
* **Canapés et amuse-gueule**

* **Cocktails de Jacques Normand, Les,** Jacques Normand
* **Confitures, Les,** Misette Godard
  Conserves, Les, Soeur Berthe
* **Cuisine aux herbes, La,**
* **Cuisine chinoise, La,** Lizette Gervais
* **Cuisine de maman Lapointe, La,** Suzanne Lapointe
* **Cuisine de Pol Martin, La,** Pol Martin

DOCUMENTS — BIOGRAPHIES

ENCYCLOPÉDIES

LANGUE *

LITTÉRATURE *

LIVRES PRATIQUES — LOISIRS

PHOTOGRAPHIE — CINÉMA

8/super 8/16, André Lafrance
Apprenez la photographie avec Antoine Desilets, Antoine Desilets
Apprendre la photo de sport, Denis Brodeur
* **Chaînes stéréophoniques, Les,** Gilles Poirier
* **Chasse photographique, La,** Louis-Philippe Coiteux
Ciné-guide, André Lafrance
Découvrez le monde merveilleux de la photographie, Antoine Desilets
Je développe mes photos, Antoine Desilets

Je prends des photos, Antoine Desilets
Photo à la portée de tous, La, Antoine Desilets
Photo de A à Z, La, Desilets, Coiteux, Gariépy
Photo-guide, Antoine Desilets
Photo reportage, Alain Renaud
Technique de la photo, La, Antoine Desilets
Vidéo et super-8, André A. Lafrance et Serge Shanks

PLANTES — JARDINAGE *

Arbres, haies et arbustes, Paul Pouliot
Culture des fleurs, des fruits et des légumes, La
Dessiner et aménager son terrain
Guide complet du jardinage, Le, Charles L. Wilson
Jardinage, Le, Paul Pouliot
Jardin potager, Le — La p'tite ferme, Jean-Claude Trait

Je décore avec des fleurs, Mimi Bassili
Plantes d'intérieur, Les, Paul Pouliot
Techniques du jardinage, Les, Paul Pouliot
Terrariums, Les, Ken Kayatta et Steven Schmidt
Votre pelouse, Paul Pouliot

PSYCHOLOGIE — ÉDUCATION

* **Âge démasqué, L',** Hubert de Ravinel
Aider son enfant en maternelle et en 1ère année, Louise Pedneault-Pontbriand
Aidez votre enfant à lire et à écrire, Louise Doyon-Richard
Amour de l'exigence à la préférence, L', Lucien Auger
* **Caractères et tempéraments,** Claude-Gérard Sarrazin
* **Caractères par l'interprétation des visages, Les,** Louis Stanké
Comment animer un groupe, Collaboration
Comment déborder d'énergie, Jean-Paul Simard
* **Comment vaincre la gêne et la timidité,** René-Salvator Catta
Communication dans le couple, La, Luc Granger
Communication et épanouissement personnel, Lucien Auger

* **Complexes et psychanalyse,** Pierre Valinieff
Contact, Léonard et Nathalie Zunin
* **Cours de psychologie populaire,** Fernand Cantin
Découvrez votre enfant par ses jeux, Didier Calvet
* **Dépression nerveuse, La,** En collaboration
Développement psychomoteur du bébé, Le, Didier Calvet
* **Développez votre personnalité, vous réussirez,** Sylvain Brind'Amour
Douze premiers mois de mon enfant, Les, Frank Caplan
* **Dynamique des groupes,** J.-M. Aubry, Y. Saint-Arnaud
Être soi-même, Dorothy Corkille Briggs
Facteur chance, Le, Max Gunther
* **Femme après 30 ans, La,** Nicole Germain

SEXOLOGIE

SPORTS